JN296273

オーストラリア 学校経営改革の研究

自律的学校経営とアカウンタビリティ

A Study of School Management Reform in Australia
Self-Managing Schools and Accountability

佐藤 博志
SATO　HIROSHI

東信堂

はしがき

　本書は、オーストラリア・ビクトリア州の学校経営政策の分析を通して、自律的学校経営におけるアカウンタビリティのメカニズムを解明したものである。学校経営改革の背景の検討、政策分析はもとより、事例研究も行い、改革の効果と問題点も論じている。終章では、現代教育改革をめぐる市場と契約、学校経営政策「未来の学校」の国際性、アカウンタビリティの水準の高度化の観点から考察し、日本への示唆も論じている。

　1991年4月、大学3年生だった筆者は卒業論文のテーマを探していた。笹森健教授からオーストラリアの教育を研究するように示唆をいただいた。その後すぐに、オーストラリアの英語の文献（一次資料）を読む勉強を開始した。そして、卒業論文を経て、1995年3月、修士論文「オーストラリアにおける教育課程行政に関する研究」をまとめることができた。修士論文では、「教育課程政策を整備しつつも権限の委譲を基本的方向とし、学校が自律的経営を通じて委譲された権限を積極的に生かしていく構造が必要なのである」と結論づけた。ここから、筆者は学校経営の研究を志すことになった。小島弘道教授のご指導によって、学校経営の研究を着実に進めることができた。筆者はアカウンタビリティに問題関心を持っていたが、ブライアン・コールドウェル教授のご助言のおかげで、オーストラリア・ビクトリア州を研究のフィールドに設定できた。

　研究を進めるうちに不思議なことに気がついた。それは、アカウンタビリティの概念を明確に定義した研究が内外ともにきわめて少ないことであった。そのことによって、筆者は本研究の意義を確信できたが、その難しさも実感せざるを得なかった。しかも、オーストラリアの学校経営研究が日本でほとんど未開拓であったことが、困難に拍車をかけた。そのため、本研究の全体をまとめるまでに長い時間を費やすこととなった。研究上の忍耐と労苦が交錯したが、窪田眞二教授から多大なご支援をいただき、所期の目的を達

成することができた。

　本研究の成果は決して完璧なものではない。至らぬ点は今後の研究課題として真摯に受けとめ、なお一層、努力する所存である。今日、グローバリゼーションと知識基盤社会の進展が社会、政策、人々の意識に影響し、オーストラリアの学校経営にも新たな変化が見られる。ダイナミックに変化するオーストラリア学校経営改革の研究を、今後も続けていきたいと思う。

2009年7月

佐藤　博志

　　付記　本書は日本学術振興会平成21年度科学研究費補助金（研究成果公開促進費）の助成を受けて刊行された。

目　次

はしがき …………………………………………………… i
図表一覧 …………………………………………………… viii

序章　研究の目的と方法……………………………………… 3
第1節　研究の目的 ………………………………………… 3
第2節　基本概念の定義 …………………………………… 5
　(1) 学校経営政策　5
　(2) 自律的学校経営　6
　(3) アカウンタビリティ　8
　(4) メカニズム　9
第3節　研究対象設定の理由 ……………………………… 11
　(1) イギリスの動向　12
　(2) アメリカの動向　14
　(3) オーストラリアの動向　16
　(4) 日本の動向　19
第4節　研究課題の設定 …………………………………… 21
　(1) 自律的学校経営論の生成・発展と政策への影響　21
　(2) 自律的学校経営におけるアカウンタビリティのメカニズム　23
　(3) 学校経営政策の効果と問題点　31
第5節　ビクトリア州学校経営政策に関する先行研究の検討 … 32
第6節　データの収集・使用方法 ………………………… 34
第7節　オーストラリアの学校教育と教育行政 ………… 36
　(1) 学校教育　36
　(2) 教育行政　38
第8節　本書の構成 ………………………………………… 41
　注　44

第1章　自律的学校経営論の生成・発展と政策への影響……… 61
第1節　自律的学校経営への着目 ………………………… 61
　(1) 学校への財務権限委譲への着目　61
　(2) 1980年前後の学校経営と問題意識の形成　63
第2節　自律的学校経営論の生成・発展 ………………… 64

        (1) 協働による学校経営サイクルの発見と自律的学校経営論の生成　64
        (2) チャーターの導入による自律的学校経営論の発展　67
    第3節　自律的学校経営論の政策への影響 ……………　70
        (1) 労働党政権時代の公立学校の諸問題　70
        (2) 自由党・国民党連立政権の発足と「未来の学校」特別委員会の設置　71
        (3) 学校経営政策における自律的学校経営論の具体化　72
        (4) 学校経営政策の策定と実施　75
    第4節　まとめ ……………………………………………　76
        注　78

第2章　学校審議会……………………………………………　83
    第1節　学校審議会の権限と構成員 …………………　84
    第2節　学校審議会の運営 ………………………………　86
    第3節　まとめ ……………………………………………　87
        注　88

第3章　教育課程政策・人事政策・財務政策……………　91
    第1節　教育課程政策 ……………………………………　91
        (1) 教育課程政策　91
        (2) 中等教育修了資格試験　93
        (3) 学力調査プロジェクト　95
    第2節　人事政策 …………………………………………　97
        (1) 校長・教頭の任期制　97
        (2) 校長・教頭の採用人事　101
        (3) 校長・教頭の給与と評価　103
        (4) 教員の任期制　105
        (5) 教員の採用人事　106
        (6) 教員の給与と評価　107
    第3節　財務政策 …………………………………………　108
        (1) 学校包括予算　108
        (2) 校長・教頭・教員給与の配分方式　111
        (3) 会計検査プログラム　113
    第4節　地方教育行政の校長支援体制 ………………　114
        (1) 地方教育行政の校長支援体制　114
        (2) 地区校長主事　116
    第5節　まとめ ……………………………………………　117
        (1) 学校への権限委譲　117
        (2) 教育課程政策・人事政策・財務政策とアカウンタビリティ　119

注　121

第4章　アカウンタビリティ政策……………………………………　131
　　第1節　アカウンタビリティ政策の概要 …………　131
　　第2節　ベンチマーク ………………………………　132
　　第3節　チャーター …………………………………　135
　　　　(1)　チャーターの定義と構成　135
　　　　(2)　チャーターの作成過程　139
　　第4節　学校年次報告 ………………………………　141
　　　　(1)　学校年次報告の定義と領域　141
　　　　(2)　データの分析・評価方法　142
　　　　(3)　学校年次報告の作成過程と運用　144
　　第5節　3年毎の学校評価－学校自己評価－ ………　145
　　　　(1)　3年毎の学校評価の定義　145
　　　　(2)　学校自己評価の定義と領域　145
　　　　(3)　データの分析・評価方法　146
　　　　(4)　学校自己評価の過程と運用　147
　　第6節　3年毎の学校評価－外部評価－ ……………　148
　　　　(1)　外部評価の定義と領域　148
　　　　(2)　外部評価の主体　148
　　　　(3)　データの分析・評価方法　151
　　　　(4)　外部評価の過程と運用　152
　　第7節　学校ランキングの規制 ……………………　155
　　第8節　まとめ ………………………………………　158
　　　　(1)　学校経営の結果の説明　158
　　　　(2)　アカウンタビリティのメカニズム　160
　　　　注　162

第5章　事例研究……………………………………………………　169
　　第1節　事例研究の方法 ……………………………　169
　　　　(1)　学校経営政策の影響－数量的調査－　169
　　　　(2)　事例研究の視点　171
　　　　(3)　調査の方法　172
　　第2節　事例校の概要 ………………………………　174
　　第3節　学校への権限委譲 …………………………　176
　　　　(1)　教育課程編成の権限委譲　176
　　　　(2)　人事の権限委譲　178

　　　　(3) 財務の権限委譲　179
　　第4節　学校評価 …………………………………………　183
　　　　(1) 学校評価の仕組み　183
　　　　(2) チャーター　184
　　　　(3) 3年毎の学校評価　186
　　　　(4) 外部評価の勧告と新しいチャーター　189
　　　　(5) 学校評価の効果と問題点　190
　　第5節　校長の任期更新 ……………………………………　191
　　第6節　自律的学校経営の実態 ……………………………　193
　　第7節　学校経営政策の効果と問題点 ……………………　194
　　　　(1) 学校経営政策の効果と問題点　194
　　　　(2) 政策効果と学校経営の条件　198
　　　　注　200

終章　自律的学校経営におけるアカウンタビリティのメカニズム…　205
　　第1節　自律的学校経営論の生成・発展と政策への影響　206
　　第2節　自律的学校経営におけるアカウンタビリティのメカニズム　209
　　　　(1) 校長の結果責任の追及者　210
　　　　(2) 校長の結果責任の範囲　212
　　　　(3) 学校経営結果の評価　214
　　　　(4) 校長の責任のとり方　218
　　第3節　学校経営政策の効果と問題点 ……………………　220
　　第4節　考　察 ……………………………………………　222
　　　　(1) 現代教育改革をめぐる市場と契約　222
　　　　(2) 学校経営政策「未来の学校」の国際性　225
　　　　(3) アカウンタビリティの水準の高度化　228
　　第5節　日本への示唆 ………………………………………　231
　　　　(1) 学校の権限拡大　231
　　　　(2) 学校経営計画　232
　　　　(3) 学校評価　234
　　　　(4) アカウンタビリティ　236
　　第6節　研究の成果と今後の課題 …………………………　238
　　　　(1) 研究の成果　238
　　　　(2) 今後の研究課題　241
　　　　注　242

　　文献一覧 ………………………………………………………　249

資料：インタビュー記録 ……………………… 263

あとがき ………………………………………… 301
事項索引 ………………………………………… 303
人名索引 ………………………………………… 307

図表一覧

表 0-1　主要インタビュー調査一覧　35
表 0-2　ビクトリア州の学校種別と学校段階別の学校数　37
表 0-3　第 1 章から第 5 章の構成と対象　42
図 1-1　協働による学校経営サイクル　66
図 1-2　新・協働による学校経営サイクル　69
図 1-3　「未来の学校」の基本枠組　74
表 3-1　社会の環境と学習の教育課程政策　92
表 3-2　中等教育修了資格試験、オーストラリア史、共通評価、統一試験（抄）　95
表 3-3　統一評価、5 学年、英語　96
表 3-4　学力調査プロジェクトの英語、算数、理科の州全体の結果　97
表 3-5　校長・教頭選考基準　102
表 3-6　校長・教頭の職階と給与　103
表 3-7　経営業績評価に対する校長の満足度　104
表 3-8　教員の職階と給与　108
表 3-9　初等・中等教育予算の費目別割合　110
表 3-10　学校包括予算の代表的費目の変遷　110
表 3-11　校長・教頭・1 級教員の平均給与と 3 級・2 級教員の実際給与　112
表 4-1　学校群ベンチマークの類型　134
表 4-2　中等教育修了資格試験ベンチマーク、英語、相対評価の各学校群の成績　135
表 4-3　チャーターにおける教育課程目標　137
表 4-4　チャーターにおける重点領域、英語　138
表 4-5　アカウンタビリティ計画、領域：学校経営、教育課程　138
表 4-6　チャーターの作成に対する関与　140
表 4-7　生徒の学力の特徴と勧告　142
表 4-8　評価項目ごとの分析視点、生徒の学力、小学校、英語と算数　144
表 4-9　外部評価報告書における教育課程、生徒の学力に関する勧告　149
表 4-10　外部評価実施組織　151
表 4-11　外部評価の視点　153
表 4-12　各中等学校の中等教育修了資格試験結果のうち公表される項目　157
図 4-1　チャーターの構成　136
図 4-2　自律的学校経営におけるアカウンタビリティのメカニズム　162
表 5-1　学校への権限委譲とアカウンタビリティに対する校長の意識　170
表 5-2　チャーター、学校年次報告に対する校長の意識　170
表 5-3　外部評価に対する学校パネルの意識　171
表 5-4　授業時数配分　177

表 5-5　学校包括予算　180
表 5-6　学校会計における収入と予算　180
表 5-7　「給与」の収入と予算　181
表 5-8　1994 年のチャーターの教育課程目標と重点領域　185
表 5-9　1997 年のチャーターの教育課程目標と重点領域　186
表 5-10　1997 年の 3 年毎の学校評価　187
表 5-11　教育課程編成、人事運営、財務運営の権限委譲と学校経営　193
表 5-12　「未来の学校」実施前と実施後の学校経営の比較　196
表 6-1　理論、政策、実施の相互関係　207
表 6-2　自律的学校経営におけるアカウンタビリティのメカニズム－構成要素－　220
表 6-3　学校評価概念の相違　236

オーストラリア学校経営改革の研究
―自律的学校経営とアカウンタビリティ

序章　研究の目的と方法

第1節　研究の目的

　本研究は、オーストラリア・ビクトリア州の学校経営政策の分析を通して、自律的学校経営（Self-Managing School）におけるアカウンタビリティのメカニズムを解明することを目的とする。

　オーストラリア・ビクトリア州（以下、ビクトリア州と略）では1992年の州議会選挙で、公立学校改革を公約に掲げていた自由党・国民党が勝利し、自由党・国民党連立政権が発足した。連立政権は1993年に「未来の学校」（Schools of the Future）という学校経営政策を策定した。この政策の目標は、自律的学校経営の導入によって、公立学校を改革し、教育成果を向上することである。

　自律的学校経営とは、教育課程編成、人事運営、財務運営等に関する権限が大幅に委譲された学校経営である。そこでは、校長が予算編成と教員人事の権限を活用して、特色ある教育課程を編成・実施し、教育成果を向上することが期待される。だが、学校への権限委譲が校長の独善的経営、教員組合主導の意思決定、教員による専門的権限の濫用を招いてしまい、学校に対する不信感を広げる可能性もある。こうした事態を避けるために、自律的学校経営にはアカウンタビリティが要請される。

　教育のアカウンタビリティは、1970年代のアメリカで使用され始めた概念で[1]、オーストラリアでも1980年代に使用されるようになった[2]。その意味は、学校教育が生徒の学業成績の結果責任を民衆に対して負うことであった[3]。結果責任を問うためには、責任の所在、責任を問う主体、責任の範囲、

結果の評価方法、責任のとり方を明確にする必要がある[4]。だが1980年代のオーストラリアでは、これらの点は論究されず、アカウンタビリティ概念は曖昧であった[5]。学校教育には多くの組織と人物が関与しており、責任の所在が教育行政、校長、教員のいずれにあるのか、特定することは難しい[6]。それゆえ、教育アカウンタビリティの議論は、曖昧にならざるを得なかったと考えられる。

これに対して、ビクトリア州の自律的学校経営は、学校教育をめぐる権限と責任の拡散に終止符を打つものである。というのも、教育行政は、教育課程編成、人事運営、財務運営等に関する権限を学校に委譲するのと引き換えに、校長を学校経営の責任者に位置づけたからである[7]。教育行政の立場から見れば、自律的学校経営の導入は、結果責任の所在を明確にすることによって、学校の教育成果を向上するための戦略である。

責任の所在が校長にある以上、自律的学校経営におけるアカウンタビリティの根幹は、校長が学校経営の結果責任をとることである。さらに、研究主題をめぐって、次の論点の解明が求められるだろう。すなわち、誰が校長の責任を問うのか、校長は何の責任を問われるのか、学校経営の結果をどのように評価するのか、校長がどんな場合にどのように責任をとるのかが明らかにされる必要がある。これは、自律的学校経営におけるアカウンタビリティのメカニズムの問題である。以上の問題意識から、本研究は、ビクトリア州の学校経営政策の分析を通して、自律的学校経営におけるアカウンタビリティのメカニズムを解明することを目的とする。

研究の目的を達成するために、課題を設定する必要がある。堀和郎は「それぞれの研究にあたって、一定の問い＝視角に基づいて現実的対象のある性質またはある関係だけを選び出さなければならない。このような現実的対象に対する概念的抽象＝構成だけが科学的認識を可能にする」[8]と述べ、研究における課題設定の重要性を指摘している[9]。この指摘をふまえて、以下では、第2節で基本概念を定義し、研究の目的を明確化する。基本概念は、学校経営政策、自律的学校経営、アカウンタビリティ、メカニズムである。第3節では研究対象設定の理由を説明する。こうして研究の目的と対象について明

らかにした上で、第4節で研究課題を設定し、本研究固有の「一定の問いかけ」[10]を提示する。

第2節　基本概念の定義

(1) 学校経営政策

　教育政策は、政府・教育行政、政党等が策定した教育に関する目標と計画である[11]。政府・教育行政、政党等が、ある教育問題を解決すべき課題と判断した場合、教育改革を実施するために、教育政策を策定する[12]。つまり教育政策と教育改革は密接に関係しており、この点を強調すれば、教育政策は、政府・教育行政が策定した教育改革に関する目標と計画といえる。

　教育政策の研究について市川昭午は次のように述べている。「教育政策といってもその範囲は広大で、分野や領域によって違いがあるから、研究に当たって全体を対象とすることは難しく、特に実証的研究の場合には不可能に近い。そのため、研究対象を特定の領域や問題に限定することが多く、実証的研究の場合にはそれが普通である」[13]。本研究は教育政策研究であり、特に学校経営政策に焦点を当てている。学校経営政策は、教育政策の一種で、政府・教育行政が策定した学校経営改革に関する目標と計画である。

　本研究で対象とするビクトリア州の学校経営政策は、公立学校経営改革を意図している。1992年に発足したビクトリア州自由党・国民党連立政権は、1993年に「未来の学校」を総称とする学校経営政策を策定した[14]。それは公立学校の教育成果の向上を目標としており、自律的学校経営の導入という公立学校経営改革を意図している。自律的学校経営を導入するためには、学校への権限委譲が不可欠であり、アカウンタビリティも要請される。「未来の学校」は、学校審議会（School Council）[15]、教育課程、人事、財務、アカウンタビリティという学校経営に関する諸制度を改革し、自律的学校経営を導入する政策である。以上のことから、本研究では、学校経営政策を「オーストラリア・ビクトリア州の政府・教育行政が、公立学校の教育成果向上を目標として、1993年以降に策定・実施した公立学校経営改革に関する計画（総

称「未来の学校」)」と定義する。

　本研究は、学校経営政策の分析の時期を基本的に1993年から1999年までとする[16]。その理由は次の通りである。1992年に誕生した自由党・国民党連立政権が「未来の学校」を1993年以降、策定、実施した[17]。1999年の州議会選挙で労働党が勝利し政権交代したものの、自律的学校経営を継続する決定がされた[18]。ただし政権交代に伴い、学校に対する予算配分方式や教員人事政策等が修正されたため[19]、本研究では1999年の政権交代以前までを主要な分析時期とする。なお、1999年の政権交代以後の自律的学校経営については別の拙論で考察している[20]。

(2) 自律的学校経営

　学校、とりわけ公立学校は、教育行政との権限配分をめぐって次の論点が指摘されている。「第一に学校経営はそれ自体完全には独立しておらず、国家や地方自治体等の公教育の権力によって組織・編制されたものだという点である。この点で学校経営は教育行政作用としての側面を持っている。しかし第二に、学校経営は教師－児童・生徒間の教育作用の特性と関連して画一的・客観的に進めることが難しく、学校ごとに創造的であらざるを得ない」[21]。つまり学校は、教育行政との権限配分をめぐって、どれだけ自律的になり、創造的に経営を展開できるかが問われてきた。

　1990年前後から、英語圏の先進諸国において、学校と教育行政の権限配分を問い直す教育改革が進められてきた。イギリス(特にイングランドとウェールズ)、アメリカ(イリノイ州シカゴ等)、オーストラリア(ビクトリア州等)では、教育課程編成、人事運営、財務運営等に関する権限が学校に大幅に委譲された[22]。オーストラリアでは、自律的学校経営(Self-Managing School)、アメリカでは、学校に基礎をおいた経営(School-Based Management)、イギリスでは、学校のローカルマネジメント(Local Management of Schools)という概念が、権限の大きな公立学校の経営という意味で使用されるようになった。このような国際的動向の下、「現在、自律的学校経営という専門用語、あるいは各地の類似の表現は、各地の学校経営の方式を形容するために、特別に使用され

ている」[23]。

　イギリスのブッシュ（Bush）は、「学校への権限委譲は、国、地方政府の政治家や行政官がどんなにうまくやろうと意図しても、彼らよりも、学校とカレッジの専門家と素人の理事（lay governors）の方が、児童・生徒の具体的なニーズを特定し、ニーズに適合した質の高い教育プログラムを実施できるだろうという確信によって進められた。拡大した自律性は、学校とカレッジのリーダーによって享受されるだろうが、アカウンタビリティの一層の重視によって調和されてきた。それが自由の代価である」[24]と論じている。ここから、様々な論点が見出せるが、イギリスでは1988年教育改革法以降、学校の権限拡大を軸としながら、様々な公立学校の改革が行われてきたと考えられる。ブッシュによれば、学校のローカルマネジメントは自律的経営（self-management）に他ならない[25]。

　オーストラリアにおける自律的学校経営の研究も、公立学校と教育行政の権限配分に関する問題意識から展開している[26]。コールドウェル（Caldwell）とスピンクス（Spinks）は自律的学校経営の意味を次のように説明している。「自律的学校経営には、リソースの配分に関して決定を行う権限と責任（authority and responsibility）を、大幅かつ一貫して学校レベルに与えている。ここで、リソースとは、幅広く、教育課程、人事、財務、設備に関する事柄を含んでいる。ただし、自律的学校経営は、中央が設定した目標、重点、アカウンタビリティの枠組を伴う教育システムの中に位置づいている」[27]。

　自律的学校経営は、公立学校経営である以上、教育行政から完全に独立しているわけではない。公教育の民営化を意図したものでもない[28]。それゆえ自律的学校経営も、教育政策と法規を無視できない。にもかかわらず、自律的学校経営は、従来の学校経営と比較して、特に教育課程編成、人事、財務に関して大幅に権限を拡大しており、学校が創意・工夫する余地を格段に拡大している。そこで本研究では、自律的学校経営を「教育課程編成、人事運営、財務運営等に関する権限が大幅に委譲された学校経営」と定義する。

(3) アカウンタビリティ

　日本では、アカウンタビリティは説明責任と訳されることが多い[29]。だが、アカウンタビリティは、単に説明する責任を意味するのではなく、結果責任を基盤とした概念である[30]。大住荘四郎はアカウンタビリティについて「欧米社会で普通にみられる『上司と部下との関係』から生じる責任」[31]であり、「上司は部下に業績目標を達成する責務とひきかえにそれを達成するためには一定の範囲で裁量を与えている」[32]。と述べている。このアカウンタビリティの考え方では、業績目標を達成する責務、すなわち職務の結果責任が問われる。

　黒崎勲は、アカウンタビリティが専門的職業行為に関する概念であると論じている。「高度に分業化がすすんだ現代社会においては、専門家の役割が増大するが、それとともにその専門家の専門職業的活動の内実はともすれば一般の人々の関心から切り離され、専門家の活動の実際は人々の目の届かない、ブラックボックスのなかに閉ざされる傾向を帯びていく。それは専門性の名の下で専門職業行為が空洞化し、堕落する危険をもつことを意味する。こうした状況認識に立てば、専門家の専門的職業行為を一般の人々に責任あるものとさせる意識的な方法の探求が必要となる。アカウンタビリティという言葉は一般に『説明責任』と訳される場合が多いが、それは公共的な職務とともに、とくにこうした専門家の職業行為における『責任』を意味するのである」[33]。

　専門的職業行為に関するアカウンタビリティは、依頼者（プリンシパル）と実施者（エイジェント）の関係によって構成されている[34]。例えば、病院において医療が行われる場合、医療の実施者は、医師や看護士等、病院の職員である。一方、医療の依頼者は患者である。患者は、医療という専門的行為を病院に委託する。病院は、医療を適切に実施する責任を負っている。そして、責任を負っているからこそ、医療の結果を患者に説明しなければならない。仮に医療が不適切であった場合、医療の結果をめぐって、院長や職員の責任が問われるだろう。このように、実施者が、専門的職務の結果責任を依頼者に対して負うことがアカウンタビリティである。

これをビクトリア州の自律的学校経営に当てはめると、次のようになる。自律的学校経営における教育の実施者は、校長を代表とする教職員、つまり教育の専門家である。一方、依頼者は、教育行政と保護者である。教育行政は、教育課程編成、人事運営、財務運営等に関する権限を学校に委譲し、教育の実施を委託している。保護者は、子どもを学校に通学させ、教育の実施を学校に委託している。校長は、教職員をリードし、学校を経営する。そして、学校経営の結果を保護者と教育行政に説明しなければならない。教育行政と保護者が教育の依頼者だからである。学校経営の結果に、保護者あるいは教育行政が納得できない時、校長は責任を問われることになる[35]。

 つまり、自律的学校経営のアカウンタビリティは、学校経営をめぐる校長の結果責任を軸としている。本研究では、自律的学校経営のアカウンタビリティを「校長が、学校経営の結果について保護者・教育行政に説明し、納得が得られない場合、責任をとること」と定義する。

(4) メカニズム

 行政学において、アカウンタビリティは外的制御の仕組みによって確保される責任を意味する[36]。山谷清志は「アカウンタビリティの概念や検証方法、そのためのメカニズムなどについては学問研究において著しい進展があり、研究業績の多大な蓄積が見られた」[37]と述べている。だが、教育等の社会サービスに関しては、アカウンタビリティの低下が見られるとも論じている[38]。こうした事態を前に、教育学においても、自律的学校経営のアカウンタビリティを確保するための外的制御メカニズムの在り方が問われてくるだろう。本研究では、自律的学校経営のアカウンタビリティを「校長が、学校経営の結果について保護者・教育行政に説明し、納得が得られない場合、責任をとること」と定義した。そのメカニズムは校長の結果責任を問うものであり、次の4つが重要な鍵となっている。

 第一に、誰が校長の責任を追及するのかという点である。例えば、普段、学校に関わりのない人物は、学校の近隣に居住していても、校長の責任を問う資格はないだろう。逆に、子どもを通学させている保護者は、校長の責任

を問う資格があるかもしれない。だが、1校あたりの保護者の人数は多く、それぞれ考え方や利害が異なる。そのため、各々の保護者が自由に校長の責任を追及すると、学校経営が混乱する可能性がある。保護者が校長の責任を問うにしても、保護者の利害関係を調整するための方策が必要である。一方、教育行政が、教育課程編成、人事運営、財務運営等に関する権限を学校に委譲し、教育を学校に委託していることに着目すれば、教育行政は校長の責任を追及する資格があると考えられる。だが、中央教育行政、地方教育行政のいずれが、校長の責任を追及するのか、明確にしておく必要がある。

第二に、自律的学校経営において、校長は何の結果責任が問われるのかという点である。いいかえれば、責任の範囲の問題である。校長の職務は学校経営であるため、学校経営の目標と計画を達成できたか、その結果責任が問われると考えられる。自律的学校経営の目標と計画を明文化したものは、チャーター（Charter）である。チャーターとは、校長、学校審議会会長（保護者）、教育行政代表の同意・署名によって有効になる3年間の学校経営計画である。校長は、教育の依頼者との同意事項であるチャーターの実施結果に責任をもっている。チャーターは、教育の依頼者（教育行政と保護者）と教育の実施者（校長を責任者とする教育の専門家）の間の同意事項であり、契約的意味を持つからである[39]。このように、チャーターはアカウンタビリティのメカニズムの重要な要素である。チャーターの検討を通して、校長の結果責任の範囲という問題にアプローチできるだろう[40]。

第三に、学校経営の結果をどのような基準にもとづいて評価するのかという点である。学校経営の結果を評価し、成果が認められれば、校長に学校経営を任せられるだろう。だが、校長が、保護者、生徒、教育行政の最善の利益を学校で追求するとは限らない[41]。深刻な問題点が発覚した場合、校長の責任を問わなければならない。しかし、その場合も、感情的に校長の責任を追及することは適切ではない。校長の職務上の身分に関わるからである。校長の結果責任を問うためには、問題点を公平に指摘できるように、学校経営の結果を一定の方法によって評価することが必要である。評価の基準と領域の検討はもとより、自己評価と外部評価の関係も整理することが求められる。

第四に、学校経営の結果に保護者あるいは教育行政が納得できない時、校長はどのように責任をとるのかという点である。校長の責任のとり方を明確にするためには、校長が責任をとる場合に課せられるサンクションを定めておく必要がある[42]。例えば、校長が導入した学習プログラムによって、著しい学力低下が生じた場合、校長の経営責任が問われるかもしれない。校長の経営責任を問うためには、職務上の身分に関わるサンクションを設定しておく必要がある[43]。サンクション決定の基準、手順、教育行政と保護者の関与も明らかにする必要がある。

　以上のように、校長の結果責任を問うメカニズムは、校長の結果責任の追及者、チャーター、学校経営結果の評価、校長の責任のとり方が鍵となっている。そこで本研究では、メカニズムを「学校経営をめぐる校長の結果責任を問う外的制御の仕組みであり、それは校長の結果責任の追及者、結果責任の範囲、学校経営結果の評価、責任のとり方によって構成されている」と定義する。

第3節　研究対象設定の理由

　1990年前後から、アメリカ、イギリス、オーストラリア等の教育改革は、学校への権限委譲、自律的学校経営の導入を基本的方向として進められてきた。各国で共通の動向が生じる要因として次の点があげられる[44]。

　第一に、学校への権限委譲は、分権化、規制緩和を期待する財界の意向や世論に合致している。第二に、教育行政が担っていた権限を学校に委譲すれば、教育行政の役割と組織の縮小が可能となり、行政コストを削減できる。第三に、学校の裁量を拡大し、学校の議決機関への参加制度を整備すれば、保護者や地域住民の代表が学校の様々な決定に意見を反映できるようになる。そのことを通して、保護者・地域住民と学校の間の信頼関係の構築と連携・協力の促進が見込まれる。第四に、権限委譲によって学校で決定できる事項が経営面に拡大するため、教職員は教育活動だけでなく、企画立案、戦略的組織運営、学校評価に関する能力も必要となる。教職員がこうした能力を習

得できれば、教職員の専門性の刷新が期待できる。第五に、学校によって生徒のニーズは異なるが、従来、学校の裁量が小さいため十分な対応ができなかった。学校に権限を委譲すれば、各学校で経営リソースを活用して、生徒のニーズに応じた教育活動を展開できる。学校の特色づくりを推進することもできる。

　学校の権限拡大に伴って、自律的学校経営のアカウンタビリティをどのように担保するかも国際的に重要になっている[45]。国、州、地方によって事情は異なるが、概して、生徒の学力向上、教育活動の質の確保、学校に対する信頼感の向上等が要請されている。裁量を持つ学校が、こうした期待に応えるためには、アカウンタビリティが不可欠となるだろう。日本でも、コミュニティ・スクールの設置が可能になり、アカウンタビリティの確保が教育政策の重要課題になると考えられる。本研究は、学校への権限委譲という国際的動向を踏まえて、オーストラリア・ビクトリア州を対象に、自律的学校経営におけるアカウンタビリティのメカニズムを論究する。以下では、イギリス、アメリカ、オーストラリア、日本の動向を検討し、オーストラリア・ビクトリア州を研究対象に設定する理由を述べる。

(1) イギリスの動向

　イギリス（イングランドとウェールズ）では、1988年教育改革法制定以降、学校のローカルマネジメントが導入された。人事、財務に関する学校の裁量が拡大され、学校理事会（School Governing Body）の権限も強化された[46]。ナショナル・カリキュラムが策定されたが、教育課程編成の一定の裁量も学校に認められている。全国テストが実施され、いわゆるリーグ・テーブルが公表されている。その上で、学校選択を自由化し、学校間の生徒獲得競争を促進し、「『志願者非超過校』『志願者超過校』双方に生徒募集の努力や生徒獲得のための教育的・経営的努力を促している」[47]。

　1992年以降、教育水準局（Office for Standards in Education）が学校経営の外部評価を行っているが、これは保護者の学校選択に対する情報提供の意味合いが強い[48]。学校選択自由化と学校間競争によって、「『できが悪い』『特別

なニーズを持つ』（特に問題行動を持つ）生徒、労働者階級の家庭の子ども、男子は、余り望まれない生徒とみなされ、人気のある学校はできる限りこうした生徒の入学を避けようとする」[49]という問題が生じている[50]。

1999年には、家庭－学校同意書（Home-School Agreement）が導入された。これは「教育水準向上を進めるために、学校と保護者との間のそれぞれの責任を明らかにして、同意の下で学校教育を展開することを目指している（中略）。保守党時代の競争原理を前面に押し出した学校参加や学校選択の方策とは異なり、学校参加や学校選択の制度は維持するものの、競争の手段よりも教育の共同化というべき発想が含まれているといえよう」[51]。つまり、学校間競争を基盤にアカウンタビリティを追及する制度は維持されているが、家庭教育との連携も取り入れられている。

イギリスとビクトリア州の間で学校経営とその諸制度を比較すると、次の共通点が指摘できる。第一に、イギリスでは学校理事会、ビクトリア州では学校審議会が議決機関として各学校に設置され、保護者代表の参加も認められている。第二に、人事、財務の学校裁量が拡大しているが、とりわけ、学校の予算編成の裁量は、イギリスとビクトリア州の両方が世界で最も拡大されている[52]。第三に、教育課程政策が策定されたが、その範囲内で、教育課程編成の裁量が学校に認められている。第四に、イギリスでは教育水準局、ビクトリア州では学校評価局（Office of Review）が設置され、外部評価を含む学校評価が制度化された。第五に、学力テストが導入されている。

差異点として、第一に、イギリスでは、学校選択自由化とリーグ・テーブル公表によって、学校間競争を促進している。そして学力テストでの順位と在籍生徒数に基づいて、学校経営の結果責任が問われている[53]。一方、ビクトリア州では学力テストは実施されているが、学校別のデータやランキングは公表されていない[54]。学校選択は認められているが、教育省は学校間競争を推進していない。第二に、ビクトリア州では、チャーターという3年間の学校経営計画の策定が学校に義務付けられている。これは校長、学校審議会会長、教育行政代表の同意・書名によって有効となる契約的文書であり、チャーターの実施と成果がアカウンタビリティにとって重要である[55]。イギリス

では、大部分の学校が3年間から5年間の学校開発計画（School Development Plan）を策定している[56]。学校開発計画は学校の重点と計画を示したものであるが、策定は学校に義務付けられていない[57]。

このような違いは、イギリスとオーストラリアのニューパブリックマネジメントの違いを背景としている。イギリスとニュージーランドでは市場メカニズムが可能な限り拡大されている。一方、オーストラリア、カナダ、スウェーデン、オランダでは市場は緩やかに適用されている[58]。実際、オーストラリア・ビクトリア州の行財政改革では契約の活用に特色があると言われている[59]。教育改革においても、学校間競争よりも、チャーターを重視している。このようにビクトリア州の教育改革には固有の特徴が認められるため、研究の対象に設定した。

(2) アメリカの動向

アメリカでは、1990年前後以降、州ないし学区単位で、学校に基礎を置いた経営が導入されている。学校に基礎を置いた経営では、教育課程編成、人事、予算に関する裁量が拡大されるとともに、議決機関として学校審議会が設置されている[60]。学校審議会の構成員は、校長、教員、保護者、地域住民等である。学校に基礎を置いた経営は、1988年にイリノイ州シカゴ、1990年にケンタッキー州、1992年にフロリダ州で導入されている[61]。

学校の裁量拡大だけでなく、アカウンタビリティ・システムの構築も進められている。アカウンタビリティ・システムは州や学区によって多様であるが、「州が定めた基準にしたがって学校ごとの教育成果の成否を評価・公表し、高い成果を挙げた学校を報奨し、逆に最低基準を満たせなかった学校にはサンクションと改善のための施策を講じるというシステムである」[62]。例えば「シカゴ学校委員会は生徒の学力に関する目標を学校に指示し、その目標に到達しなかった学校には、サンクション（指導観察（probation）と再建（reconstitution））を開始する」[63]。シカゴでは校長の4年間任期制が導入されたため[64]、成果が上がらなければ校長は任期を更新できない場合もある。概して、アメリカのアカウンタビリティ・システムは低学力の学校に対するサ

ンクションによって、学校ないし校長の責任を問う仕組みになっている。

　学校の裁量拡大と結果責任の厳格化という観点からは、アメリカのチャータースクールも注目される。チャータースクールは「子どもたちに対する教育の結果に責任を負う代わりに、公立学校を縛っている制限や規則から逃れる自由を州当局から付与される」[65]。チャータースクールは、運営者（保護者団体、教員グループ、病院、大学、民間企業等）が教育成果の観点からスポンサー（認可者、州ないし地方の教育委員会等）と契約を結ぶことによって、時限つきで開校する学校である[66]。ただし、チャーターに掲げられた契約が達成できない場合は閉校になる[67]。なお、チャータースクールは全米で約2,400校にとどまっており[68]、「全国的には、チャータースクールに通っているのは初等・中等教育の生徒全体の約1％」[69]である。

　チャータースクールには質の高い学校と低い学校がある[70]。質の低い学校が閉校された場合[71]、子どもは教育を受けるために、他の学校に転校しなければならない。チャータースクールが閉校された場合、子どもは転校という負担を伴うことになる。つまり、「目的を達成しなければ、閉鎖も余儀なしというチャータースクールの革新性が同時にその不安定性につながっている」[72]。

　アメリカとオーストラリアの間で学校経営とその諸制度を比較すると、次の共通点が指摘できる。第一に、アメリカの学校に基礎をおいた経営、ビクトリア州の公立学校の両方で、学校審議会が議決機関として設置され、保護者代表の参加も認められている。第二に、アメリカの学校に基礎を置いた経営、ビクトリア州の自律的学校経営の両方で、人事、財務、教育課程編成の学校裁量が拡大している。第三に、アメリカ、オーストラリアのいずれにおいても、各州で、教育課程政策ないし学力到達基準が策定されたが、その範囲内で、教育課程編成の裁量が学校に認められている。第四に、シカゴとビクトリア州では校長の任期制が導入されている。

　差異点として、第一に、アメリカでは、低学力の学校に対して、指導観察、再建といったサンクションが設けられている。このような制度はオーストラリアでは設けられていない。オーストラリアでは、いずれの州・直轄区でも、生徒数減少による統廃合以外の理由で学校を閉鎖する制度は設けられていな

い[73]。第二に、アメリカでは、チャータースクールが設置されているが、オーストラリアではチャータースクールは設置されていない。ビクトリア州の公立学校はチャーターを策定するが、そのことによって公立学校がチャータースクールに移行するわけではない[74]。ビクトリア州では、公立学校の3年間の学校経営計画がチャーターと呼ばれているのである。第三に、アメリカのチャータースクールとビクトリア州の自律的学校経営は、いずれもチャーターを策定するが、チャーター実施に関するサンクションが異なっている。アメリカのチャータースクールでは、チャーターの目標が達成できない場合閉校になる。一方、ビクトリア州の学校はチャーターを策定するが、チャーター実施の成果が乏しい場合でも閉校措置は受けない。その代わりに、校長を入れ替えて、学校経営の改善を図る。

日本では、政策的にはチャータースクールのような例外的な学校をつくる意図は見られない。また、シカゴのように低学力の学校に特別なサンクションを与えるような施策もとられていない。すべての公立学校を包括的に改革しようとすることが、日本の教育行政の基本理念と考えられる[75]。このような日本の状況を考慮すると、ビクトリア州の教育改革は注目に値する。ビクトリア州の教育行政はチャータースクールを設置せず、アメリカのように特定の低学力の学校に対するサンクションも設けていない。むしろ、州内のすべての公立学校を改革しようとしており、この点においては日本の教育政策と共通性が見られる。日本の教育改革への示唆を得るためには、ある程度、日本との共通性を持つ州ないし国を研究対象とすることが妥当だろう。以上の考えから、本研究はビクトリア州を研究対象に設定した。

(3) **オーストラリアの動向**

オーストラリアでは、6つの州（ニューサウスウェールズ州、ビクトリア州、クイーンズランド州、西オーストラリア州、南オーストラリア州、タスマニア州）と2つの直轄区（首都直轄区、北部直轄区）[76]の各政府が初等・中等教育行政の権限を持っている。そのため、各州・直轄区の学校経営とその制度は固有の特色を持っている。ここでは、本研究が、6州2直轄区の中で特にビクト

リア州を対象とする理由を述べる。

　オーストラリアの教育行政は1901年の連邦結成以降、各州を単位とした中央集権制であった[77]。こうした状況を変えたのが、1972年に発足したウイットラム（Whitlam）労働党政権であった。連邦レベルの政権交代を23年ぶりに成し遂げたウイットラムは、諸制度の改革に取り組んだ。教育改革に関しては、1973年に報告書「オーストラリアの学校」（Schools in Australia）が発表され、大きな影響を及ぼした[78]。この報告書は、教育機会の均等、意思決定への参加と権限委譲、教育の革新と多様化を提案した[79]。その後、1975年に連邦政府がカリキュラム開発センター（Curriculum Development Centre）を設置し、学校の教育課程裁量の拡大を推進した[80]。いわゆる学校に基礎をおいたカリキュラム開発（School Based Curriculum Development）の推進である。こうした施策を受けて、1980年代まで各州・直轄区政府は、制度の違いはあるが、概して、学校の教育課程編成の裁量を拡大してきた[81]。

　ところが、1980年後半から、経済不況が深刻となり、優秀な労働力の育成や学力向上が期待されるようになった[82]。この頃、社会の変化も政策的に無視できなくなった。すなわち、特に都市部では多民族社会の様相が顕著になり、学校が子ども、保護者、地域のニーズにきめ細かく対応する必要性が強くなった。こうした背景から、第一に、学校の質や成果を向上するために、アカウンタビリティが要請されるようになった。第二に、学校の教育課程裁量を認めるだけではなく、人事、財務の裁量も拡大して、ニーズに対応した柔軟な学校経営を可能にすることが求められた。第三に、学校審議会の設置または権限強化が必要とされた。その理由は、学校審議会において学校経営に保護者や地域のニーズを反映すること、保護者や地域住民の学校審議会への参加を通してアカウンタビリティを担保することであった。

　これらの動向の下、1990年代に入って、オーストラリアの教育行政はニューパブリックマネジメントの考え方を取り入れるようになり、教育改革の鍵的概念は学校に基礎を置いたカリキュラム開発から自律的学校経営へと変化した。そして、学校審議会、学校への権限委譲、アカウンタビリティが教育改革の主要なテーマになっていった。そこで、以下では、学校審議会、

学校への権限委譲、アカウンタビリティに関して、各州・直轄区間の比較を行い、本研究でビクトリア州を対象とする理由を述べる。

第一に、学校審議会について述べる。南オーストラリア州、首都直轄区、ビクトリア州、西オーストラリア州、北部直轄区では、学校審議会の設置が公立学校に義務づけられている[83]。一方、ニューサウスウェールズ州、クイーンズランド州、タスマニア州では、学校審議会の設置は各学校の任意になっている[84]。学校審議会は、南オーストラリア州で1972年に設置され[85]、首都直轄区では1974年に設置された[86]。ビクトリア州の学校審議会は1910年以来の長い歴史を持っているが、設置当初の権限は大きくなかった[87]。1975年に学校審議会は学校経営方針について校長に助言を与えられるようになった。1984年に、学校審議会の権限が強化され、学校経営方針の議決権を持つようになった[88]。

第二に、学校への権限委譲について述べる。すべての州・直轄区で教育課程政策が策定されている。これは教育内容と到達水準に関するガイドラインであり、各学校は教育課程編成の裁量を持っている。特に、ビクトリア州、南オーストラリア州、タスマニア州、首都直轄区の学校は教育課程編成の裁量が大きい[89]。校長人事については、タスマニア州以外のすべての州・直轄区で学校審議会の関与が認められている[90]。教員の人事に関しては、ビクトリア州とクイーンズランド州で学校に権限が委譲されている[91]。学校予算の裁量拡大はビクトリア州で最も進められている[92]。ビクトリア州では州政府初等・中等教育予算の約90％が各学校に裁量予算として配分されている[93]。南オーストラリア州、タスマニア州、北部直轄区では、州政府初等・中等教育予算の約20％が各学校に裁量予算として配分されている[94]。

第三に、アカウンタビリティに関する諸制度について述べる。ビクトリア州ではチャーターが導入された。クイーンズランド州とタスマニア州ではパートナーシップ・アグリーメントが導入された[95]。これらは複数年度をカバーした中期的な学校経営計画である。学校評価に関しては、自己評価がすべての州・直轄区で実施されている[96]。外部評価は、ビクトリア州、西オーストラリア州、首都直轄区で実施されている[97]。リーグテーブルは、いずれ

の州・直轄区でも公開されていない[98]。ベンチマーク（Benchmark）はビクトリア州とクイーンズランド州で導入されている[99]。ベンチマークとは、公立学校の生徒の学力や教員のモラール等に関する平均値、最高値、最低値を示した基準である。

　以上のように、学校経営に関する諸制度を州・直轄区間で比較すると、次の理由からビクトリア州が注目に値する。第一に、学校審議会の歴史が最も古い。第二に、教員人事の権限が学校に委譲されている。第三に、学校予算編成の裁量が最も拡大されている。第四に、チャーター、外部評価、ベンチマークが導入されている。

　ビクトリア州会計検査院（Victorian Auditor-General's Office）[100]は、ビクトリア州の学校経営改革について、「各学校は、政府と行政の目標と柔軟に整合性をとることも求められるが、高い自由度が与えられており、表明された学校目標の達成に向けて、努力と創造性を注ぐようになっている」[101]。と述べている。ここで、表明された学校目標は、チャーターによって示される。高い自由度と学校の努力・創造性を両立するためには、アカウンタビリティが求められるだろう。このように、ビクトリア州は、各州・直轄区の中で、自律的学校経営とアカウンタビリティという観点から先進的に取り組んでいるため、研究対象に設定した。

(4) 日本の動向

　日本では、1998年の中央教育審議会答申「今後の地方教育行政の在り方について」が、学校の自主性・自律性の確立を提案した。その後、各自治体で、学校評議員制、学校の自己評価、教員評価が導入されていった。だが、学校の権限はあまり拡大されず、教職員もマネジメント能力を習得したわけではなかった。結局、学校の自主性・自律性の確立は理念にとどまり、教育委員会や学校に十分浸透していない。

　2004年に、中央教育審議会答申「今後の学校の管理運営の在り方について」が公表された。同答申は「我が国の公立学校教育は硬直的で画一的であり、変化に対応する柔軟性や多様性に乏しいこと、自ら改革に取り組む動機付け

が働きにくく、効率性が十分に意識されていないこと、閉鎖性が強く、地域の一員としての意識や地域社会との連携を欠きがちである」との批判をふまえて、「保護者や地域住民が一定の権限を持って運営に参画する新しいタイプの公立学校」の導入を提案した。

2004年に地方教育行政の組織及び運営に関する法律の一部が改正され、教育委員会は、指定する学校に学校運営協議会を設置できるようになった[102]。学校運営協議会を設置した学校にはコミュニティ・スクール等の呼称が与えられ得る。学校運営協議会は、イギリスの学校理事会やオーストラリアの学校審議会のように、学校の意思決定への保護者・地域住民代表の参加を認めている。ただし、学校運営協議会の委員は教育委員会によって任命される。校長は、学校運営の基本的な方針に関して、学校運営協議会の承認を得る必要がある。学校運営協議会は、学校の職員の採用その他の任用に関する事項について、任命権者に対して意見を述べられる。

文部科学省は、いわゆるコミュニティ・スクールにおいて、「校長裁量予算の導入や拡充、教育委員会への届出、承認事項の縮減等、学校の裁量の拡大に積極的に取り組む」[103]方向である。だが「市町村教育委員会の内申権、校長の意見具申権には変更が生じない」[104]ことからも明らかなように、コミュニティ・スクールの権限は、イギリスの学校のローカルマネジメントやビクトリア州の自律的学校経営に比べて少なく、校長の結果責任も明確に位置づけられていない[105]。

現時点では、コミュニティ・スクールは全国的に見ればごく一部に過ぎない[106]。だが、今後、規制緩和を重視する政府の行財政改革を背景として、コミュニティ・スクールの増加、または公立学校の裁量拡大が進む可能性はある。とすれば、学校のアカウンタビリティをどのように確保するかも政策課題となってくるだろう。ところが、権限が拡大した学校経営においてアカウンタビリティをどのように実現するかは、日本では必ずしも明確にされていない[107]。

一方、ビクトリア州では、学校裁量が大幅に拡大されるとともに、中期的な学校経営計画、事後評価システム、アカウンタビリティを実現するための

校長人事制度が設けられている。これらの政策動向は日本では見られない点である。今後、規制緩和を重視する政府の行財政改革を背景として、日本の公立学校の裁量拡大が進む可能性はある。その場合、学校の裁量拡大の効果と課題、および学校経営のアカウンタビリティの在り方は避けて通れない論点となるだろう。そこで、本研究は、自律的学校経営を先駆的に導入したビクトリア州の研究を通して、日本の学校経営改革に対する示唆を得ることとする。

第4節　研究課題の設定

本研究では、次の研究課題を設定する。(1) 自律的学校経営論に着目し、その生成・発展と政策への影響について解明する。(2) 学校経営政策の分析を通して、自律的学校経営におけるアカウンタビリティのメカニズムを、①校長の結果責任の追及者、②校長の結果責任の範囲、③学校経営結果の評価、④校長の責任のとり方の観点から解明する。(3) 事例研究を行い、学校経営政策の効果と問題点を解明する。以下では、これまでの議論の検討を通して、研究課題の意義や位置づけについて述べる。

(1) 自律的学校経営論の生成・発展と政策への影響

自律的学校経営論は、コールドウェルとスピンクスの共著『自律的学校経営』(The Self-Managing School, Falmer, 1988)、『自律的学校経営をリードする』(Leading the Self-Managing School, Falmer, 1992) において論述されている。自律的学校経営論は、権限が委譲された学校の経営指針を示している。ビクトリア州の学校経営政策はコールドウェルとスピンクスの自律的学校経営論を基盤に構想された。これは、ヘイウォード（Hayward）教育大臣が自律的学校経営論を参考に、学校経営政策を策定することを決定したためである。そこで本研究は、学校経営政策の重要な背景として自律的学校経営論に着目する。

自律的学校経営論は、オーストラリア首都直轄区（キャンベラ）でも学校評価の制度化にあたって参考にされた[108]。さらに、「コールドウェルとスピ

ンクスは（中略）オーストラリア、ニュージーランド、イギリスの少なくとも 3 カ国で、政策コンサルタントとして大きく関与した」[109]。そして、自律的学校経営論をイギリスとニュージーランドで紹介した[110]。両国で自律的学校経営論が注目された理由は、1980 年代末から学校への権限委譲が進められ、自律的学校経営の方法論が必要とされたからであろう。

　ウイッティー（Whitty）、パワー（Power）、ハルピン（Halpin）は自律的学校経営論について次のように述べている。「教育経営の重要な論者のアイデアが広く受け入れられ、採用されたが、このことは新しい教育経営の国際的側面を例証するものである。例えばコールドウェルとスピンクスは『自律的学校経営』『自律的学校経営をリードする』という 2 つの影響力ある図書を執筆した。これらの図書は、ほとんどの推奨文献リストに顕著にあげられている」[111]。デビス（Davies）は、『自律的学校経営』と『自律的学校経営をリードする』が学校経営分野の非常に重要な研究成果であると高く評価している[112]。

　一方、アンガス（Angus）は、『自律的学校経営』が、財政危機や学校教育の不平等を視野に入れず、学校を予定調和的にとらえていると批判している[113]。ウォルフォード（Walford）は、自律的学校経営が学校教育における公平を拡大する役割を担っていると『自律的学校経営をリードする』で強調されているが、イギリスの教育改革では公平が無視されていると指摘している[114]。こうした批判に対して、コールドウェルは、財政危機や不平等の問題は主に社会の変容によって誘発されたのであり、自律的学校経営によって引き起こされたのではないと反論している[115]。

　ハーマン（Harman）、ベアー（Beare）、バークレイ（Berkeley）は、『自律的学校経営』が重要な著書であることを指摘した上で、「仮に、自律的学校経営という新しい制度が、州全体に教育を広く平等に提供することを保障しないとすれば、すぐにかなりの政治的プレッシャーを受けて、もしかしたら再中央集権化への新しい動きさえも導くかもしれない」[116]。と懸念している。これに対して、コールドウェルは「自律的学校経営の制度に対する予算配分は、過去数十年間、中央集権制の下で利用された手法よりも、公平である」[117]と述べ、「各々の学校の違いを生み出す様々な要因が考慮され、学校

がチャーターの枠組の中で自校の重点事項に取り組み、いわゆる包括予算（global budget）が配分される。このような公平な方法で学校に予算を配分しようと決意することは、学校制度の課題である」と反論している[118]。

以上のように、自律的学校経営論は、国際的に政策に影響を与え、学校経営研究においても議論の的となっており、重要な位置にある。だが、先行研究は自律的学校経営論を部分的に参照するか、一面的に論ずるにとどまっている。そのため、自律的学校経営論の源流、『自律的学校経営』から『自律的学校経営をリードする』への展開、学校経営政策への影響という一連の過程は、十分明らかにされていない。そこで、本研究は、学校経営政策の背景として自律的学校経営論に着目し、その生成・発展および政策への影響について解明することを課題とする。

自律的学校経営論は政策立案に貢献しており、この点に注目すれば、政策的有用性の高い研究の一例に位置づけられる。堀和郎は「教育行政研究が今日社会的・政治的イッシューと化している教育制度改革や政策立案にどれだけ有用性を発揮しているのか、発揮していないとすれば、なぜか、有用性を発揮するために、いかなる改善の手だてがあるのか」[119]という問いを提起している。この問いに答えるためには、有用性の高い研究事例の検討も有効であろう。だが、こうした観点から自律的学校経営論を検討した研究は見当たらない。本研究では自律的学校経営論がなぜ政策的有用性が高かったかという観点からの考察も行うこととする。

(2) 自律的学校経営におけるアカウンタビリティのメカニズム

本研究の最も主要な課題は、自律的学校経営のメカニズムの解明である。本研究では、第2節で、自律的学校経営のアカウンタビリティを「校長が、学校経営の結果について保護者・教育行政に説明し、納得が得られない場合、責任をとること」と定義した。そして、メカニズムを「学校経営をめぐる校長の結果責任を問う外的制御の仕組みであり、それは校長の結果責任の追及者、結果責任の範囲、学校経営結果の評価、責任のとり方によって構成されている」と定義した。本研究ではアカウンタビリティのメカニズムを、「①

校長の結果責任の追及者、②校長の結果責任の範囲、③学校経営結果の評価、④校長の責任のとり方」という観点から解明する。以下では、観点別に先行研究の議論を検討し、研究課題の意義を明らかにする。

① 校長の結果責任の追及者

自律的学校経営の責任者は校長であるが、誰が校長の結果責任を追及できるのだろうか。アダムス（Adams）とカースト（Kirst）は、プリンシパル－エイジェント理論がアカウンタビリティの土台を成しており、この理論によって「誰が誰に対して責任を負っているのか」[120]を解明できると論じている。プリンシパル－エイジェント理論では、依頼者（プリンシパル、例、依頼人）と実施者（エイジェント、例、弁護士）が契約を結び、実施者は同意・契約事項にもとづいて行動する（例、弁護活動を行う）ことが期待される[121]。ところが、実施者が依頼者の最善の利益を追求するとは限らない。実施者の行動と結果が契約事項にはずれた場合、依頼者は実施者の結果責任を追及できる。これがアカウンタビリティの基本的考え方であり、学校教育にも当てはまる[122]。アダムスとカーストは、教育の依頼者と実施者が誰であるのかが既存の研究で曖昧にされていると指摘している。そして、その背景として、教育目標の曖昧性と多様性、多くの教育関係機関の関与、教育政策が首尾一貫していないこと等をあげている[123]。

ヒル（Hill）、レイク（Lake）、セリオ（Celio）も、アカウンタビリティは、教育の依頼者（プリンシパル）と実施者（エイジェント）の関係にもとづいていると指摘している[124]。そして「公教育に関して、教育の実施者が学校、場合によっては教師であることにたいていの人々は同意するはずだ」[125]と論じている。ところが、教育行政機関、親、地域社会のいずれが教育の依頼者なのかについて、「答えるのは難しい」[126]と述べている。その理由として、教育行政機関、親、地域社会のいずれも学校教育の成果の利害関係者であることをあげている[127]。

日本では、牟田博光が、教育のアカウンタビリティが、多くの場合、学校が市民や教育行政当局に対して学力達成度の責任をとることを意味すると指

摘した[128]。その上で、学校が誰に対する責任を持つのかに関して、「学校の児童・生徒・学生、その親、納税者である国民一般、学校の設立母体、圧力団体、卒業生の雇用者、より上位の教育行政組織、社会一般等」[129]をあげている。だが、これらの中で、誰が学校の責任を追及できるのかについては言及していない。

　山下晃一は、アメリカのシカゴ学校改革を素材に、「1995年以降に成立した教育委員会と学校との関係が従来とは異なる『プリンシパル（principal, 本人）－エージェント（agent, 代理人）』関係として構想されている」[130]と述べている。1995年以降、シカゴ教育行政の学校改革理事会や教育長が「低迷し続けている学校に対し、『矯正（remediation）』や『指導観察（probation）』あるいは、『再建校（reconstitution school）』指定などの制裁的措置を発動する権限」[131]を持ったため、学校がエージェンシーとなったと説明している[132]。だが、学校経営のアカウンタビリティという観点からの研究ではないため、シカゴでは、教育行政が低迷する学校経営の結果責任を問う主体になったとの考察は行われていない。

　これまで、先行研究はプリンシパル－エージェント理論に着目しながらも、学校教育の結果責任の追求者が誰であるのかは論じてこなかった。その最も大きな背景として、学校教育をめぐる権限と責任が、伝統的な教育行政制度では拡散していたことがあげられる[133]。そのため、教育アカウンタビリティの研究は、教師、学校、教育行政のいずれのアカウンタビリティも論じざるを得なかった[134]。その結果、誰が誰の責任を問うのかが特定されてこなかった。

　しかし、自律的学校経営では、権限が拡大されたのと引き換えに、経営責任の所在も明確にされた。自律的学校経営の導入は研究の文脈を大きく転換するものである。すなわち、教育全般のアカウンタビリティよりも、むしろ学校経営のアカウンタビリティを研究することが要請されている。本研究では、自律的学校経営の責任者が校長であることを踏まえて、校長の結果責任の追及主体を解明することを研究課題とする。

② 校長の結果責任の範囲

　自律的学校経営において、校長は何の責任を問われるのだろうか。校長は学校経営の結果責任を問われるが、無限の責任を負うわけではない。責任の範囲が明らかにされる必要がある。

　前述のように、プリンシパル－エイジェント理論はアカウンタビリティの土台を成している。この理論では、依頼者（プリンシパル）と実施者（エイジェント）が契約を結ぶことが想定されている。依頼者は、契約で想定した結果を実施者に期待する。したがって、実施者の結果責任の範囲は、基本的に契約によって示されるだろう。モー（MOE）が「プリンシパル－エイジェントモデルの論理は、契約パラダイムの中心的な理論問題を提起している」[135]と述べているように、アカウンタビリティのメカニズムの探求に当たって、契約の視点は重要である。

　大住荘四郎は、ニューパブリックマネジメントによる公的部門改革について次のように論じている。「行政サービスの執行に関わる部門を企画・立案あるいは管理部門から切り離し、可能なかぎり『契約型』システムへと置き換えるものである。（中略）予算の賦与と『業績／成果の達成』が、個々の機能に対応した小規模な組織の『契約』によるため、契約履行に係る責任の所在がきわめて明確になる」[136]。ここで契約は依頼者と実施者を関係付けるものであり[137]、結果責任の範囲を示している。例えば1990年代のイギリスでは、行政改革によって「『契約による統治』という発想が省庁の内部から生まれてくるようになった」[138]と言われている。アダムスとカーストも、教育のアカウンタビリティにおいて「公的に同意された目的」[139]が必要であると論じている[140]。

　ビクトリア州の学校経営改革もニューパブリックマネジメントの発想に基づいている。行政学者のマクガイア（McGuire）は、ビクトリア州の学校経営政策「未来の学校」では、チャーターというサービス実施の契約が導入され、学校と中央教育行政の関係が変容したと指摘している[141]。ビクトリア州では、1993年以降、チャーターの策定が各学校に義務付けられた。チャーターは、校長、学校審議会会長（保護者代表）、教育行政代表の同意・署名によって有

効になる3年間の学校経営計画であり[142]、準契約（quasi-contract）と呼ばれている[143]。校長は教員をリードし、チャーターを実施することが責務である。したがって、チャーターは校長の結果責任の範囲を示すものと考えられる。

ベアーは、ビクトリア州のチャーターを学校経営の成果に関する契約であると述べている[144]。マックファーソン（Macpherson）は、チャーターが契約であり、学校の計画、経営実践、評価を誘導し[145]、アカウンタビリティの基盤に位置づくと論じている[146]。だが、いずれも、チャーターと校長の結果責任の関係については考察していない[147]。小島弘道は、保護者等が学校の意思決定に参加できる場合[148]、「保護者等からすれば、学校を契約当事者として学校を自分たちの前に交渉相手として"引き出した"ことを意味する。そこに契約の確認が生まれる」[149]と述べている。だが、学校経営における契約の具体像やアカウンタビリティにおける位置付けは論じられていない。

校長は契約的な学校経営計画のチャーターを実施し、その結果に責任を持っている。とすれば、校長の責任の範囲を明確にする鍵はチャーターにあるのではないか。こうした観点から、本研究では、チャーターの内容を検討し、校長が何の責任を問われるのかを明らかにする[150]。

③ 学校経営結果の評価

校長の結果責任を問うために、どのような評価が必要だろうか。ニーヴ（Neave）は、アカウンタビリティ・システムにとって評価がきわめて重要であると指摘している[151]。自律的学校経営における校長の結果責任を問うためには、評価の裏づけが必要であろう。学校経営の結果を評価するための一般的な方法は、学校評価である。学校評価は、学校経営計画の実施結果を分析し、成果と課題および改善策を提示するものと考えられる[152]。

学校評価に関する論点はいくつか存在するが[153]、今日、自己評価と外部評価の関係性が争点になっている[154]。実際、イギリス、ニュージーランド、オーストラリア等、各国では自己評価の妥当性を高めるために、外部評価が導入されている[155]。ニーヴは「理論的には評価過程の3つの様式が存在する。すなわち、(a) 内部の自己評価、(b) 自己評価の外部への報告、(c) 自己評

価の検査である」[156]と述べている。(a)と(b)は自己評価、(c)は外部評価に位置づくと考えられる。外部評価の本質が自己評価の検査・確認にあると言えよう。だが、外部評価者の在り方等、さらなる論究が必要である。

　学校評価の妥当性を高めるためには、評価の基準も必要である[157]。例えば、学力に関する一定の到達水準を行政が決めれば、各学校の学力の高低を評価できる。校長の結果責任を問う場合も一定の基準が必要である。この点について水本徳明は、「ある行為について責任を問うためには、その帰結の善悪や適否を判断する基準が必要である。そのスタンダードは責任を問う主体が恣意的に設定したようなものではなく、何らかの形で正統化され、一般化されたスタンダードでなくてはならない。恣意的なスタンダードによる場合、それは責任の追及ではなく、単なる利害対立にしかならないからである」[158]と考察している。

　評価基準に関しては、単一の到達水準を設定すれば十分なのかという問題もある。ハニュシェク（Hanushek）とレイモンド（Raymond）は、アカウンタビリティ・システムにおける学校の成果測定において、生徒の家庭の状況や地域環境のように、学校がコントロールできない要因を考慮すべきではないかという問題を提起している[159]。こうした議論を背景として、イギリスやオーストラリアでは、新しい学校評価基準として、生徒の家庭の状況等も考慮したベンチマークが開発されている。

　学校経営の結果責任を問う場合、校長の採用人事や任期更新を適切に行う必要がある。そのためには、人事の目安として、校長の力量に関する基準も必要であろう。校長に求められる力量水準は、イギリス、アメリカ、オーストラリア等で策定されてきている。例えば、イギリスでは教育雇用省が校長職に関する全国基準（National Standards for Headteachers）を策定した。それは「専門的知識、理解力、スキルと属性、校長職の中心的役割内容」[160]から構成されている。学校経営のアカウンタビリティ研究は、校長の力量の基準も視野に入れる必要がある。

　オーエン（Owen）は、評価は雇用の判定のために使用され得ると述べているが[161]、完全に客観的な評価はないとも指摘している[162]。外部評価の導

入や基準の策定によって評価の妥当性は高まるかもしれないが、客観性が必ず担保されるわけではない。とすれば、1つの学校評価結果を絶対視して、校長の結果責任を問うことは妥当ではないだろう[163]。むしろ、校長の在職期間全体を視野に入れつつ、学校経営の成果と課題を様々な観点から評価することが必要と考えられる。この点については、スクリヴァン（Scriven）が多面的・相対的な評価の重要性を強調しており、注目に値する[164]。だが、学校経営に関する校長の結果責任を問う際の評価の在り方という問題は、先行研究において明確に論じられていない。そこで本研究では、校長の学校経営の結果責任を問うための評価の在り方について考察する。

④ 校長の責任のとり方

　学校経営の結果に保護者あるいは教育行政が納得できない時、校長はどのようなサンクションを受けて責任をとるのだろうか。コーガン（Kogan）は著書『教育アカウンタビリティ』（Education Accountability）で、アカウンタビリティを「役割を持つ個人が、行動についてアカウンタビリティの関係にある人々の満足を得られなかった場合、評価を受けサンクションを適用されることを免れない状態」[165]と定義している。ここに、アカウンタビリティの核心がサンクションの適用にあることが示唆されている。ただし、コーガンは、アカウンタビリティの定義は議論の余地があると考えている。そして、給与、昇進、雇用に関わる厳格な制度的サンクションと再指導等の寛大なサンクションの両方が考えられるとも述べている[166]。

　レイスウッド（Leithwood）とアール（Earl）はアメリカのアカウンタビリティについて「説明が必要とされ、説明する人物に対する報奨と罰が具体化されるという共通の状況が増している。この状況は、学校レベルの生徒の学力データの収集が求められるアメリカの多くの州で広がっている。これらの州では、学校は到達すべき目標を設定している。目標に到達しなかった時、学校は検査対象となり、校長と教員は具体的な改善方策を実施することが求められる。校長と教員が別の学校に配置換えになることもある」[167]と論じている。

　オ　デイ（O'Day）は、シカゴの低学力の学校が「サンクション（指導観察

(probation）と再建（reconstitution））」[168]の対象となると説明している。そして、シカゴでは学力の向上が見られるものの[169]、サンクションの対象となった学校が、長期的な改善を無視してテスト対策に専念する等の問題点を指摘している[170]。

日本では、法哲学者の瀧川裕英が責任を「その反対の行動の際に発動される制裁のこと」[171]と定義し、責任とサンクションが一体であるという見解を示している。水本徳明は、学校のアカウンタビリティについて、「問われるのは経営的責任、すなわち、一定の資源を活用して生み出すべき成果を生み出したかどうかが問われるのである。したがって、責任を果たさないことに伴うサンクション（制裁）も、法的処分ではなく、経営的な決定（例えば経営者の解任）という形をとる」[172]と論じている。

山下晃一は、1988年シカゴ学校改革法下の校長人事に注目し、「校長のテニュアは廃止されて4年間の契約に基づく任期制が導入された。契約更改に際して校長の業績を評価し任免を決め、新任者を迎える場合、その選考を行う主体は、各学校に設置された学校評議会とされている」[173]と述べている。校長人事については「親や住民が直接、校長候補者に質問するといったことは学校改革実施以前にはみられない、いわば特別な現象であるにも関わらず、これらの選考手続きが学校評議会の親や住民によって日常的業務のように行われている」[174]とも論じている。ところが、「こうした事例では、選考が可能な限り客観的・公開的に実施されるように努められており、また、親や住民が候補者のアカウンタビリティ（応答責任）を直接に問う機会が生まれている点で注目される」[175]と述べるにとどまっている。校長の任期制の本質は、応答する責任よりも、むしろ学校経営の結果責任を問う点にあるのではないだろうか。

外国の先行研究では、アカウンタビリティが結果責任を意味し、その結果次第では学校の校長、教員、あるいは組織全体がサンクションの対象となると指摘されている。こうした議論は、校長の責任のとり方を明確にするためにはサンクションが必要であるという本研究の問題意識と共通している。一方、日本の研究では、アカウンタビリティにサンクションが不可欠との考察

は行われているが、校長の結果責任のとり方を論じた研究はきわめて少ない。本研究は、責任の所在を校長に位置づけたビクトリア州を対象として、校長の結果責任とサンクションについて考察し、アカウンタビリティのメカニズムの解明にアプローチする。具体的には、校長の5年任期制に着目し、校長の採用・任期更新に関わる人事の基準と手続きがどのようになっているのか等を論究する。

(3) 学校経営政策の効果と問題点

　教育改革はどのような影響を学校に与えたのだろうか。ウイッティー、パワー、ハルピンは、自律的学校経営の影響に関する研究をレビューした。そして、「自律的学校経営の導入が、学校の過程に一定の変化をもたらしたことは明確である。一方、生徒の成果に肯定的な結果がどのようにあるのかは、かなり曖昧である」[176]と述べている。ここから、自律的学校経営の影響に関する研究の必要性が示唆される。

　アダムスとカーストは「教育行政官と研究者の共通課題は、アカウンタビリティのデザインがどのように機能し得るのかを理解すること、実際にどのように機能したかを評価すること、そして、これらの結果を政策立案者に伝えて政策の再検討を促すことである」[177]と述べ、学校の実態をふまえた教育アカウンタビリティ研究の重要性を指摘している。

　ビクトリア州の学校経営政策の影響に関する研究は、1993年から1998年に実施された協力研究プロジェクト（Cooperative Research Project）が注目に値する。これは、ビクトリア州小学校校長会、ビクトリア州中等学校校長会、教育省、メルボルン大学の共同研究である。教育省が研究に参加していることから、政策評価ともとらえられる。協力研究プロジェクトでは、学校経営政策の影響を調べるために、1993年から1997年まで毎年、校長に対する質問紙調査を実施した[178]。最終報告書では、校長は、仕事の負担増と多忙化という問題があるものの[179]、自律的学校経営導入以前の制度よりも、現行制度の方が圧倒的に支持されていると結論づけている[180]。アカウンタビリティに関しては、チャーターと学校年次報告（自己評価）が校長に高く支持

されていると述べている[181]。生徒の学力については、否定的な見解よりも、肯定的な見解が多いと述べている[182]。つまり、協力研究プロジェクトでは、概して、学校経営政策の効果が強調されている。

だが、協力研究プロジェクトを含む先行研究は、大規模な数量的調査であり、個別の学校の事例を検討していない[183]。その結果、学校現場から見た具体的な政策の影響は、必ずしも明らかになっておらず、政策の効果が強調されていると考えられる。一方、事例研究は個別的であり一般化は難しいが、具体的な検討が可能であるため、効果だけでなく問題点を明らかにできる。そこで、本研究は事例研究を行い、学校現場から見た学校経営政策の効果と問題点を解明する。

事例研究では、学校の現状を記述した上で、学校への権限委譲、学校評価、校長の任期更新に関する効果と問題点を検討する。ここで、学校への権限委譲を扱う理由は、本章第2節（2）で述べたように、学校への権限委譲が、自律的学校経営が成立する要件として不可欠だからである。学校評価と校長の任期更新に論及する理由は、これらが、アカウンタビリティのメカニズムの鍵的要素になっていると考えられるからである[184]。さらに、「未来の学校」の実施前と実施後を対比し、政策によって学校経営にどのような効果が生じたのかを明らかにする。また、政策の効果が生じるためには、学校経営にどのような条件（例えば、校長のリーダーシップ）が必要なのかについても考察する。

学校のアカウンタビリティをめぐっては、社会的・経済的に不利な学校に課題が存在していると考えられる[185]。事例研究を行う場合、上層地域の学校よりも、むしろ社会的・経済的に不利な地域の学校を対象とする方が、政策の問題点を明確にできるだろう。以上の問題意識から、本研究は社会的・経済的に不利な地域の学校を対象に事例研究を行うことにする。

第5節　ビクトリア州学校経営政策に関する先行研究の検討

ここでは、ビクトリア州の学校経営政策を対象としたアカウンタビリティ

研究に限定して、先行研究を検討し、本研究の独自性を明らかにする。ビクトリア州の学校経営政策に関する研究は、国内では拙論のみであるが[186]、オーストラリアでは多くの研究が発表されている[187]。

ビクトリア州の自律的学校経営とアカウンタビリティについて論じた代表的な研究は、コールドウェルとヘイウォードの著書『学校の未来』(The Future of Schools)である。この図書の目的は、近年実施された「未来の学校」という改革を振り返り、公立学校改革を達成するために今後必要な政策枠組を提示することである[188]。構成は次の通りである[189]。第1章：公教育の危機、第2章：改革の基盤、第3章：未来の学校、第4章：成果の評価、第5章：持続的学校改革の前提条件、第6章：新世紀の公立学校のための政策枠組、第7章：公教育変革におけるリーダーシップ、連携、意志。

コールドウェルとヘイウォードの研究は、ビクトリア州の学校経営政策を包括的に説明している点に特色がある。そして、同書は、校長が学校経営の責任者であること[190]、およびチャーターが契約的同意であることを指摘している[191]。そして、アカウンタビリティ政策の中では、学校年次報告が最も重要であり、3年毎の学校評価も重要であると考察している[192]。

一方、政策評価研究の中では、ビクトリア州会計検査院の『未来の学校、アカウンタビリティの評価』(Schools of the Future: Valuing Accountability)が自律的学校経営のアカウンタビリティを主題としている[193]。ビクトリア州会計検査院は行政評価、財務諸表検査等を担当する組織である[194]。この報告書の目的は、「未来の学校」で導入されたアカウンタビリティ政策の効果を評価することである[195]。構成は次の通りである。第1章：要約、第2章：背景、第3章：評価の運営、第4章：学校とシステムの成果の測定、第5章：3年毎の学校評価、第6章：アカウンタビリティ政策の実施、第7章：アカウンタビリティ政策の実施の影響。

ビクトリア州会計検査院の報告書は、アカウンタビリティ政策が、チャーター、学校年次報告、3年毎の学校評価によって構成されていると指摘している[196]。そして、学校の成果の測定とデータの蓄積という点で大きな進歩があったと評価している[197]。

だが、コールドウェルとヘイウォードの著書とビクトリア州会計検査院の報告書を、自律的学校経営のアカウンタビリティという観点から検討すると、次のような研究の課題が指摘できる。すなわち、いずれの研究も、誰が校長の責任を問うのか、何の責任が問題とされるのか、責任のとり方がどうなっているのかは考察されていない。

先行研究がアカウンタビリティのメカニズムを捉えきれていない要因として、第一に、アカウンタビリティの概念が定義されていないことがあげられる[198]。第二の要因として、アカウンタビリティ政策に研究の範囲を限定していることがあげられる[199]。換言すれば、自律的学校経営のアカウンタビリティを論じる際、先行研究は、教育課程政策、人事政策、財務政策を視野に入れていない。アカウンタビリティ政策を検討すれば、自律的学校経営のアカウンタビリティを十分解明できると考えたのではないだろうか。

本研究は、アカウンタビリティの概念を定義することはもとより、アカウンタビリティ政策だけでなく、人事、財務、教育課程政策も研究の範囲に入れてこそ、アカウンタビリティのメカニズムを解明できると考えている。というのも、校長の人事は、アカウンタビリティに関係しているだろうし、教育課程政策はアカウンタビリティの1つの基準と考えられるからである。本研究は、先行研究の水準を乗り越えるために、ビクトリア州における学校経営政策を包括的に分析し、自律的学校経営におけるアカウンタビリティのメカニズムを解明することを試みる。

第6節　データの収集・使用方法

1996年8月に2週間、1998年9月から1999年7月に11ヶ月間、筆者はオーストラリア・ビクトリア州でデータの収集と検討を行った[200]。滞在中、ビクトリア州教育省と教育課程・評価委員会を訪問し、政策文書を収集した[201]。事例研究を行うために、A小学校を訪問した。学校では、学校経営に関する資料を収集した。さらに、学術書・調査報告書・論文を収集した[202]。本研究で使用した文献は、巻末の文献一覧に掲載した。

オーストラリア滞在中にインタビュー調査も実施した。対象は、教育省職員、外部評価者、大学教員、校長、学校審議会保護者代表である[203]。インタビューは録音し、日本語で書き起こした上で、データとして使用した[204]。インタビュー記録の原稿は本書の巻末に資料として掲載した。インタビュー調査の対象者、テーマ、実施日は**表 0-1** の通りである。

　つまり、本研究では、政策文書、学校経営に関する資料、学術書・調査報告書・論文、インタビュー記録をデータとして使用している。複数のデータを併用することによって、様々な側面から学校経営改革をめぐる現象を理解しようとした[205]。この方法は、政策自体の研究（第 2 章～第 4 章）と事例研究（第 5 章）に共通である。

　とはいえ、最も重視したデータは、政策文書と学校経営に関する資料、つまり一次資料である。一次資料を中心的に使用した理由は、主題に関する事実の解明と考察が重要であると考えたからである。インタビュー調査から得られたデータは、一次資料だけでは解明し難い点を検討するために使用した。例えば、政策文書の細部の意味、政策実施の実態、学校経営の実態等を明らかにするために、インタビュー記録を使用した（事例研究の調査方法は、第 5

表 0-1　主要インタビュー調査一覧

(1) ブライアン・コールドウェル博士（Dr Brian Caldwell）、メルボルン大学教育学部教授（Professor, Faculty of Education, The University of Melbourne）、テーマ：オーストラリアの教育改革の背景と現状、1996 年 8 月 16 日。
(2) D 氏、外部評価者（School Reviewer）、元ビクトリア州教育省学校教育局長（Former Director of Schools, Ministry of Education, Victoria）、テーマ：外部評価者の役割、1998 年 10 月 27 日。
(3) K 氏、ビクトリア州教育省北部地方教育事務所アカウンタビリティ主事（Accountability Officer, Northern Metropolitan Region, Department of Education, Victoria）、J 氏、ビクトリア州教育省北部地方教育事務所地方校長コンサルタント（Regional Principal Consultant）、V 氏、ビクトリア州教育省北部地方教育事務所地方校長コンサルタント、テーマ：アカウンタビリティに関する地方教育事務所の役割、1998 年 10 月 29 日。
(4) H 氏、A 小学校校長（Principal, A Primary School）、テーマ：自律的学校経営、1999 年 2 月 23 日。
(5) H 氏、A 小学校校長、S 氏、A 小学校学校審議会会長（保護者）（President, School Council）、テーマ：学校審議会・校長任期制、1999 年 4 月 27 日。

注：インタビュー対象者の所属はいずれも 1999 年時点。

章第 1 節 (3) を参照)。

第 7 節　オーストラリアの学校教育と教育行政

　オーストラリアの学校教育と教育行政の基本的側面を説明する。ここでは本研究で対象とするビクトリア州を中心に説明する。なお、各州・直轄区における学校教育と教育行政の詳細は別の論文で検討している[206]。

(1) 学校教育

　オーストラリア連邦全体の人口は 1896 万人で、ビクトリア州の人口は 471 万人である[207]。1999 年のビクトリア州の全人口に占める 15 歳以下人口の比率は 20.1％、65 歳以上の人口の比率は 12.7％である[208]。だが 2021 年の 15 歳以下人口の比率予測は 16.4％、65 歳以上の人口の比率予測は 18.8％で、2051 年の 15 歳以下人口の比率予測は 14.8％、65 歳以上の人口の比率予測は 25.7％である。

　連邦全体における学校数は公立学校と私立学校合計で 9,587 校であり、公立学校は 6,998 校、私立学校は 2,589 校である[209]。ビクトリア州における学校数は公立学校と私立学校合計 2,329 校で、公立学校は 1,644 校、私立学校は 685 校である[210]。ビクトリア州の学校種別と学校段階別の学校数は**表 0-2**の通りである。

　ビクトリア州の学校教育制度は、初等教育（Primary Education）と中等教育（Secondary Education）から構成されている。初等教育は、小学校の準備学年（Pre-year 1）（5 歳児）、1 学年（Year 1）（6 歳児）から 6 学年（Year 6）で実施される。中等教育は中等学校の 7 学年（Year 7）から 12 学年（Year 12）で実施される。義務教育の期間は 6 歳から 15 歳までである。通常、中等学校は、前期中等と後期中等の一貫教育を行っている。公立中等学校は、2 校のみが学力選抜中等学校であり、その他は無試験で入学できる総合制中等学校である[211]。

　10 学年を終えた生徒は学校の成績にもとづいて前期中等教育修了資格を

表 0-2　ビクトリア州の学校種別と学校段階別の学校数

	公立学校	私立学校			公私立学校合計
		カトリック	独立	私立合計	
小学校	1,251	384	61	445	1,696
中等学校	269	91	14	105	374
小・中等学校	43	11	110	121	164
特別支援学校	81	6	8	14	95
合計	1,644	492	193	685	2,329

注：カトリック学校（Catholic School）はビクトリア州カトリック私立学校団体（Catholic Education Commission of Victoria）に所属する私立学校である。独立学校（Independent School）はカトリック私立学校団体に所属しない私立学校である。プロテスタント系が多いが、カトリックの独立学校も少数存在する。特別支援学校（Special School）は特別支援教育を行う学校である。数値は 1998 年時点。

出典：Ministerial Council on Education, Employment, Training and Youth Affairs, *National Report on Schooling in Australia 1998*, Curriculum Corporation, 1998, p.187.

授与される。12 学年を終えた生徒は中等教育修了資格を取得できる。この資格を取得するために、生徒は各州・直轄区の中等教育修了資格試験を受験し、合格しなければならない。中等教育修了資格試験の成績は、点数調整を経て高等教育入学選抜の判定資料としても使用される[212]。

ビクトリア州における公立学校と私立学校合計の 12 学年残留率（retention rate）は 75.9％、公立学校は 69.1％、私立学校は 88.3％である[213]。残留率とは、中等教育の最初の学年（7 学年）の在籍生徒数を母数として、12 学年に進級した生徒数の割合である。ビクトリア州の 18 歳人口を母数とした大学進学率は 28.5％である[214]。

公立学校の準備教育と初等教育は共学であり、中等教育も共学が多数である。オーストラリア市民権か永住権の保有者は、公立の準備教育、初等教育、中等教育を無償で受けられるが、教科書費、修学旅行費等は保護者の負担である。宗教教育はキリスト教を基盤にしており一部の公立学校で行われている。

オーストラリアは多民族社会であるため、学校では第二言語としての英語（English as a Second Language, 略称 ESL）の補習教育も行われている。ビクトリア州の場合、州内の全公立学校生徒のうち 23.8％は英語以外の言語的背景

（Language Backgrounds other than English）を持つ生徒である[215]。生徒が英語を話さない国で出生しているか、生徒の保護者（両方あるいはいずれか）が英語を話さない国で出生している場合、その生徒は、英語以外の言語的背景を持つ生徒に分類される。英語以外の言語的背景を持つ生徒を母数として、その45％の生徒は家庭で主に英語を話しており、55％の生徒は家庭で英語以外の言語を通常話している。英語以外の言語のうち、代表的なものは、ベトナム語、トルコ語、ギリシャ語、アラビア語、スラブ語、広東語、中国標準語（Mandarin）、スペイン語、イタリア語、セルビア語である[216]。このようにオーストラリアは多民族社会であるため、ESL の拡充は重要な政策課題である。さらに、各民族の価値観と文化を理解する態度と能力を育成するために、多文化教育も不可欠とされており、全領域の教育課程政策に多文化理解の内容が含まれている[217]。

　最後に、教育行政と公立学校における教職員と生徒の人数の表記方法について説明する。オーストラリアでは専任教員であっても、一部に週5日勤務しない教員がいる。教員が専任の身分のままで週5日未満の勤務を校長に申請し、校長に認められれば出勤日が少なくなる。例えば、週5日勤務している教員を1人と呼ぶのに対して、週3日勤務の教員の場合0.6人として表現する。週5日勤務の教員が10人、週3日勤務の教員が1人勤務している学校の場合、教員数は10.6人と表記される。学校事務職員と教育行政職員も同様である。学校の生徒数についても0.5人という表記があり得る。生徒が年度当初に転校予定の届出をしている場合、このような表記になる。オーストラリアの年度開始は1月であるが、例えば、年度開始から半年後に転校予定の生徒が1人いる場合、その生徒を0.5人と表記する。

(2) 教育行政

　オーストラリアでは1901年の連邦結成以降、各州・直轄区の政府が初等・中等教育行政の権限を保持している。6州2直轄区において、個別の教育大臣が任命されており、各教育省が政策実施を担当している。それゆえ各州・直轄区の学校制度、教育行政制度、教育政策は独自の特徴を有する。

とはいえ 1970 年代以降、連邦教育省は、経済的・言語的に不利な状況にある生徒・学校に対する追加予算の配分等の教育政策を実施してきた。これは連邦教育省が州・直轄区の教育政策を財務誘導する連邦教育政策（Federal Education Policy）である。

一方、州・直轄区と連邦の教育大臣・事務次官は、オーストラリア教育審議会（Australian Education Council）（1993 年に全国教育雇用訓練青年問題審議会（Ministerial Council on Education, Employment, Training and Youth Affairs）に名称・組織変更、以下 MCEETYA と記述）において、全国規模の教育問題への対策を議論し、政策を策定してきた。これは 6 州 2 直轄区政府・連邦政府が対等の立場で同意する全国的教育政策（National Education Policy）である。代表的な全国的教育政策としてナショナル・カリキュラムがあげられる[218]。ただしナショナル・カリキュラムは各州・直轄区が教育政策を策定する時に考慮すべき同意事項である[219]。各州・直轄区はナショナル・カリキュラムを参考にしながら、個別の教育課程政策を策定している。各学校は、州あるいは直轄区の教育課程政策を指針として、教育課程を編成・実施する。

以下では、ビクトリア州の教育行政組織について説明する。ビクトリア州では教育大臣と高等教育・訓練大臣が任命されている。教育大臣が初等・中等教育の行政を担当し、高等教育・訓練大臣が高等教育と職業訓練の行政を担当する。大臣は教育政策を立案するために審議会・委員会等を設置する。事務次官は教育省の事務責任者として教育行政を統括する。教育省は学校教員、学校事務職員、教育行政等職員に対して給与を支払っている。州全体の学校教員は 34,901.8 人、学校事務職員の合計は 6,576.4 人、教育行政等職員は 1,429.9 人である[220]。

教育省には事務次官の下に、大臣官房、学校教育局、戦略的企画・行政サービス局、財務局、学校評価局、訓練・成人教育局、高等教育局が編制されている。このうち、学校教育局と学校評価局が初等・中等教育行政に大きな役割を持っている。

学校教育局は初等・中等教育政策の実施を担当しており、9 つの地方教育事務所および公立学校を統括している。学校教育局長は政策を実施するため

に、通達等の文書を地方教育事務所経由で公立学校に送付する。学校評価局は、チャーター、学校年次報告、3年毎の学校評価に関するガイドラインの刊行、外部評価運営業務と会計検査業務の委託、学校経営と生徒の学力に関するデータ収集と分析、学校改善とアカウンタビリティに関する研究プロジェクトの企画と推進、学校評価局以外の教育省の行政活動に対する評価を担当している。

ビクトリア州には9つの地方教育行政の単位が設けられている。州都メルボルンに限定すると、地方教育行政は東部地方、南部地方、西部地方、北部地方に区分されている[221]。各地方の教育行政は、地方教育事務所によって運営されている。地方教育事務所は、所長室、地方校長コンサルタント課、行政支援課、カリキュラム・コーディネーター課、財務管理課、計画・アカウンタビリティ課から編制されている[222]。

例えば、メルボルン北部地方教育事務所の場合、211の公立学校を管轄している[223]。その内訳は小学校144校、中等学校42校、特別支援学校13校、補習教室12室である[224]。メルボルン北部地方教育事務所の組織編制は、所長室4人、地方校長コンサルタント課5人、行政支援課5人、カリキュラム・コーディネーター課7人、財務管理課9人、計画・アカウンタビリティ課7人である。

学校経営のアカウンタビリティに関しては、地方教育事務所の職員のうち、計画・アカウンタビリティ課に所属するアカウンタビリティ主事（Accountability Officer）と地方校長コンサルタント課に所属する地方校長コンサルタント（Regional Principal Consultant）が最も大きな役割を持っている。アカウンタビリティ主事と地方校長コンサルタントの役割は、学校がチャーターと学校年次報告を作成する際に、助言することである。さらに、地方校長コンサルタントは、教育政策の実施を促進し、かつ学校経営の諸問題に関して校長の相談に対応する[225]。学校のチャーターは、校長、保護者代表、教育行政代表が署名して発効するが、教育行政代表として署名するのは、通常、地方教育事務所長である。

以上がビクトリア州教育行政組織の概要である。この他に、教育大臣が設

置する常設委員会・審議会がある。常設委員会には、メリット保護委員会（Merit Protection Board）、私立学校登録委員会（Registered Schools Board）、教職専門性水準審議会（Standards Council of the Teaching Profession）、教育課程・評価委員会（Board of Studies）、州訓練委員会（State Training Board）、成人・地域・継続教育委員会（Adult, Community and Further Education Board）がある[226]。これらのうち初等・中等教育行政に関わるものは、メリット保護委員会、私立学校登録委員会、教職専門性水準審議会、教育課程・評価委員会、州訓練委員会である。

　メリット保護委員会の役割は、教育省に雇用されている労働者の人権を保護する立場から、学校と教育行政をめぐる労働紛争を解決することである[227]。私立学校登録委員会は、私立学校と私立学校教員の質を確保するために、私立学校の設置認可と評価、私立学校教員の認可を行う。教職専門性水準審議会は、教職の専門性の維持と向上を図るために、教育大臣に助言を行う。助言の範囲は、教職基礎資格の設定、教員の昇進制度の検討、教員研修プログラムの開発、教員養成制度の評価、教員のリクルート方法の検討である。教育課程・評価委員会は、教育課程政策の策定、中等教育修了資格試験の開発・実施、学力調査プロジェクトの開発・実施を担当している。

　常設委員会は教育大臣に対して直接責任を負うため、教育省から組織上独立している。とはいえ、常設委員会は、教育省各担当部局と連絡・協議しながら業務を行っている。

第8節　本書の構成

　本書は、研究の目的と方法を述べた序章、自律的学校経営論について述べた第1章、学校経営政策について検討した第2章から第4章、事例研究を行った第5章、結論を述べた終章の7章構成である（**表0-3**）。

　第1章では、学校経営政策に影響を与えたコールドウェルとスピンクスの自律的学校経営論の生成・発展と政策への影響を検討する。そして、学校経営政策の背景を明らかにする。

　第2章から第4章では、学校経営政策「未来の学校」について検討する。

表 0-3　第 1 章から第 5 章の構成と対象

章構成	第 1 章 自律的学校経営論の生成・発展と政策への影響	第 2 章 学校審議会	第 3 章 教育課程政策・人事政策・財務政策	第 4 章 アカウンタビリティ政策	第 5 章 事例研究
研究対象	学校経営政策の背景	学校の意思決定機関に関する規程・指針	学校経営政策の基本枠組（教育課程政策、人事政策、財務政策、アカウンタビリティ政策）		学校経営政策の効果と問題点
		学校経営政策「未来の学校」			

　ビクトリア州の学校経営政策は、教育課程政策、人事政策、財務政策、アカウンタビリティ政策を基本枠組としている（第1章図1-3）。先行研究は、アカウンタビリティ政策を研究すれば、自律的学校経営のアカウンタビリティのメカニズムが明らかになると想定した（本章第5節）。だが、筆者の考えでは、実際には、学校審議会の規程・指針、教育課程政策、人事政策、財務政策、アカウンタビリティ政策が、アカウンタビリティのメカニズムに関わっている。したがって、本研究は、第2章から第4章で、学校審議会、教育課程政策、人事政策、財務政策、アカウンタビリティ政策について順に検討し、その上で、アカウンタビリティのメカニズムを解明することにした。

　第2章では、学校審議会の組織と運営を明らかにする。学校審議会は、学校の意思決定機関であり、教育課程編成、人事、財務、学校経営計画と学校評価等、学校経営の主要な領域に関して議決できる。そのため、教育課程政策、人事政策、財務政策、アカウンタビリティ政策について検討する際も、学校審議会に言及する必要が生じる。そこで本研究では、第2章で学校審議会について検討し、それをふまえて、第3章から第4章で、教育課程政策、人事政策、財務政策、アカウンタビリティ政策について論述することにした（第2章の位置づけについては第2章冒頭を参照）。

　第3章から第4章の構成は、学校経営政策の基本枠組、すなわち、教育課程政策、人事政策、財務政策、アカウンタビリティ政策に対応するように設定した。これは、学校経営政策を的確に記述・説明するためである。

第3章では、教育課程政策（第1節）、人事政策（第2節）、財務政策（第3節）を一括して検討する。その理由は、これらの政策が、学校への権限委譲の断行という共通の方向性を持っているからである。もう1つの理由は、これらの政策が、教育課程、人事、財務という学校経営の主要な要素に関係しているからである。一般的に、学校経営は、校長が、教頭、主任、事務職員等と共に、人事、財務を運営しつつ、教育課程を編成・実施し、教育活動を成立させることを意味する。教育課程、人事、財務に関する適切なガイドラインの設定と法規の制定が、学校経営の観点から、教育行政の重要な役割であることは言うまでもない。これらの理由から、第3章では、教育課程政策、人事政策、財務政策を一括して検討した。

　第4章では、アカウンタビリティ政策を検討する。アカウンタビリティ政策は、学校経営計画と学校評価に関するシステムを示している。これは、権限が拡大した学校における経営サイクルの展開を意図しており、チャーター、学校年次報告、3年毎の学校評価（学校自己評価と外部評価）、ベンチマークを扱っている。これらはすべて新たな政策であり、政策実施の段階で学校に対する詳細な説明を要するため、政策文書の分量も相当なものになっている。本研究では、アカウンタビリティ政策を、教育課程政策、人事政策、財務政策とは別個の第4章で扱うことが適切であると考えた。

　第5章では、事例研究を行い、学校経営政策の効果と問題点を明らかにする。現地では、大規模な数量的調査が現地で実施されており、州全体の学校経営政策の効果と問題点は論究されている。本研究は、数量的調査の結果を踏まえつつ、事例研究を行い、学校経営の実態に迫る。そして、学校経営政策の効果と問題点を明らかにする。

　終章では、自律的学校経営論の生成・発展と政策への影響、自律的学校経営のアカウンタビリティのメカニズム、学校経営政策の効果と問題点について論じる。そして、考察を行い、日本への示唆について論じる。研究の成果と今後の課題について述べて終わる。

注

1 青木薫「アカウンタビリティ」日本教育行政学会編『教育行政総合辞典』教育開発研究所、2001年、CD-ROM。
2 Warren, L. L. and Browne, R. K., "Developments in Education Policy in Australia: A Perspective on the 1980s", Beare, H. and Boyd, W. L. (ed.), *Restructuring Schools*, Falmer, 1993, p.130.
3 青木薫、前掲論文。「1980年代後半からみられる教育アカウンタビリティ政策では生徒の成績だけが学校教育の成功を示す唯一のものとして扱われ、それに基づいた単純な相互比較が志向された」(山下晃一「アメリカにおける教育アカウンタビリティの今日的課題」関西教育行政学会『教育行財政研究』第25号、1998年、47頁)。
4 水本徳明「教師の責任論の現代的課題」大塚学校経営研究会『学校経営研究』第25巻、2000年、23－24頁。Kogan, M., *Education Accountability*, Hutchinson, 1986, p.25.
5 Warren, L. L. and Browne, R., *op.cit.*, pp.130-131. Caldwell, B. J. and Spinks, J. M., *Leading the Self-Managing School*, Falmer, 1992, p.141.
6 「教育におけるアカウンタビリティを、学校教育に限定して考えるにしても、単に学校の責任と考えるのは不十分である。すなわち、教師はもちろんのこと、学校経営者、教育委員会、教育長、指導主事といった、学校教育に関わるあらゆる人、あるいは機関の責任であると捉えるべきであろう」(高橋正司「米国における教育アカウンタビリティに関する基礎的考察－教師の意識に関する調査を中心に－」名和弘彦監修『現代アメリカ教育行政の研究』渓水社、1992年、76頁。)
7 「校長を経営責任者として、個々の学校経営を認識することは、教育の創造的発展に資する研究態度であり、またそれは社会学的な組織の概念からも当然の処理である」(吉本二郎『学校経営学』国土社、1965年、106頁)。
8 堀和郎『アメリカ現代教育行政学研究』九州大学出版会、1983年、367頁。
9 「教育行政学の研究対象は、教育行政という現実的対象の中に経験的所与として存在するのではない。そうではなくて、教育行政という現実的対象から理論的対象を概念構成することによってはじめて、教育行政学の『科学的対象』(対象概念)が設定され、そこに、教育行政学が科学的問題として取り扱う事実の範囲が明らかにされ、教育行政学的に有意味な事実の集合としての統一的主題が設定される。教育行政学の研究対象は、教育行政学的に有意味な事実と無意味な事実とを選り分ける人為的基準を認識主体の価値関係的視点ないし問題関心のフレイム・オブ・レファレンスによって創出することによりはじめて設定される」(堀和郎『アメリカ現代教育行政学研究』九州大学出版会、1983年、368頁)。
10 堀和郎、前掲書、367頁。
11 「教育行政機関は法案・予算案等の政策の立案においては政策形成の主体を演じ、委任立法を通じて政策決定の役割を演ずる」(中島直忠「教育行政学の対象と方法」中島直忠編著『教育行政学の課題』教育開発研究所、1992年、25頁)。

「政策は、目的・目標の措定、並びにその実現のための手段の体系である。目的・目標と手段の体系は、上位目標から下位目標へ、上位手段から下位手段へと、重層構造のハイアラーキーを成す。この構造の各段階を表現するために、目的（最高善）・目標・計画・プログラムまたは活動計画等の語が使われる」（中島直忠「教育行政学の対象と方法」中島直忠編著『教育行政学の課題』教育開発研究所、1992年、27頁）。

12　Guthrie, J. W. and Koppich, J. E., "Ready, A.I.M., Reform: Building a Model of Education Reform and 'High Politics'", Beare, H. and Boyd, W. L.（ed）, *Restructuring Schools*, Falmer, 1993, pp.26-27.

13　市川昭午「教育政策研究の課題」日本教育政策学会『日本教育政策学会年報』第1号、1994年、15頁。一般に教育政策の研究では、政策の背景、形成、内容、実施、結果が分析の範囲とされている（堀和郎「アメリカ教育政治学の新しい動向」中島直忠編著『教育行政学の課題』教育開発研究所、1992年、398頁）。

14　Caldwell, B. J. and Hayward, D. K., *The Future of Schools*, Falmer, 1998, p.8, pp.13-14.

15　学校審議会とは校長、教頭、教員代表、保護者代表等から構成される学校の議決機関である。学校審議会は、職員会議の上位に位置し、学校経営をめぐる審議事項を審議・決定する（拙論「オーストラリアの自律的学校経営に関する6州2直轄区比較研究」大塚学校経営研究会『学校経営研究』第25巻、2000年、51頁）。

16　「基本的」と述べた理由は、一部分において、2000年以降のデータも扱っているからである。1999年までのデータだけは論証が限定されてしまう場合、または、論文の展開の都合上、2000年以降のことに言及せざるを得ない場合、2000年以降のデータを扱った。

17　1996年の州議会選挙でも自由党・国民党が勝利したため、第二次ケネット政権が発足し、学校経営政策は継続して実施された。

18　拙論「オーストラリアの教育改革にみる国家－ビクトリア州労働党政権の教育政策の分析を通して」篠原清昭編著『ポストモダンの教育改革と国家』教育開発研究所、2003年、149頁。

19　同上論文、150頁。修正後の教員職階制については次の拙論を参照。「オーストラリアにおける教員の人事評価と職能開発」八尾坂修編著『教員人事評価と職能開発－日本と諸外国の研究－』風間書房、2005年。

20　拙論「オーストラリアの教育改革にみる国家－ビクトリア州労働党政権の教育政策の分析を通して」前掲論文。拙論「オーストラリアにおける教員の人事評価と職能開発」前掲論文。

21　榊原禎宏「学校経営の組織構造」堀内孜編『公教育経営学』学術図書出版社、1996年、109－110頁。

22　Caldwell, B. J., "School-based Management", Husen, T. and Postlethwaite, T. N.（ed）, *The International Encyclopedia of Education, Second Edition, Volume 9*, Pergamon, 1994, pp.5303-5304.

23　Caldwell, B. J., *Re-imagining the Self-Managing School*, Specialist Schools Trust,

2004, p.64.

24 Bush, T., "Introduction: Setting the Scene", Bush, T., Bell, L., Bolam, R., Glatter, R., Ribbins, P. (ed), *Educational Management*, Paul Chapman Publishing Ltd, 1999, pp.1-2.

25 *Ibid.*, pp.4-5.

26 Caldwell, B. J. and Spinks, J. M., *Leading the Self-Managing School*, *op.cit.*, pp.21-22.

27 *Ibid.*, p.31.

28 *Ibid.*, p.31.

29 沖清豪は、教育のアカウンタビリティを「教育に携わる人々がその活動を通じて、できる限り所与の教育目標を達成するといった成果を出すように努力し、さらに生徒／学生や親／納税者に対して、その達成された成果について説明し、場合によっては弁明すること」と定義している（沖清豪「アカウンタビリティ（社会的説明責任）の観点から見た大学評価に関する考察」『国立教育研究所研究集録』第34号、1997年、6頁）。碓氷悟史『アカウンタビリティ入門』中央経済社、2001年。

30 松本博「アカウンタビリティの和訳の疑問」日本監査役協会『監査役』第379号、1997年、65－67頁。

31 大住莊四郎『ニュー・パブリックマネジメント』日本評論社、1999年、93頁。

32 同上書、93頁。

33 黒崎勲『教育の政治経済学』東京都立大学出版会、2000年、208－209頁。

34 「依頼する側を『プリンシパル』、依頼される側を『エイジェント』と呼ぶ」（大住莊四郎『ニュー・パブリックマネジメント』日本評論社、1999年、40頁）。

35 自律的学校経営における責任者は校長である。このことと関連して、校長は5年間の任期制である。これについての詳細は後述する。

36 毎熊浩一「NPM型行政責任再論－市場式アカウンタビリティとレスポンシビリティの矛盾－」会計検査院『会計検査研究』第25号、2002年、103頁。村松岐夫「行政学における責任論の課題：再論」京都大学法学会『法学論叢』第95巻、第4号、1974年、25頁。

37 山谷清志「行政責任論における統制と倫理－学説史的考察として－」広島修道大学法学会『修道法学』第13巻、第1号、1991年、162頁。

38 同上論文、163頁。

39 Caldwell, B. J. and Hayward, D. K., *op.cit.*, p.86.

40 「契約は、法律的契約と非法律的契約つまり道徳的あるいは自然との契約の両方が考えられる。すなわち、他の関係つまりすべての関係ある部分は、社会の支配的な倫理、価値および原理によって統治されているのに対して、あるいくつかの関係と関係の一部は法律によって統治されている。これらの『契約』は、その関係上、集団の権利の基礎を提供している」（ロブ・グレイ他（山上達人監訳）『会計とアカウンタビリティ』白桃書房、2003年、57頁）。

41 Moe, T., "The New Economics of Organization", *American Journal of Political Science*, Vol.28, No.4, 1984, p.756.

42　水本徳明、前掲論文、23 － 24 頁。
43　日本では、教育委員会は、勤務実績の不良を理由に、分限処分として、職員の降任、免職等の措置をとれる（山本馨「分限処分・懲戒処分」日本教育行政学会編『教育行政総合辞典』教育開発研究所、2001 年、CD-ROM）。だが、実際には、分限処分の大半は病気による休職処分である。しかも、保護者は処分の決定過程に関与できない。校長の経営責任を問うためには、日本の分限処分とは異なるサンクションが必要であろう。
44　次の論文を参考に筆者が作成した。Caldwell, B. J.,"Achieving an Optimal Balance of Centralization and Decentralization in Education", Invited Research Paper for Summit on Education Reform in the APEC Region, Beijing, 12-14 January 2004, p.4.
45　*Ibid.*, p.3.
46　荒木廣「イギリス、学校の組織と運営」小松郁夫・坂本孝徳・篠原清昭共編著『教育の経営、第 6 巻、諸外国の教育改革と教育経営－公教育の構造転換と新時代の学校像－』玉川大学出版部、2000 年、168 － 169 頁。小松郁夫「英国における学校理事会とその改革」日本教育経営学会『日本教育経営学会紀要』第 30 号、1988 年、146 頁。
47　山村滋「イギリスにおける学校選択の自由化政策の効果－三つの大都市地方教育当局における中等学校への調査の分析－」日本教育行政学会『日本教育行政学会年報』第 22 号、1996 年、134 頁。
48　Ouston, J., Fidler, B. and Earley, P.,"The Educational Accountability of Schools in England and Wales", *Educational Policy*, Vol.12, No.1 and 2, 1998. pp.119-120.
49　望田研吾「現代における公立学校改革の原理と展望」日本比較教育学会『比較教育学研究』第 28 号、2002 年、9 頁。
50　つづけて望田は「私的選択が無制限に行使される事態を避けるとともに、旧来の学校システムが持っていた官僚制と閉塞性にも陥らないようなシステムを作ることが緊急の課題となる」と論じている（望田研吾「現代における公立学校改革の原理と展望」日本比較教育学会『比較教育学研究』第 28 号、2002 年、12 頁）。
51　窪田眞二「イギリス、学校と地域・家庭の連携－学校参加・支援・連携システム」小松郁夫・坂本孝徳・篠原清昭共編著『教育の経営、第 6 巻、諸外国の教育改革と教育経営－公教育の構造転換と新時代の学校像－』玉川大学出版部、2000 年、183 頁。
52　Levacic, R.,"Case Study 2: Formula Funding of Schools in England and Wales", Ross, K. and Levacic, R.（ed）, *Needs-Based Resource Allocation in Education via Formula Funding of Schools*, UNESCO, 1999, p.164. Caldwell, D. J.,"Preconditions for Lasting School Reform", Paper for the Annual Conference of the Australian Council for Educational Administration, 1997, p.2.
53　沖清豪・高妻紳二郎・窪田眞二「イギリスの学校評価」窪田眞二・木岡一明編著『学校評価のしくみをどう創るか』学陽書房、2004 年、63 － 64 頁。
54　Caldwell, B. J. and Hayward, D. K., *op.cit.*, p.86.
55　*Ibid.*, p.48.

56 荒木廣、前掲論文、170 頁。Broadhead, P., Cuckle, P., Hodgson, J. and Dunford, J., "Improving Primary Schools through School Development Planning", *Educational Management and Administration*, Vol.24（3）, 1996, p.278.
57 *Ibid.*, p.278.
58 大住莊四郎『NPM による行政革命』日本評論社、2003 年、12 頁。
59 Alford, J., O'Neill, D., McGuire, L., Considine, M., Muetzelfeldt, M. and Ernst, J., "The Contract State", Alford, J. and O'Neill, D.（ed）, *The Contract State: Public Management and the Kennett Government*, Deakin University Press, 1994, p.4.
60 浜田博文「アメリカにおける学校の自律性と責任－SBM（School-Based Management）とアカウンタビリティ・システムの動向分析－」大塚学校経営研究会『学校経営研究』第 25 巻、2000 年、32 頁。
61 同上論文、33 － 34 頁。
62 同上論文、35 頁。
63 O'Day, J., "Complexity, Accountability, and School Improvement", Fuhrman, S. and Elmore, R.（ed）, *Redesigning Accountability Systems for Education*, Teachers College Press, 2004, p.22.
64 山下晃一「アメリカの校長リーダーシップをめぐる制度改革に関する一考察－シカゴ学校改革を事例として－」関西行政学会『教育行財政研究』第 28 号、2001 年、24 頁。
65 ジョー・ネイサン（大沼安史訳）『チャータースクール－あなたも公立学校が創れる』一光社、1997 年、19 頁。
66 国立教育政策研究所・文部科学省『21 世紀の学校を創る』国立教育政策研究所、2002 年、56 － 58 頁。
67 ここで述べているチャータースクールは、独立型チャータースクールである。独立型チャータースクールは「(a) 個々の CS が独自に教員を含む全てのスタッフを雇用し (b) 学校施設も独自に取得する。また (c) 契約破棄後は学区との一切の法的関係が消滅する」。一方、従属型チャータースクールは「(a) 学区が教員を基本的にすべて雇用し (b) 学校施設も学区が提供する。また (c) 契約破棄後は伝統的公立学校に戻る」。以上の出典は次の文献である。諸橋由佳「チャータースクールの設立申請過程における授与期間のコントロール－米国ミルウォーキーの事例分析を通じて－」『日本教育行政学会第 36 回大会発表要旨集録』2001 年、35 頁。
68 国立教育政策研究所・文部科学省、前掲書、59 頁。2001 年から 2002 年の学校数。
69 同上書、59 頁。
70 中島千恵「アメリカ：チャータースクールが投げかける問い」日本比較教育学会『比較教育学研究』第 28 号、2002 年、16 頁。
71 「連邦政府の調査によれば、2000 年までに 59 校のチャータースクールが閉鎖された。そのうち 16 校はアリゾナで、最大数のチャータースクールを有する州である」（中島千恵「アメリカ：チャータースクールが投げかける問い」日本比較教育学会『比較教育学研究』第 28 号、2002 年、16 頁）。

序章　研究の目的と方法　49

72　中島千恵、前掲論文、16 頁。
73　Steering Committee for the Review of Commonwealth/State Service Provision, "Survey of Decision Making in Government Schools", Steering Committee for the Review of Commonwealth/State Service Provision, *Implementing Reforms in Government Services 1998*, AusInfo, 1998, p.48.
74　アメリカの研究者、ジョーツとオッデンは、オーストラリア・ビクトリア州の全公立学校がチャータースクールになったと述べているが、それは間違いである（Goertz, M. E. and Odden, A., "Preface", Goertz, M. E. and Odden, A. (ed), *School-Based Financing*, Corwin Press, 1999, p.xii.）。
75　中央教育審議会「今後の学校の管理運営の在り方について（答申）」2004 年 3 月 4 日。
76　直轄区は、人口が少なく、自主財源が少ないため、連邦政府から支援を受けている特別な自治体である。教育行政に関しては州と同様の権限を持っている。北部直轄区は北部準州と訳されることもある。
77　Walker, W. G., "The Governance of Education in Australia: Centralization and Politics", *The Journal of Educational Administration*, Volume Ⅷ, Number 1, 1970, p.26. 当時のオーストラリアの中央集権制については、アメリカのキャンデル（Kandel）も指摘している（Barcan, A., *Two Centuries of Education in New South Wales*, New South Wales University Press, 1988, p. 223.）。
78　Barcan, A., *A History of Australian Education*, Oxford University Press, 1980, pp.388-390.
79　Interim Committee for the Australian Schools Commission, *Schools in Australia*, 1973, pp.10-15.
80　Brady, L., *Curriculum Development, Fourth Edition*, Prentice Hall, 1992, pp.6-8.
81　*Ibid*., pp.9-14.
82　笹森健・佐藤博志「オーストラリアにおける教育課程行政改革－ナショナルカリキュラムを中心に－」青山学院大学文学部教育学科『教育研究』第 38 号、1994 年、68 － 69 頁。
83　Steering Committee for the Review of Commonwealth/State Service Provision, *op.cit.*, p.42.
84　*Ibid*., p.42. 任意設置の主な要因として、校長と教員の双方が学校の意思決定における影響力低下を懸念していることがあげられる。
85　Connell, W. F., *Reshaping Australian Education 1960-1985*, Australian Council for Educational Research, 1993, p.627.
86　*Ibid*., p.629. 学校審議会の歴史に関する詳細は次の論文を参照。佐藤博志・熊谷真子「オーストラリアにおける学校審議会制度の検討－学校段階への権限委譲の歴史的展開と学校審議会の現状－」オーストラリア教育研究会『オーストラリア教育研究』創刊号、1994 年。
87　1910 年代にビクトリア州では学校審議会は学校委員会（School Committee）と呼ばれていた。学校委員会は 1910 年教育法によって設置された（Barcan, A., *A*

History of Australian Education, Oxford University Press, 1980, p.206.）。
88 Department of Education, Queensland, *The Development of School Councils in Australia: An Overview*, 1984, pp.20-21.
89 Steering Committee for the Review of Commonwealth/State Service Provision, *op.cit.*, p.44.
90 *Ibid.*, p.44.
91 *Ibid.*, p.44. ここで教員とは専任教員を意味する。専任教員の人事の権限を学校に委譲している州・直轄区は少ないが、その理由は次の通りである。まず、教員組合が身分確保の観点から反対している。次に、遠隔地、経済的に不利な地域の学校の教員を確保するためには、集権的な人事行政の方が適している。
92 *Ibid.*, p.45.
93 Goertz, M. E. and Odden, A., "Preface", Goertz, M. E. and Odden, A.（ed）, *School-Based Financing*, Corwin Press, 1999, p.xv. ここで、州政府学校教育予算とは資産管理費が除かれたものである。裁量予算といっても、財務運営の一定の規則は定められている。
94 Steering Committee for the Review of Commonwealth/State Service Provision, *op.cit.*, p.45.
95 Department of Education, Queensland, *School Planning and Accountability Framework*, 1997, p.3. Department of Education, Tasmania, *Assisted School Self Review 1999*, 1999, p.9.
96 Steering Committee for the Review of Commonwealth/State Service Provision, *op.cit.*, p.47.
97 *Ibid.*, p.47.
98 *Ibid.*, p.47.
99 *Ibid.*, p.47.
100 ビクトリア州会計検査院は行政評価、財務諸表検査等を担当している（会計検査院「欧米主要先進国の公会計制度改革と決算・財務分析の現状と課題－ニュージーランド／オーストラリアの事例より－」1996年）。
101 Victorian Auditor-General's Office, *Schools of the Future: Valuing Accountability*, 1997, p.13.
102 文部科学省事務次官は2004年6月26日付で「地教行法の一部を改正する法律の施行について」を通知し、学校運営協議会の留意事項について述べている。第一に、学校運営協議会の委員は、教育委員会の責任で人選を行い、任命するとされている。その際、公募制の活用もありうるとしている。なお、地域住民、保護者以外の委員については、「校長、教職員、学識経験者、関係機関の職員等が想定される」。また「学校運営協議会において必要と認める場合には、（中略）当該学校の児童・生徒に意見を述べる機会を与えるなどの工夫を行うことも差し支えない」。第二に、学校運営協議会は学校運営の基本的方針を承認する。それは「地域の住民や保護者等が、校長と共に学校運営に責任を負う観点から、校長が作成する学校運営の基本的な方針に地域の住民や保護者等の意向を反映させる」ため

である。「校長は、承認された学校運営の基本的な方針に沿い、その権限と責任において教育課程編成等の具体的な学校運営を行う」。第三に、学校運営協議会は当該学校の教職員人事について、任命権者に意見を述べられるが、それは「採用、転任、承認に関する事項であり、分限処分、懲戒処分などについては」含まない。任命権者は、学校運営協議会の意見を尊重し、意見を実現するよう努める必要がある。第四に、教育委員会規則において、学校運営協議会の「委員の構成、人数、選考方法等も含め、任免に当たっての必要な規定を整備する必要がある」。さらに、学校運営協議会の「開催の手続き、議長団選出、議決方法などについて」規定する。第五に、「各教育委員会は、学校運営協議会を設置する学校について、学校運営の基本的な方針に沿って、特色ある学校づくりを進める観点から、校長裁量予算の導入や拡充、教育委員会への届出、承認事項の縮減等、学校の裁量の拡大に積極的に取り組む必要がある」。第六に、学校運営協議会の委員と学校評議員は役割が異なる。学校評議員の設置については教育委員会が適切に判断する。第七に、「学校運営協議会においても学校の運営状況等について評価を行うなど、十分な自己点検・評価に取り組む」。教育委員会も、学校の運営状況等について定期的に点検・評価し、「第三者評価について積極的に取り組む必要がある」。点検・評価結果について保護者に対する情報公開を徹底する。

103 文部科学省「地教行法の一部を改正する法律の施行について」文部科学省事務次官通知、2004 年 6 月 26 日。

104 同上文献。

105 新しいタイプの公立学校(コミュニティー・スクール)とそのアカウンタビリティについては次の拙論で論じた。「現代学校経営改革におけるガバナンスの展開」(課題研究報告,学校運営協議会の法制化に見る学校ガバナンスの思想と制度)日本教育学会『教育学研究』第 72 巻、第 1 号、2005 年。

106 2005 年 12 月 26 日の時点で、コミュニティ・スクールの指定は全国で 35 校である(文部科学省『平成 17 年度コミュニティ・スクール推進フォーラム開催要項(福岡会場)』2006 年、29 頁)。

107 たしかに、東京都品川区や三重県では、学校評価が制度化され、学校経営の結果が評価されている。しかし、校長が学校経営の結果責任を、どのようにとるのかは、曖昧なままである。

108 拙論「オーストラリア首都直轄区の学校評価に関する考察－自律的学校経営における学校評価の役割に着目して－」日本教育経営学会『日本教育経営学会紀要』第 38 号、1996 年、89 頁。

109 Whitty, G., Power, S. and Halpin, D., *Devolution and Choice in Education*, Open University Press, 1998, p.52.

110 コールドウェルはイギリスの IEA Education Unit の刊行物で自律的学校経営論を紹介している(Caldwell, B. J., *The Promise of Self-Management for Schools*, Education Unit, Institute of Economic Affairs, 1987.)。コールドウェルはイギリスの国立スクールリーダーシップカレッジ(National College for School Leadership)でも客員教授を務めた(Educational Transformations, "managing director", http://www.

educationaltransformations.com.au/managing_dir.htm, Accessed January 25, 2006)。

111 Whitty, G., Power, S. and Halpin, D., *op.cit.*, p.52. ウイッティー、パワー、ハルピンは、自律的学校経営に置ける校長の重要性とリーダーシップの在り方について論じる際、『自律的学校経営をリードする』を参照している。その一方で、『自律的学校経営』が想定した校内組織で教員組合の協力体制を実現できるのか、疑問を呈している (Whitty, G., Power, S. and Halpin, D., *Devolution and Choice in Education*, Open University Press, 1998, p.53, p.73)。

112 Davies, B, "Introduction", Davies, B and Ellison, L. (ed), *School Leadership for the 21st Century*, Routledge, 1997, p.7. ジェウイーツも自律的学校経営論が教育経営のベストセラーであると述べている (Gewirtz, S., *The Managerial School*, Routledge, 2002, p.27)。キャンベル–エバンズのように、自律的学校経営の概念を定義する際、『自律的学校経営』を引用している論者も見られる (Campbell-Evans, G., "A Values Perspective on School-Based Management", Dimmock, C., *School-Based Management and School Effectiveness*, Routledge, 1993, p.93)。

113 Angus, L., "Democratic Participation or Efficient Site Management: The Social and Political Location of the Self-Managing School", Smyth, J. (ed), *A Socially Critical View of the Self-Managing School*, Falmer, 1993, pp.21-22, p.24.

114 Walford, G., "Self-Managing Schools, Choice and Equity", Smyth, J. (ed), *A Socially Critical View of the Self-Managing School*, Falmer, 1993, p.240.

115 Caldwell, B. J. and Hayward, D. K., *op.cit.*, p.93.

116 Harman, G., Beare, H., Berkeley, G., "Conclusions: Where restructuring has taken to us, and where it is leading", Harman, G., Beare, H., Berkeley, G. (ed), *Restructuring School Management*, Australian College of Education, 1991, p.313.

117 Caldwell, B. J. and Spinks, J. M., *Leading the Self-Managing School*, *op.cit.*, p.163.

118 *Ibid.*, pp.163-164.

119 堀和郎「教育行政研究の政策的有用性を求めて− research utilization に関する研究成果を基に−」筑波大学『教育学系論集』第 25 巻第 1 号、2000 年、31 頁。

120 Adams, J and Kirst, M., "New Demands and Concepts for Educational Accountability: Striving for Results in an Era of Excellence", Murphy, J. and Louis, K. (ed), *Handbook of Research on Educational Administration*, Jossey-Bass, 1999, p.481.

121 Moe, T., *op.cit.*, pp.756-757.

122 Adams, J and Kirst, M., *op.cit.*, p.474.

123 *Ibid.*, p.482.

124 Hill, P. T., Lake, R. J., Celio, M, B., *Charter Schools and Accountability in Public Education*, Brookings, 2002, p.5.

125 *Ibid.*, p.5.

126 *Ibid.*, p.6.

127 *Ibid.*, p.6.

128 牟田博光「アカウンタビリティ」細谷俊夫他編『新教育学大事典』第 1 巻、第一法規、1990 年、26 頁。

129 同上論文、26 頁。
130 山下晃一「現代アメリカにおける教育委員会－学校間関係の変容－シカゴの「学校＝エージェンシー化」政策に関する予備的考察－」京都大学教育行政学研究室『教育行財政論叢』第 6 号、2000 年、18 号。
131 同上論文、20 頁。
132 同上論文、20 頁。
133 1970 年代の日本で教育アカウンタビリティの考え方が広まらなかった理由について木岡は次のように述べている。「教育の責任といっても一体、誰の誰に対する何の責任なのかを多重的・多層的に措定しなければならなくなり、結局、責任追及の焦点が定まりにくいからであった」（木岡一明『学校評価の「問題」を読み解く』教育出版、2004 年、8 頁）。
134 Adams, J and Kirst, M., *op.cit.*, p.474. 髙見茂「アメリカ初等・中等教育におけるアカウンタビリティ（Accountability）の問題」『京都大学教育学部紀要』第 28 巻、1982 年、255 頁、257 － 258 頁。
135 Moe, T., *op.cit.*, p.757.
136 大仕莊四郎『ニュー・パブリックマネジメント』前掲書、36 － 37 頁。
137 ロブ・グレイ他（山上達人監訳）『会計とアカウンタビリティ』白桃書房、2003 年、56 頁。
138 竹下譲「行政組織の改革－イギリスのシティズン・チャーターを事例に－」『季刊行政管理研究』第 75 号、1996 年、11 頁。
139 Adams, J and Kirst, M., *op.cit.*, p.477.
140 *Ibid.*, p.477.
141 McGuire, L., "Service Delivery Agreements: Experimenting with Casemix Funding and "Schools of the Future"", Alford, J. and O'Neill, D.（ed）, *The Contract State: Public Management and the Kennett Government*, Deakin University Press, 1994, p.76, p.93.
142 チャーターは、教育の依頼者（教育行政と保護者）と教育の実施者（校長を責任者とする教育の専門家）の間の同意事項と考えられる。
143 Rae, K., "The plucking still of the flaxbush", *Restructuring and Quality*, Routledge, 1997, p.117. なぜ、チャーターは準契約なのだろうか。「契約の本質的な要素は、当事者間の合意である」（半田吉信『契約法講義、第 2 版』信山社、2005 年、43 頁）。この意味ではチャーターは契約である。だが、民法上の契約には契約締結の自由がある（半田吉信『契約法講義、第 2 版』信山社、2005 年、p.3）。ところが、公立学校の場合、個々の保護者にチャーターと契約する自由があるわけではない。したがってチャーターは準契約に位置づけられる。
144 Beare, H., *Managing Schools with Charters: The opportunity for an outcomes-based approach to schooling*, Directorate of School Education, 1995, p.9.
145 Macpherson, R. J. S, *Educative Accountability*, Pergamon, 1996, p.7. ただし、マックファーソンはニュージーランドを事例に論じている。
146 *Ibid.*, p.9.

147 ベアーはアカウンタビリティの意味を説明責任と捉えている（Beare, H., *Managing Schools with Charters: The opportunity for an outcomes-based approach to schooling*, Directorate of School Education, 1995, pp.22-24）。

148 小島弘道「学校の自律性・自己責任と地方教育行財政」日本教育行政学会『日本教育行政学会年報』第 25 号、1999 年、39 頁。

149 同上論文、39 頁。小島は次の文献にもとづいて、契約について論じている。三上和夫「教育自治論をめぐる歴史的総括」第 29 回日本教育法学会定期総会第 2 分科会報告、1999 年。

150 チャーターがどのように作成されるのかについても論じ、その正当性についても検討する必要がある。チャーターは、公共性を担保するために一定の要件を満たすことが求められるだろう。反社会的なチャーターは公共性の観点から正当性が失われ、許容されないと考えられる。

151 Neave, G., "Accountability in Education", Husen, T. and Postlethwaite, T. N.（ed）, *The International Encyclopedia of Education, Volume 1*, Pergamon, 1985, p.25. 橋本重治も「アカウンタビリティは、当然、測定・評価を必要とする」と述べている（橋本重治『新・教育評価法総説（下）』金子書房、1976 年、280 頁）。

152 長崎県教育センターは学校評価を行うねらいについて次のように述べている。「児童生徒の健やかな成長を目指し、学校が、児童生徒の学習状況や教育課程の実施状況等に関する自己点検・自己評価を行い、その成果や課題を明らかにしながら、自校の学校運営や教育活動の改善を進めるためです」（長崎県教育センター『学校評価ガイドブック』2003 年（Ⅰ章、Q1））。日本における学校評価の概念定義は論者によって異なっている（木岡一明「日本における学校評価の現状と課題」窪田眞二・木岡一明編著『学校評価のしくみをどう創るか』学陽書房、2004 年、184 － 186 頁）。

153 例えば、学校評価の評価主体、評価領域、評価手順、評価結果の運用があげられる。

154 窪田眞二「5 カ国の学校第三者評価の動向から何が見えてくるのか」窪田眞二・木岡一明編著『学校評価のしくみをどう創るか』学陽書房、2004 年、7 － 9 頁。Marsh, C., *Key Concepts for Understanding Curriculum, Third Edition*, RoutledgeFalmer, 2004, pp.106-107.

155 窪田眞二、前掲論文、3 － 4 頁。

156 Neave, G., *op.cit.*, p.26.

157 Neave, G., *op.cit.*, p.24.

158 水本徳明、前掲論文、23 頁。

159 Hanushek, E. and Raymond, M., "Lessons about the Design of State Accountability Systems", Peterson, P. and West, M.（ed）, *No Child Left Behind?*, Brookings, 2003, pp.147-148.

160 小松郁夫「イギリスにおける学校管理職養成の政策とシステム」小島弘道編著『校長の資格・養成と大学院の役割』東信堂、2004 年、308 頁。

161 Owen, J., *Program Evaluation*, Sage, 1999. pp.36-37.

162 *Ibid.*, p.306.
163 *Ibid.*, p.306. 例えば、学校評価において、学力が低いと指摘された学校であっても、必ず校長を入れ替えなければならないとは言えないだろう。
164 Scriven, M., "Evaluation: Formaive, Summative, and Goal-free", Husen, T. and Postlethwaite, T. N.（ed）, *The International Encyclopedia of Education*, *Second Edition*, *Volume 9*, Pergamon, 1994, pp.2099-2100. 根津朋実「カリキュラム評価の役割に関する理論的検討－ Scriven, M. による構成的／総括的評価の検討を中心に－」日本カリキュラム学会『カリキュラム研究』第9号、2000年、70頁。
165 Kogan, M., *Education Accountability*, Hutchinson, 1986, p.25.
166 *Ibid.*, p.26.
167 Leithwood, K. and Earl, L., "Educational Accountability Effects: An International Perspective", *Peabody Journal of Education*, Volume 75, Number 4, 2000, p.8.
168 O'Day, J., *op.cit.*, p.22.
169 *Ibid.*, p.25.
170 *Ibid.*, p.30.
171 瀧川裕英『責任の意味と制度』勁草書房、2003年, 29頁。
172 水本徳明「学校評議員を生かし、学校としての説明責任をどう果たしていくか」『教職研修』2000年5月号、教育開発研究所、2000年、59頁。
173 山下晃一「アメリカの校長リーダーシップをめぐる制度改革に関する一考察－シカゴ学校改革を事例として－」前掲論文、24頁。
174 同上論文、26頁。
175 同上論文、26頁。
176 Whitty, G., Power, S., Halpin, D., *op.cit.*, p.111.
177 Adams, J and Kirst, M., *op.cit.*, p.484.
178 最終調査では、1997年に829校の校長に質問紙を郵送し、504の回答を得ている（回収率60.8％）（Victorian Primary Principals Association, Victorian Association of State Secondary Principals, Department of Education, The University of Melbourne, Assessing the Impact, *The Final Report of the Cooperative Research Project, Leading Victoria's Schools of the Future*, 1998, p.9)。
179 Victorian Primary Principals Association, Victorian Association of State Secondary Principals, Department of Education, The University of Melbourne, *Assessing the Impact, The Final Report of the Cooperative Research Project, Leading Victoria's Schools of the Future*, 1998, pp.12-13.
180 *Ibid.*, p.16.
181 *Ibid.*, pp.11-12.
182 *Ibid.*, pp.16.
183 ビクトリア州における自律的学校経営の事例研究として、ウィー（Wee）の研究がある。これは学校組織のリーダーシップ研究であり、アカウンタビリティのメカニズムの運用等を研究したものではない（Wee, J., *Improved Student Learning and Leadership in Self-Managed Schools*, Doctor of Education Thesis, The

University of Melbourne, 1999）。
184 この点については第4章第8節（2）で論述する。
185 例えば、移民が多い地域の学校では、生徒の英語力が十分でないため、教育活動とその成果に関して様々な難しさが生じる。経済的に保護者が貧しい場合、子どもは図書等の文化財にふれる機会が少ない傾向になる。にもかかわらず、学校はアカウンタビリティを要請される。
186 拙論「豪州ビクトリア州における学校財政制度に関する考察－学校への財政権限委譲と学校改善の関係構造の解明－」日本教育行政学会『日本教育行政学会年報』第23号、1997年。拙論「〈研究ノート〉豪州ビクトリア州における管理職・教員人事政策の検討」オセアニア教育学会『オセアニア教育研究』第5号、1998年。拙論「オーストラリアにおける学校評価（1）－ Brian Caldwell の学校経営理論に関する考察－」『平成8・9・10年度基盤研究（A）（2）、学校評価に関する実証的研究、研究成果報告書』国立教育研究所、1999年。拙論「オーストラリアにおける学校評価（2）－ビクトリア州におけるアカウンタビリティ」『平成8・9・10年度基盤研究（A）（2）、学校評価に関する実証的研究、研究成果報告書』国立教育研究所、1999年。拙論「豪州ビクトリア州における学校包括予算配分方式－公平と効率－」オセアニア教育学会『オセアニア教育研究』第6号、1999年。
187 主なものを年代順に示す。Beare, H., *Managing Schools with Charters: The opportunity for an outcomes-based approach to schooling*, Directorate of School Education, 1995. Ainley, J., Getty, C. and Fleming, M., *School Annual Reports: A Study of the 1994 Draft Guidelines for Annual Reports for Victorian Government Schools*, Australian Council for Educational Research, 1995. Gurr, D., "Leading the Self-Managing Schools: A Model of the Principal Leadership Role in Secondary Schools", Australian Council for Educational Administration Conference, 1995. Gough, J. and Taylor, T., "Crashing thorough: Don Hayward and change in the Victorian school system", *Journal of the Australian Education*, Volume 22、No.2, 1996. Hill, P. W., "Building Equity and Effectiveness into School-Based Funding Models: An Australian Case study", Annual Summer Data Conference, National Centre for Educational Statistics, Washington, DC, July 24-26, 1996. Townsend, T., "The self-managing school: Miracle or myth?", *Leading and Managing*, Volume 2, Number 3, 1996. Townsend, T., "Schools of the Future: a case study in systemic educational development". Townsend, T. (ed), *Restructuring and Quality*, Routledge, 1997. Ingvarson, L. and Chadbourne, R., "Self-Managing Schools and Professional Community: The Professional Recognition Program in Victoria, Australia", Annual Meeting of the American Educational Research Association Conference, 1997. Pascoe, S. and Pascoe, R., *Education Reform in Victoria, Australia: 1992-1997, A Case Study*, The World Bank, 1998. Caldwell, B. J. and Hayward, D. K., *op.cit.*, Falmer, 1998. Gurr, D., School Review Evaluation, Paper presented for the Office of Review, 1999.
188 Caldwell, B. J. and Hayward, D. K., *op.cit.*, p.vi.
189 第1章は、技術革新への対応、財政難等世界共通の公教育の問題点、ビクト

リア州の教育小史、学校経営政策の基本政策組と国際的意義を述べている。第2章は、ヘイウォードの教育歴、企業勤務経験、影の教育大臣（Shadow Minister for Education）としての経験、1992年州議会選挙における自由党勝利について述べ、ヘイウォードが教育大臣になった動機と過程を明らかにしている。第3章は州政府の財政危機、学校統廃合と教育行政組織再編、学校経営政策の概要（チャーター、財政政策、人事政策、校長のリーダーシップ、アカウンタビリティ、教育課程政策、学力調査プロジェクト、中等学校卒業試験、コンピューターによる研修と授業）、教育大臣の役割と州議会での議論について述べ、改革の全体像を説明している。第4章は、イングランドとビクトリア州の改革を比較し、自律的学校経営の国際的動向を述べている。そして、ビクトリア州で1996年に実施した校長の意識調査を分析し、肯定的見解が多いことから学校経営政策が成功したとみなしている。第5章は、学校経営政策が残した課題を検討している。政策の全面的実施、すべての生徒の学習成果向上、教員の専門性向上、経済・労働状況の変化への対応、教育予算の増加と寄付金の確保、学校経営政策全般の整備充実が、今後の改革課題であるとしている。第6章は政府の予算配分を受けるすべての学校を公立学校とすること、その場合の予算配分は一律の公式にもとづくこと、公立学校が授業料以外の費用を父母に課すことを可能にすること、すべての政策を自律的学校経営の確立に焦点づけることの4つを新世紀の公立学校像として示している。第7章は公教育改革を実施するためには、教育大臣、事務次官、校長のリーダーシップが必要であると述べている（Caldwell, B. J. and Hayward、D. K., *The Future of Schools: Lessons from the Reform of Public Education*, Falmer, 1998）。

190 Caldwell, B. J. and Hayward, D. K., *op.cit*, p.55.
191 *Ibid.*, p.48.
192 *Ibid.*, p.56.
193 Victorian Auditor-General's Office, *op.cit.*.
194 会計検査院「欧米主要先進国の公会計制度改革と決算・財務分析の現状と課題－ニュージーランド／オーストラリアの事例より－」1996年。
195 Victorian Auditor-General's Office, *op.cit.*, p.3.
196 *Ibid.*, p.3.
197 *Ibid.*, pp.3-4.
198 Caldwell and Hayward, *op.cit.*, p.47, p.56. Victorian Auditor-General's Office, *op.cit.*, p.16, p.23.
199 Caldwell and Hayward, *op.cit.*, p.56. Victorian Auditor-General's Office, *op.cit.*, p.3, p.23, p.85.
200 2001年2月、2003年2月、2004年2月にもメルボルンを訪問し、調査を行った。
201 教育省等のホームページからもデータを入手した。
202 筆者は1999年7月にダーウィンで開催されたオーストラリア教育行政学会（Australian Council for Educational Administration）年次大会に参加し、資料収集を行った。1993年から1998年に行われた協力研究プロジェクトの報告書は全6巻刊行されているが、すべて収集した。その理由は、協力研究プロジェクトの報告

書が、校長に対する政策の影響を数量的に明らかにしているためである。報告書の一覧は次の通り。Victorian Primary Principals Association, Victorian Association of State Secondary Principals, Directorate of School Education, The University of Melbourne, *A Cooperative Research Project, Leading Victoria's Schools of the Future, The First Report, Base-Line Survey of Principals in 1993*, 1993. Victorian Primary Principals Association, Victorian Association of State Secondary Principals, Directorate of School Education, The University of Melbourne, *One Year Later, Cooperative Research Project, Leading Victoria's Schools of the Future, 1993*, 1994. Victorian Primary Principals Association, Victorian Association of State Secondary Principals, Directorate of School Education, The University of Melbourne, *Taking Stock, Cooperative Research Project, Leading Victoria's Schools of the Future*, 1995. Victorian Primary Principals Association, Victorian Association of State Secondary Principals, Directorate of School Education, The University of Melbourne, *A Three-Year Report Card, Cooperative Research Project, Leading Victoria's Schools of the Future*, 1996. Victorian Primary Principals Association, Victorian Association of State Secondary Principals, Department of Education, The University of Melbourne, *Still More Work to be done but --- No Turning Back, Cooperative Research Project, Leading Victoria's Schools of the Future*, 1996. Victorian Primary Principals Association, Victorian Association of State Secondary Principals, Department of Education, The University of Melbourne, *Assessing the Impact, The Final Report of the Cooperative Research Project, Leading Victoria's Schools of the Future*, 1998.

203 学校におけるインタビューの対象者を校長と保護者代表に設定した理由は次の通りである。まず校長は経営責任者であり、学校経営全般に関する情報を得るために、最も適切である。次に保護者はアカウンタビリティの対象に位置し、自律的学校経営のアカウンタビリティ確保について解明するために、重要である。つまり本研究の問題関心から重要な位置にある校長と学校審議会保護者代表に焦点を当ててインタビューを行い、データを得た。

204 インタビュー調査の手順は次の通りである。まず、インタビューガイドを事前に作成した。次に、インタビューをインタビューガイドにもとづいて実施した。ただしインタビューの展開によっては、研究の目的に合致している限り、インタビューガイドに予定していない内容も許容している。これは、いわゆる半構造的インタビュー（部分標準化インタビュー）の考え方にもとづいている（ウヴェ・フリック（小田博志他訳）『質的研究入門』春秋社、2002 年、117 － 119 頁）。インタビューにおける使用言語は英語である。

205 これに関連して、トライアンギュレーションの考え方は参考となる。トライアンギュレーションとは「ひとつの現象に対して、様々な方法、研究者、調査群、空間的・時間的セッティングあるいは異なった理論的立場を組み合わせることを意味する」（ウヴェ・フリック（小田博志他訳）『質的研究入門』春秋社、2002 年、282 頁）。

206 各州・直轄区の学校教育制度に関しては次の論文を参照。拙論「多様な各州・

直轄区の学校教育制度」笹森健・石附実共編著『オーストラリア・ニュージーランドの教育』東信堂、2001 年、38 − 44 頁。全国・6 州 2 直轄区の教育行政と学校経営に関する 1970 年代から 1990 年代までの展開は次の論文を参照。拙論「オーストラリア」小松郁夫・坂本孝徳・篠原清昭共編著『諸外国の教育改革と教育経営−公教育の構造転換と新時代の学校像−』(日本教育経営学会編『シリーズ教育の経営』第 6 巻)、玉川大学出版部、2000 年、114 − 126 頁。1997 年時点での 6 州 2 直轄区の学校経営政策は次の論文を参照。拙論「オーストラリアの自律的学校経営に関する 6 州 2 直轄区比較研究」大塚学校経営研究会『学校経営研究』第 25 巻、2000 年、51 − 57 頁。全国・6 州 2 直轄区の教育史は次の翻訳を参照。アラン・バーカン (笹森健監訳)『オーストラリア教育史』(Barcan, A., *A History of Australian Education*, Oxford University Press, 1980.) 青山社、1995 年 (拙訳箇所、第 2 章、第 5 章、第 19 章)。

207 数値は 1999 年。Australian Bureau of Statistics, *2000 Victorian Year Book*, 2000, p.43.
208 *Ibid.*, p.47. 2021 年と 2051 年の人口比率予測の出典と頁も同じである。
209 数値は 1998 年。Ministerial Council on Education, Employment, Training and Youth Affairs, *National Report on Schooling in Australia 1998*, Curriculum Corporation, 1998, p.187.
210 数値は 1998 年。*Ibid.*, p.187. 連邦全体における初等・中等教育段階の生徒数は公立学校と私立学校合計で 3,198,655 人であり、公立学校在籍生徒数は 229,375 人 (70％)、私立学校は 959,280 人 (30％) である。ビクトリア州における初等・中等教育段階の生徒数は公立学校と私立学校合計で 787,400 人であり、公立学校在籍生徒数は 521,413 人 (66.2％)、私立学校は 265,987 人 (33.7％) である (Ministerial Council on Education, Employment, Training and Youth Affairs, *National Report on Schooling in Australia 1998*, Curriculum Corporation, 1998, p.189)。
211 Allan, P., Director of Schools, Office of Schools, Department of Education, "Executive Memorandum, Amendment to Schools of the Future Reference Guide, Section 4.1.1.6 Student Placement", September 10, 1998, pp.3-4.
212 ビクトリア州中等教育修了資格の原語は Victorian Certificate of Education であり、略して VCE と呼ばれている (Australian Curriculum, Assessment and Certification Authorities, *Leaving Schools 1998*, Board of Studies NSW, 1998, pp.14-15)。
213 数値は 1998 年。Ministerial Council on Education, Employment, Training and Youth Affairs, *op.cit.*, p.195.
214 Department of Education, *Education Glance: Victoria, 1994*, 1994. 数値は 1993 年。なお 1993 年のビクトリア州の 18 歳人口を母数とした技術継続教育カレッジ (Technical and Further Education) の在学者の割合は 18.1％である
215 数値は 1997 年。Department of Education, *Annual Report 1997-98*, 1998, p.31.
216 これらの言語は、生徒が家庭で話す英語以外の言語のうち、生徒数が多い上位の 10 言語である (Department of Education, Annual Report 1997-98, 1998, p.31)。
217 Department of Education, *Annual Report 1997-98, op.cit.*, p.33.
218 ナショナル・カリキュラムについては次の論文を参照。拙論「オーストラリ

アにおけるナショナル・カリキュラムに関する考察－実施過程を中心に－」日本比較教育学会『比較教育学研究』第22号、1996年、101－112頁。
219 ナショナル・カリキュラムは英語（English）、算数・数学（Mathematics）、理科（Science）、社会と環境（Studies of Society and Environment）、技術（Technology）、芸術（The Arts）、保健（Health）、英語以外の言語（Language other than English）の8領域から構成されているが、州・直轄区の教育課程政策はこの8領域と整合性を確保している。
220 数値は1998年。Department of Education, *Annual Report 1997-98, op.cit.*, p.19.
221 Department of Education, *Annual Report 1997-98, op.cit.*, p.17.
222 Department of Education, Northern Metropolitan Region, *Northern Metropolitan Region, Directory, 1998*, 1998, pp.3-4.
223 *Ibid.*, p.2.
224 *Ibid.*, p.2. 補習教室は、英語の学習あるいは学校での学習に対するレディネスが不十分な生徒を対象としている。
225 Department of Education, *Annual Report 1997-98, op.cit.*, p.18.
226 Department of Education, *Annual Report 1997-98, op.cit.*, pp.73-85.
227 メリット保護委員会（Merit Protection Boards）は、教育公務員の実力登用制度（merit system）の公平性を確保するために1993年に設置された。その役割は2つある。第一は、教育省に雇用されている労働者からの抗議に対処して、紛争を解決することである。第二は、校長・教頭・教員が公平な人事を行う力量を形成するために、研修と認定を行うことである（拙論「オーストラリアにおける教員の人事評価と職能開発」八尾坂修編著『教員人事評価と職能開発－日本と諸外国の研究－』風間書房、2005年、137頁）。

第1章　自律的学校経営論の生成・発展と政策への影響

　ビクトリア州の学校経営政策はコールドウェルとスピンクスの自律的学校経営論を基盤として構想された。自律的学校経営論は、教育課程編成、人事運営、財務運営等に関する権限が委譲された学校の経営指針を示している。それはコールドウェルとスピンクスの共著書『自律的学校経営』(The Self-Managing School, Falmer, 1988)および『自律的学校経営をリードする』(Leading the Self-Managing School, Falmer, 1992)において明らかにされたものであり、学校経営政策の背景として重要な位置にある。そこで、コールドウェルとスピンクスの自律的学校経営論が生成・発展した過程を検討する。次に、自律的学校経営論が「未来の学校」の形成にどのように影響を与えたかを明らかにする。最後に、自律的学校経営論が学校経営政策に影響を与えた要因を考察する。

　自律的学校経営論はスピンクスがタスマニア州の公立学校で校長として行った経営実践が基礎になっており、これをコールドウェルが発見し、発展させた。つまり自律的学校経営論は両者の共作である。だが、コールドウェルの存在なしにはスピンクスの経営実践が公表され、「未来の学校」に影響を与えることはなかったと考えられる。また、「未来の学校」の原案を作成したのはコールドウェルである。したがって、第1章ではコールドウェルの研究と学校経営政策の形成を中心に論を進める。

第1節　自律的学校経営への着目

(1) 学校への財務権限委譲への着目

　コールドウェルが大学院博士課程時代に行った研究を検討することによっ

て、彼の問題関心のルーツをたどり、後に自律的学校経営研究に取り組むようになった経緯を示す。

コールドウェルはメルボルン大学で教育学士、理学士を取得後、ビクトリア州で公立中等学校の化学と数学の教員として勤務した。その後、カナダに渡り、アルバータ大学大学院修士課程で教育学修士を取得、1975年に同大学大学院博士課程に入学した。

当時、オーストラリアでは各州・直轄区で中央集権制の教育行政を維持するのか、地方教育行政および学校に権限を委譲するのかが大きな争点になっていた[1]。これは1973年の連邦政府に対する報告書「オーストラリアの学校」(Schools in Australia)で権限委譲が提唱されたのを契機としている[2]。1970年代には、南オーストラリア州、首都直轄区で教育行政の地方分権化、学校への権限委譲が実施された。コールドウェルも、この動向に関心を持っていた[3]。

1975年にカナダ・アルバータ州で学校への財務権限委譲の試行が決定されたことを知り、学校への財務権限委譲がどのように可能なのかに関心をもった。そして学校への財務権限委譲を研究テーマとして決定した[4]。その成果は学位申請論文「アルバータ州における学校への財務権限委譲」(Decentralized School Budgeting in Alberta)にまとめられ、1977年に教育学博士の学位を取得した。

学位申請論文の研究目的は「アルバータ州における学校への財務権限委譲の性質、目的、導入、運営、成果を調査することである」[5]。コールドウェルはこの研究でアルバータ州のすべての学区の教育長に対して質問紙調査を行ったところ、教育財政は総じて集権的であることが明らかになった。そこでその中で比較的権限委譲の程度が高い7つの学区の事例研究を行った。結論として、学校への財務権限委譲を進めるためには、教育行政全体の構造改革が必要であることを指摘した。今後の研究課題として、財務権限委譲の程度をさらに見極めること、精緻な分析を行うこと、背景を広くとらえること、教育財政支出と教育効果を関連づけて分析すること、学校財務運営の実態分析を行うこと、カナダ全体の教育財政を視野に収めること、教員人事の権限

が委譲された学区の研究を行うことをあげた。

　コールドウェルは、アルバータ大学で助手を勤めた後、オーストラリアに帰国した。カナダ・アルバータ州における学校への財務権限委譲について研究したことは、その後の研究の展開に影響を与えていった。

(2) 1980年前後の学校経営と問題意識の形成

　1981年、コールドウェルはオーストラリアのタスマニア大学教育学部の上級講師（Senior Lecturer）となった。オーストラリアでは、1975年にカリキュラム開発センター（Curriculum Development Centre）が連邦政府によって設置され、学校に基礎をおいたカリキュラム開発（School Based Curriculum Development, 以下SBCDと略）を推進した。各州の教育省も教育課程の規制を緩和しつつあったので、SBCDが広まっていた[6]。しかし1980年代に入ると、教育課程の規制緩和が進み過ぎて、教育課程が学校ごとに過度に多様になり、その質が低下する場合もでてきた[7]。

　1970年代中葉以降、公立学校における学校審議会の設置も進められた。学校審議会とは校長、教頭、教員代表、保護者代表等から構成される学校の意思決定機関である[8]。学校審議会は、職員会議の上位に位置し、学校経営をめぐる審議事項を審議・決定する。SBCDの考えでは、教員による教育課程編成が重視される[9]。だが、学校審議会が設置されている学校では、教育課程は最終的に学校審議会によって審議・決定される必要がある。首都直轄区では1976年に学校審議会が設置された[10]。南オーストラリア州とビクトリア州では1980年代以降、学校審議会に学校の意思決定を行う権限が与えられた[11]。

　このような状況は帰国したばかりのコールドウェルにとって大変興味深いものであった。オーストラリアではSBCDが推進され、学校審議会も設置されたが、教育課程の質が低下している。さらに、財務権限委譲が一部の例外を除いて実施されていないため、教育課程編成の裁量が予算の裏づけを伴っていない。コールドウェルは「学校は、財務権限を持たないと、本当の意味で、教育課程を編成・実施することができない」[12]と考えた。そして、

学校の財務権限と教育課程編成の関係に関心を持ち、効果的な学校における予算編成について研究を進めた[13]。

第2節 自律的学校経営論の生成・発展

(1) 協働による学校経営サイクルの発見と自律的学校経営論の生成

1982年12月、コールドウェルは「学校における効果的な資源配分プロジェクト」(Effective Resource Allocation in Schools Project) の研究代表者となり、3年間の研究を開始した[14]。このプロジェクトはタスマニア州教育省とタスマニア大学教育学部の共同研究で、連邦政府から35,000ドルを交付された。その目的は効果的な財務運営のための研修プログラムを開発することであり、タスマニア州と南オーストラリア州の公立学校と私立学校における効果的な財務運営を調査した。両州を研究対象として設定した理由は、学校への財務権限委譲が試行されていたからである。

コールドウェルらは事例として16の公立学校を調査し、タスマニア州のロズベリー地区ハイスクール (Rosbery District High School) の経営実践に注目した[15]。というのも、この学校は1977年から独自の経営サイクルを探求し、1984年に協働による学校経営サイクル (Collaborative School Management Cycle) を開発したからである。ロズベリー地区ハイスクールはタスマニア州の西海岸ロズベリーに位置し、約600人の生徒が在籍している。地域の主な産業は鉄、鉛、亜鉛の採掘であり、最も近い都市のバーニー (Burnie) から125キロメートル離れている。校長のスピンクスは20年間の教員経験を持ち、これまで学校の意思決定への保護者代表の参加に関心を持っていた。

ロズベリー地区ハイスクールには、1977年の時点で次の3つの問題が存在していた[16]。第一に、新しい鉱山の開発に伴い、生徒数が急増したが、適切な校舎改善計画が策定されなかった。その結果、保護者等と教職員の間で不満が生じた。第二に、教育課程が生徒の教育ニーズよりも教員の教育経験をもとに編成されていた。そのため、教育課程が生徒に対して適切ではなかった。第三に、教育行政が学校財務の予算を年度の直前まで明らかにしなかっ

たため、効果的な財務運営が不可能であった。

　これらの問題に対処するために、ロズベリー地区ハイスクールは、教職員、保護者等の役割分担を明確にし、学校経営を展開することにした。折しも 1982 年、タスマニア州教育大臣に対して、「教育省の効率と効果の検討」(Review of the Efficiency and Effectiveness of Education Department)が提出された。これは、一部の公立学校に対する財務権限の委譲を提案した[17]。ロズベリー地区ハイスクールは財務権限委譲の対象となり、1984 年に協働による学校経営サイクルを開発した[18]。つまり、協働による学校経営サイクルは、特に財務面の裁量が拡大した学校の経営手法を示したものだった。

　協働による学校経営サイクルは図 1-1 の通りである。この特徴は意思決定機関と計画実施組織が役割分担し、経営サイクルを展開させるところにある[19]。意思決定機関は学校審議会に相当し、校長、教頭、教員代表、保護者代表、生徒代表等から構成される。一方、計画実施組織は校長、教頭、教員から構成される。

　協働による学校経営サイクルは「目標設定とニーズの特定→方針の策定（目的と大綱）→計画の策定→予算編成→実施→学校評価」の順で展開される。意思決定機関は、目標設定とニーズの特定、方針の策定を担当する。計画実施組織は計画の策定と実施を担当する。予算編成に関しては、計画実施組織が予算案を編成するが、その予算案は意思決定機関によって認可される必要がある。学校評価は意思決定機関と計画実施組織が共に実施する。

　協働による学校経営サイクルは、裁量の拡大した学校経営の手法だけでなく、保護者代表等の経営参加の在り方を明示しており、他の学校の経営にも参考となり得るものであった[20]。コールドウェルはスピンクスの協力を得て、ロズベリー地区ハイスクールの協働による学校経営サイクルを研究した。その成果は 1988 年刊行の共著『自律的学校経営』にまとめられている。同書では、協働による学校経営サイクルを中核とした自律的学校経営論が示されている[21]。

　『自律的学校経営』では、自律的学校経営は「経営諸資源を配分する権限が大幅に一貫して委譲されている」[22]と説明されている。すなわち、自律的

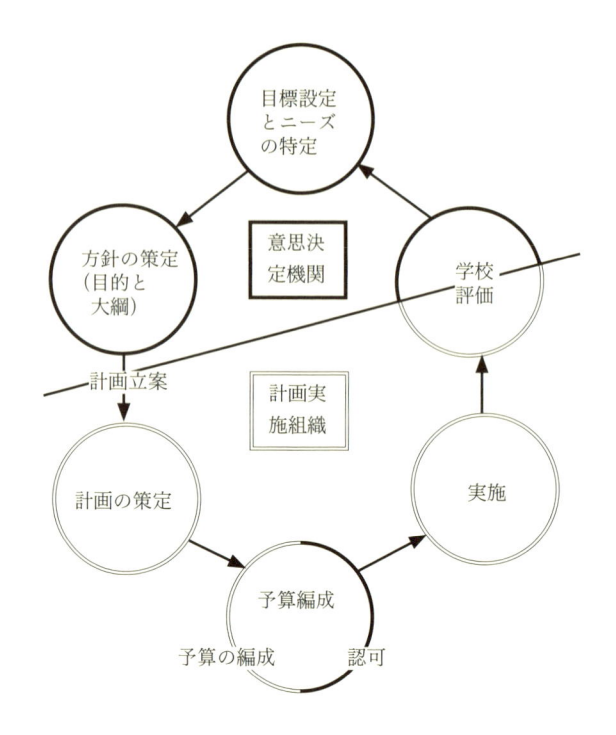

図 1-1　協働による学校経営サイクル

出典：Caldwell, B. J. and Spinks, J. M., *The Self-Managing School*, Falmer, 1988, p.37.

　学校経営は、教育課程編成、人事、財務等に関する権限が委譲されている。ただし学校への権限委譲は教育政策の枠内で行われるし、学校は教育行政に対して経営諸資源の配分状況を説明する責任を持っている[23]。そして、協働による学校経営サイクルの導入によって、権限が委譲された学校が効果的になると考察している。同書では協働による学校経営サイクルの導入方法、リーダーシップ、葛藤の処理、人事運営も論じている。つまり、ロズベリー地区ハイスクールにおける経営実践がコールドウェルによって発見、体系化され、自律的学校経営論が生成した。

　当時、ビクトリア州では、1982年に発足した労働党政権が、教育課程編成の権限を学校に委譲し、学校審議会の権限も強化した。一部の学校に対し

ては財務権限委譲を試行した[24]。このような動向に対応するために、ビクトリア州教育省は、学校審議会と自律的学校経営に関して、校長、教頭、教員に研修を実施した。コールドウェルとスピンクスも1984年から1986年まで、ビクトリア州教育省の依頼を受けて、協働による学校経営サイクルをテーマに研修を実施した[25]。この研修には約5,000人の公立学校校長、教頭、教員が参加した[26]。以後、オーストラリアでは自律的学校経営論への関心が高まり、首都直轄区、ニューサウスウェールズ州、北部直轄区、クイーンズランド州、西オーストラリア州でも同様の研修が行われた[27]。

1987年にコールドウェルは在外研究の機会を得て、イギリス、カナダ、アメリカの学校経営を研究した[28]。そして彼は諸外国でも自律的学校経営論が有用であると考えた[29]。1988年以降、コールドウェルとスピンクスは、イギリスとニュージーランドの教育行政職員や校長に対する研修を実施した。スピンクスは「1988年から1990年の間に3回イギリスを訪れ、合計約12か月間、全体の3分の1の地方教育当局（Local Education Authorities）において教育行政職員、学校理事、校長、教員のための研修を行った」[30]。自律的学校経営論はイギリスとニュージーランドにも伝えられたのである。

(2) チャーターの導入による自律的学校経営論の発展

1988年に、イギリスでは教育改革法（Education Reform Act）が制定され、ニュージーランドでも教育大臣に答申「卓越を求める行政」（Administering for Excellence）が提出され、大規模な公立学校改革が断行されようとしていた。両国の改革では共に、学校における人事と財務の裁量拡大とアカウンタビリティの実現が意図されていた。

イギリスとニュージーランドで教育改革が進む中で、コールドウェルとスピンクスは次の問題意識を持つようになった[31]。1990年代に入り、情報革新、経済のグローバル競争が進み、社会情勢が高度化・複雑化してきた。特に経済界は、基礎学力、問題解決能力、創造力を持つ人材の育成を期待し、学校教育の革新と成果の向上を強く要請するようになった。このような状況の下、学校は社会と個人のニーズに対応した質の高い教育を行う必要がある。

そのためには、まず、学校裁量を大幅に拡大することが不可欠である[32]。次に、中期的な学校経営計画の策定が必要である。学校は、中期的な学校経営計画を基盤として、リソースを効果的に活用し、成果を測定できるからである[33]。

コールドウェルとスピンクスは、中期的な学校経営計画を構想する際、ニュージーランドのチャーターを参考にした[34]。ニュージーランドのチャーターは中期的な学校ビジョンと戦略を示しており、アカウンタビリティの基盤となると考えたからである[35]。そして、チャーターのアイデアを導入して、協働による学校経営サイクルを改定した[36]。1992年に『自律的学校経営をリードする』が刊行され、新しい協働による学校経営サイクル（以下、新・協働による学校経営サイクルと略）が示された[37]。

新・協働による学校経営サイクルは図1-2の通りである。教育政策の範囲内で、チャーターを策定する点に特徴がある。チャーターとは、教育行政と学校の意思決定機関が同意した3～5年間の学校経営計画である[38]。チャーターには学校経営の方針と計画が記載される。学校は教育政策を考慮した上で、学校の状況を分析してチャーターを作成する。そして、意思決定機関と計画実施組織は、チャーターにもとづいて年間重点目標を設定する。

学校経営サイクルは「チャーターの策定→年間重点目標設定→教育課程編成→教育課程の説明→予算編成→学習と授業→学校評価」という順になっており[39]、Plan-Do-Seeが明確化されている。意思決定機関はチャーターの策定を担当する。計画実施組織は、教育課程編成、教育課程の説明、学習と授業を担当する。予算案編成は計画実施組織が担当する。ただし、予算案は意思決定機関によって認可される必要がある。年間重点目標設定と学校評価（自己評価）は、意思決定機関と計画実施組織が共に実施する。さらに、3年毎に外部評価を受けることが適当とされている[40]。

図1-2からも分かるように、新・協働による学校経営サイクルでは、学習と授業がクローズアップされている。教員が授業を革新すれば、生徒の学習が促進され、結果的に学力は向上する。新・協働による学校経営サイクルの中軸は、学習と授業であり、学習と授業を改善するために、サイクルの各局

教育政策

意思決定機関

チャーター

方針

計画

3〜5年間の経営戦略

年間重点目標設定 ← 学校評価

教育課程編成

学習と授業

計画実施組織

教育課程の説明 → 予算案の編成 → 予算編成（認可）

各年度の経営サイクル

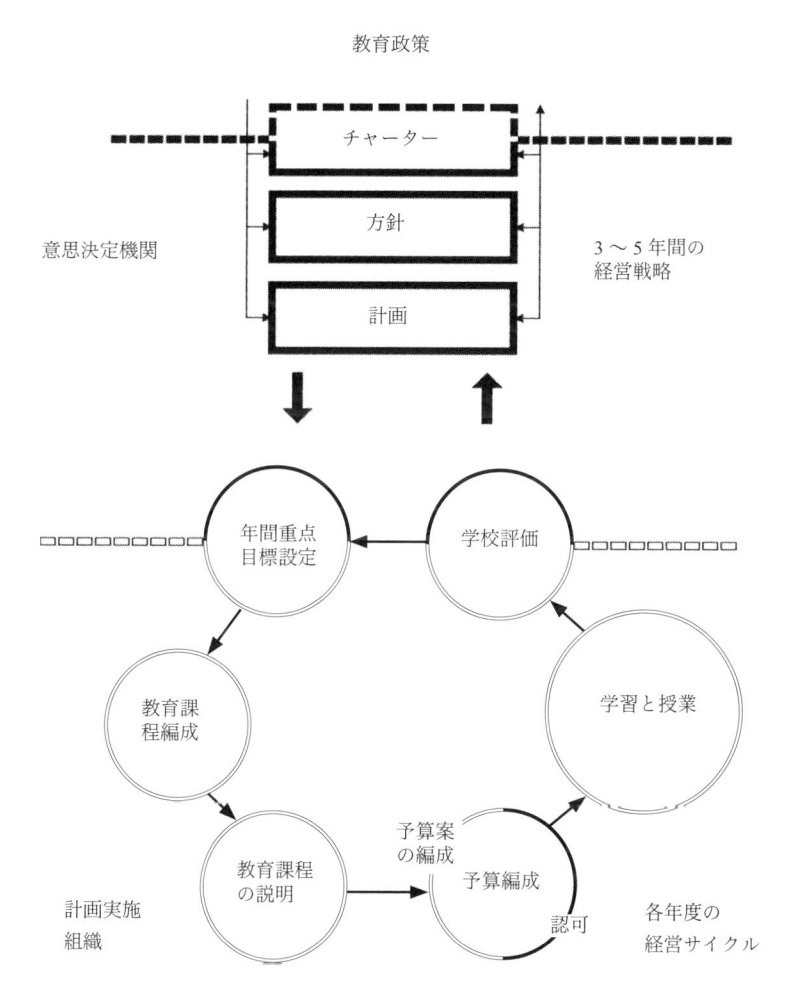

図1-2　新・協働による学校経営サイクル

出典：Caldwell, B. J. and Spinks, J. M., *Leading the Self-Managing School*, Falmer, 1992, p.33.

面が設定されていると考えられる。

新・協働による学校経営サイクルは、そのオリジナル(図1-1)と比較すると、学習と授業の重要性を明確化し、アカウンタビリティを学校に要請している[41]。新・協働による学校経営サイクルでは、チャーターがアカウンタビリティの基盤として導入された。チャーターは教育行政と学校の意思決定機関の同意事項であり、学校はチャーターを実施することが期待される。チャーターの実施局面では学習と授業を中軸に位置づけ、生徒の学習成果を重視している。しかも、チャーターの実施結果は学校評価によって検討される[42]。

『自律的学校経営をリードする』は、自律的学校経営における校長のリーダーシップの重要性も強調している[43]。すなわち、文化的リーダーシップ(Cultural Leadership)、戦略的リーダーシップ(Strategic Leadership)、教育的リーダーシップ(Educational Leadership)、応答的リーダーシップ(Responsive Leadership)が示された。つまり『自律的学校経営をリードする』では、新・協働による学校経営サイクルだけでなく、リーダーシップ論も示された。

第3節 自律的学校経営論の政策への影響

(1) 労働党政権時代の公立学校の諸問題

1982年から1992年まで、ビクトリア州では労働党が3期連続で政権を担当した。この間、学校審議会の権限強化、教育課程編成の学校裁量の拡大という改革が実施された。だが、次の2つの問題が生じた。

第一の問題は、学校審議会における意思決定が教員組合主導になったことである。ビクトリア州では1984年に年間計画、教育課程、予算を審議・決定する権限が学校審議会に与えられた[44]。保護者代表は学校審議会の構成員として、学校の意思決定に参加できるようになった[45]。しかし、教員組合は学校審議会における影響力を高めようと激しく運動を行った[46]。その結果、各学校の学校審議会における教員代表の人数は全構成員の半数を超えるようになった[47]。1992年時点の全教員数にしめる教員組合加入率は90%であり[48]、教員組合が学校審議会における意思決定を主導するようになった。つまり学

校への権限委譲は「教育の意思決定に関する発言権を高めたい利益団体への権限委譲」[49]に転化した。

第二の問題は、教育課程が急進的進歩主義になったことである。1984年に、ビクトリア州政府が各領域・教科の教育課程の基準設定を中止したため、各学校は教育課程編成の裁量を持った[50]。ところが学校審議会が教員組合主導で運営されたため、教育課程が教員組合の考え方に影響されて急進的進歩主義になった[51]。オーストラリアでは、進歩主義の教育は知識よりも、学び方を学ぶことに重点をおいた教育を意味する[52]。急進的進歩主義の教育は、生徒の興味を過度に重視するため、教育課程の系統性を維持できず、学力低下を招いた[53]。その結果、公立学校の生徒の学力低下が問題になった[54]。

1980年代末に経済不況が深刻になったことを背景として、生徒の学力低下は、産業界や保護者によって厳しく批判されるようになった。1980年末にビクトリア州の失業率は10％を超え、1990年にはビクトリア州銀行（The State Bank of Victoria）が倒産し、コモンウエルス銀行（The Commonwealth Bank）に売却された[55]。このような状況の下、産業界は、優秀な労働力を求めたため、生徒の学力向上を要望した。保護者も雇用情勢を懸念し、子どもが十分な能力を学校で習得することを期待した。

(2) 自由党・国民党連立政権の発足と「未来の学校」特別委員会の設置

1992年の州議会選挙では、1982年から3期連続で政権を担当した労働党に対抗するために、自由党と国民党は選挙前に連合し、政権獲得を目指した[56]。選挙結果は自由党と国民党の圧勝で、自由党・国民党連立政権が発足した。首相のケネット（Kennett）は教育大臣にヘイウォードを任命し、公立学校改革の断行を指示した。

ヘイウォードはゼネラル・モーターズ（General Motors）の役員の経験を持っていた。そして、経済不況に克服するためには質の高い教育が必要だと考えており[57]、公立学校を改革しようとした。「今、私が実行したい唯一のことは、生徒に最高の教育と未来を授けることである」[58]という意思を持っていた。コールドウェルとスピンクスの自律的学校経営論はヘイウォードに強い影響

を与えた。当時の状況についてコールドウェルは次のように述べている。

「『自律的学校経営をリードする』は1992年に出版されましたが、その3か月後にビクトリア州議会選挙が行われました。ケネット政権が発足し、ヘイウォード教育大臣は、『未来の学校』の実施を支援するよう私に依頼しました。そこで私はヘイウォードに『自律的学校経営をリードする』を一冊進呈しました。彼は『自律的学校経営をリードする』をとても入念に読み込みました。これが、『自律的学校経営をリードする』に書かれた内容の多くがビクトリア州で実施された理由です」[59]。

「未来の学校」は、公立学校経営改革を意図した学校経営政策の総称である[60]。1992年10月、ヘイウォードは「未来の学校」の原案を作成するために、大臣の諮問機関として「未来の学校」特別委員会（Schools of the Future Task Force）を設置した。特別委員会の構成メンバーは、ヴァーティガン（Vertigan）（コリングウッドカレッジ（Collingwood College）教員、委員長）、コールドウェル（メルボルン大学教育学部准教授（Reader））、フランシス（Francis）（ワンガヌイパーク中等カレッジ（Wanganui Park Secondary College）校長）、ブレナン（Brennan）（ゴウルバーン（Goulburn）北東地方教育事務所職員）、ロジャーズ（Rodgers）（メルトンウエスト小学校（Melton West Primary School）校長）である。

「未来の学校」特別委員会においてコールドウェルは唯一の研究者であり、他の委員は教員、校長、行政職員であった。コールドウェルは特別委員会において専門的な助言を行った[61]。「未来の学校」特別委員会は、協議会（Reference Group）を設置した[62]。協議会には、教員、地方教育行政職員、中央教育行政職員、校長会から代表者を招き、意見を収集した。

(3) 学校経営政策における自律的学校経営論の具体化

「未来の学校」特別委員会は学校経営政策の方針を、1993年1月28日の『ビクトリア州学校ニュース』(Victorian Schools News)において発表した[63]。その後、「未来の学校」特別委員会は「未来の学校：予備的報告」(Schools of the Future: Preliminary Paper) という報告書を刊行し、学校経営政策のデザインを示した。政策の原案では、生徒の潜在的能力を最大にするような質の高い教育を提供

することを目的としている[64]。この目的を実現するために、学校への権限委譲によって学校ごとの教育の多様性を許容しながら、アカウンタビリティも実現しようとしている[65]。学校経営政策の要点は次の通りである[66]。

　①教育課程政策（Curriculum and Standards Framework）の策定
　②初等教育段階における学力調査プロジェクト（Learning Assessment Project）の導入
　③チャーターの導入
　④3年毎の学校評価（Triennial Review）の導入
　⑤財務権限の学校への委譲、学校包括予算（School Global Budget）の導入
　⑥教員人事権限の学校への委譲、教員人事裁量（Full Staffing Flexibility）の導入
　⑦校長の責任明確化と任期制の導入
　⑧学校審議会における議決権の強化と保護者代表等の重視

　教育課程政策は、準備学年および1学年から10学年までの到達水準を示した教育課程編成の指針である。学力調査プロジェクトは公立小学校における英語と算数の学力を調査する。チャーターは校長、学校審議会会長、教育行政代表が同意・署名した3年間の学校経営計画である。3年毎の学校評価は、「学校の自己評価→外部評価者による自己評価結果の分析→新しいチャーターに対する勧告」という手順で実施される。学校包括予算は行政が予算の使途を定めずに、学校に直接配分される予算である。教員人事裁量は、教員選考、教員昇給決定に関する権限を学校に委ねている。校長は、チャーターの実施、教育課程編成・実施、財務運営、人事運営、学校組織運営に関する責任を持つようになった[67]。つまり、校長は学校経営の責任者に明確に位置づけられた。同時に、校長の任期制も導入され、校長は最長5年間の任期で採用されることになった[68]。学校審議会における審議事項は、チャーター、年間計画、教育課程、人事、財務等に拡大した[69]。また、学校審議会における保護者代表・地域住民代表の役割が一層重視されることになった[70]。

　ただし、学校経営政策は、中央・地方教育行政組織の再編縮小も意図していた[71]。自律的学校経営の導入によって、教育行政が担っていた権限が学校

に委譲され、教育行政組織の縮小が可能になるからである[72]。従来、ビクトリア州の教育行政は「教育省－地方教育事務所－学校援助センター」という三層構造であったが、「教育省－地方教育事務所」という二層構造に再編縮小され、行政業務の効率化と人員の削減が企図された[73]。人員削減の第一段階として1993年から1994年の間に教育行政職員を600人削減することが計画された[74]。

　このような「未来の学校」と称する学校経営政策の基本枠組は、教育課程政策、人事政策、財務政策、アカウンタビリティ政策から成立している（図1-3）。

　上述の学校経営政策の要点に照らし合せれば、①②は教育課程政策（Curriculum Framework）、③④はアカウンタビリティ政策（Accountability Framework）、⑤は財務政策（Resources Framework）、⑥⑦は人事政策（People Framework）に相当する[75]。これらの諸政策は、生徒の学習に直接的または間接的に関連付けられている。これは、生徒の潜在的能力を最大にするような質の高い教育を提供するためである。

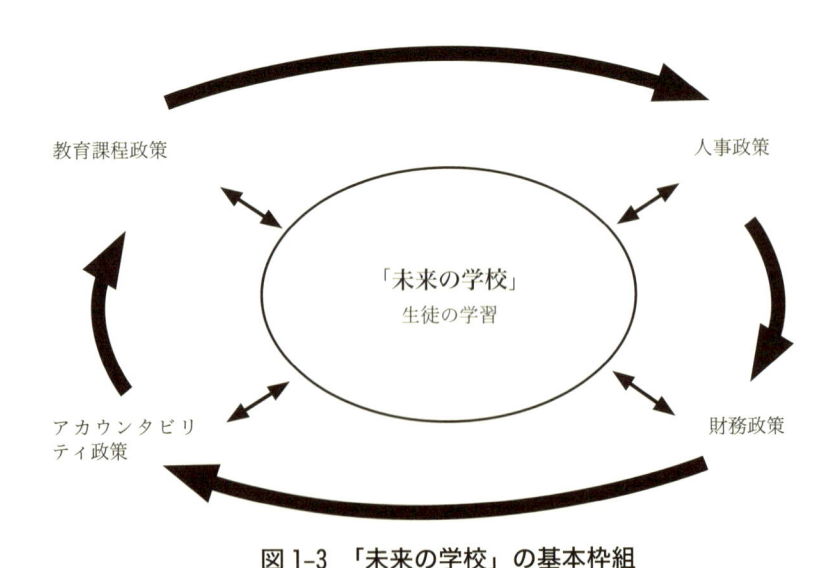

図1-3　「未来の学校」の基本枠組

出典：Directorate of School Education, "Broad Policy Framework", *Schools of the Future Information Kit*, 1995.

学校経営政策はコールドウェルとスピンクスの自律的学校経営論の影響を大きく受けている。自律的学校経営論と学校経営政策の共通点として、学校への権限委譲が、教育課程編成、人事運営、財務運営という広い範囲に渡っていること、チャーターを導入したこと、学校評価を導入したことがあげられる。コールドウェルが、学校経営政策の形成過程に関与したことからも、「未来の学校」が自律的学校経営論を具体化したものと指摘できる。

(4) 学校経営政策の策定と実施

1993年に「未来の学校」特別委員会が「未来の学校：予備的報告」で基本枠組を示した後、個別分野の政策が策定された。まず1993年に教育大臣は、教育課程・評価委員会を設置し、教育課程政策の形成と中等教育修了資格試験の運営を指示した。1995年に教育課程政策が策定された[76]。

1994年に教育大臣は教育委員会（Education Committee）を設置し、学校への財務権限委譲および学校予算配分方式の原則と方法を設定するように指示した。教育委員会の委員長はコールドウェルで、スピンクスも委員の1人であった[77]。教育委員会は1996年に「ビクトリア州の学校包括予算、最終報告書」（The School Global Budget in Victoria, Final Report）を教育大臣に提出した[78]。同報告書を受けて、教育省は『学校包括予算のガイド』（Guide to the School Global Budget）を刊行した[79]。学校審議会、人事、アカウンタビリティに関する政策は、教育省の担当部局が1995年以降に策定した[80]。

学校経営政策を実施するために、教育法（Education Act）と教職法（Teaching Service Act）が州議会において改正され、政策実施の法制上の整備が行われた[81]。学校経営政策は、次の4つの時期に分けて、公立学校において実施された[82]。第1期は1993年後半に319の学校が実施した。第2期は1994年前半に507の学校が実施した。第3期は1994年後半に504の学校が実施した。第4期は1995年前半に400の学校が実施した。第4期の実施によって、完全実施したことになる。このうち第1期は、いわゆる先導的試行である。教育省は先導的試行への参加校を募集し、これに応じた学校が第1期に参加した[83]。

「未来の学校」は学校への権限委譲によって自律的学校経営を導入する政策であるが、これは学校経営に大きな変化を与えることが予想された。そこで、校長、教頭、教員、事務職員、学校審議会保護者代表に対して研修が実施された。1993年の主な研修のテーマは、「未来の学校」の校長のためのリーダーシップと経営、校長の同僚集団の業務を促進するための研修、学校審議会会長のためのリーダーシップ・プログラム、学校事務職員のための研修と支援である[84]。

ビクトリア州では1995年の州議会選挙でも自由党・国民党が勝利したため、「未来の学校」が継続、実施された[85]。1999年の州議会選挙では労働党が勝利し、政権が交替した。1999年の政権交代に伴い、人事・財務政策等の一部が修正されたが、「未来の学校」の基本枠組は維持されることとなった[86]。

第4節　まとめ

ビクトリア州の学校経営政策にはコールドウェルとスピンクスの自律的学校経営論が大きく影響している。自律的学校経営論の源流はコールドウェルの大学院生時代の研究に遡ることができる。コールドウェルは大学院博士課程在学中に、カナダ・アルバータ州における学校への財務権限委譲に関する研究を行っており、自律的学校経営に強い関心を持っていたのである。

コールドウェルは1981年にオーストラリアのタスマニア大学に採用され、学校財務の裁量と運営に関する調査研究を行った。そして、タスマニア州のロズベリー地区ハイスクール校長のスピンクスが、協働による学校経営サイクルを開発・実践していることを発見した。協働による学校経営サイクルは「目標設定とニーズの特定→方針の策定（目的と大綱）→計画の策定→予算編成→実施→学校評価」という順に展開される。1988年に、コールドウェルとスピンクスは『自律的学校経営』を刊行し、協働による学校経営サイクルを中核とした自律的学校経営論を示した。

コールドウェルとスピンクスは、チャーターの導入によって、協働による

学校経営サイクルを改定した。チャーターとは、教育行政と意思決定機関が同意した3～5年間の学校経営計画であり、学校の中期的戦略を示している。新しい協働による学校経営サイクルは「チャーターの策定→年間重点目標設定→教育課程編成→教育課程の説明→予算編成→学習と授業→学校評価」という順に展開される。チャーターの実施局面では学習と授業が中軸に位置づけられている。1992年にコールドウェルとスピンクスは、これらの点を論述した『自律的学校経営をリードする』を刊行し、自律的学校経営論を発展させた。

1992年に自由党・国民党連立政権が発足し、ヘイウォードが教育大臣に任命された。ヘイウォードは、公立学校改革の手法として『自律的学校経営をリードする』の内容が有用だと考えた。その後、コールドウェルは「未来の学校」特別委員会のメンバーとして、学校経営政策の原案作成に関与した。つまり、自律的学校経営論のアイデアが政策に反映されたのである。直接に反映された点は、チャーターと学校評価の導入である。学校における財務と人事裁量の拡大や教育課程政策の策定も自律的学校経営論の主張と合致する[87]。

ここで、コールドウェルが「未来の学校」にどのように関与してきたかについて総括しておく[88]。第一に、「未来の学校」特別委員会のメンバーとして、学校経営政策のデザイン策定に寄与した。第二に、首都直轄区教育省前事務次官のサワツキー（Sawatzki）と共に、自律的学校経営に関する校長研修を実施した。これは主に5日間の宿泊研修プログラムであった。第三に、アメリカ教育財政学者のオッデンらとともに、学校経営政策のうち財務政策を策定した。すなわち、学校への財務権限委譲および学校予算配分方式の原則と方法を策定した。第四に、ビクトリア州小学校校長会、ビクトリア州中等学校校長会、教育省等と共に、協力研究プロジェクトを実施した。これは、1993年から1998年に実施された学校経営政策の影響に関する研究である。

もちろん、学校経営政策は、公立学校をめぐる諸制度全般の改革を意図しているため、自律的学校経営論のアイデアによって全てがカバーされたわけではない。学力調査プロジェクトの導入、校長の責任明確化と任期制の導入等は、自律的学校経営論の影響というよりも、「未来の学校」特別委員会の

議論に基づいて構想されたと考えられる。とはいえ、学校経営政策の背景として、自律的学校経営論はきわめて重要である。つまり、コールドウェルとスピンクスが『自律的学校経営』（1988年刊行）と『自律的学校経営をリードする』（1992年刊行）で提案した自律的学校経営論が、ビクトリア州の学校経営政策「未来の学校」の方向性に大きな影響を与えたのである。

注

1　Connell, W. F., *Reshaping Australian Education 1960-1985*, Australian Council for Educational Research, 1993, p.623.
2　*Ibid.*, p.229.
3　インタビュー記録（1）、ブライアン・コールドウェル博士、メルボルン大学教育学部教授、テーマ：オーストラリアの教育改革の背景と現状、1996年8月16日、巻末資料267頁。
4　同上インタビュー記録（1）、巻末資料265頁。
5　Caldwell, B. J., *Decentralized School Budgeting in Alberta*, A Thesis submitted to the University of Alberta for Doctor of Philosophy, 1977, p.IV. 同段落内の記述はこの文献にもとづく。
6　Connell, W. F., *op.cit.*, pp.555-556.
7　Barcan, A., "The School Curriculum and the National Economy", D'Cruz, J. V. and Langford, P. E.（ed）, *Issues in Australian Education*, Longman Cheshire, 1990, p.22, p.32. Barcan, A., *Two Centuries of Education in New South Wales*, New South Wales University Press, 1988, p.283, p.290.
8　拙論「オーストラリアの自律的学校経営に関する6州2直轄区比較研究」大塚学校経営研究会『学校経営研究』第25巻、2000年、51頁。
9　Connell, W. F., *op.cit.*, p.555.
10　佐藤博志・熊谷真子「オーストラリアにおける学校審議会制度の検討－学校段階への権限委譲の歴史的展開と学校審議会の現状－」オーストラリア教育研究会『オーストラリア教育研究』創刊号、1994年、18頁。
11　同上論文、17－18頁。
12　前掲インタビュー記録（1）、巻末資料268頁。
13　同上インタビュー記録（1）、巻末資料268頁。
14　Caldwell, B. J. and Spinks, J. M., *The Self-Managing School*, Falmer, 1988, pp.26-28.
15　*Ibid.*, p.28, pp.34-35.
16　*Ibid.*, pp.71-72.
17　Caldwell, B. J., "Restructuring Education in Tasmania: A Turbulent End to a Decade of Tranquility", Harman, G., Beare, H. and Berkeley, G. F.（ed）, *Restructuring School Management*, The Australian College of Education, 1991, pp.212-214.
18　Caldwell, B. J. and Spinks, J. M., *The Self-Managing School, op.cit.*, p.72.

第 1 章　自律的学校経営論の生成・発展と政策への影響　79

19　*Ibid.*, pp.36-38.
20　Caldwell, B. J. and Spinks, J. M., *Leading the Self-Managing School*, Falmer, 1992, pp.29-31.
21　「効果的な学校財務運営プロジェクト報告書」(The Report of the Effective Resource Allocation in Schools Project, University of Tasmania, 1986) と「方針の形成と予算配分」(Policy Formation and Resource Allocation, Deakin University Press, 1986) でも報告されている。
22　Caldwell, B. J. and Spinks, J. M., *The Self-Managing School, op.cit.*, p.4.
23　*Ibid.*, p.5.
24　Minister of Education, *Curriculum Development and Planning in Victoria*, 1984, p.7. Ministry of Education, *School Council Roles and Responsibilities Finance*, 1987, p.11.
25　Caldwell, B. J. and Spinks, J. M., *The Self-Managing School, op.cit.*, p.28. Caldwell, B. J. and Spinks, J. M., *Leading the Self-Managing School, op.cit.*, pp.30-31.
26　Caldwell, B. J. and Spinks, J. M., *Leading the Self-Managing School, op.cit.*, p.31.
27　Caldwell, B. J. and Spinks, J. M., *Leading the Self-Managing School, op.cit.*, p.31. 1986 年に、教育省は報告書「学校を 1990 年代へ」(Taking Schools into the 1990s) で学校への財務と人事の権限委譲、教育課程政策の策定、アカウンタビリティの必要性を提言した。しかし「学校を 1990 年代へ」の大部分は実施されなかった (Creed, P., "Betwixt and Between Change: A Victorian Game", Harman, G., Beare, H. and Berkeley, G. F. (ed), *Restructuring School Management*, The Australian College of Education, 1991, p.242)。
28　Caldwell, B. J., *The Promise of Self-Management for School*, Education Unit, Institute of Economic Affairs, 1987, p.3.
29　Caldwell, B. J. and Spinks, J. M., *Leading the Self-Managing School, op. cit.*, p.31.
30　*Ibid.*, p.32.
31　*Ibid.*, pp.8-11.
32　*Ibid.*, pp.4-5, p.31.
33　*Ibid.*, p.40.
34　*Ibid.*, p.34. オーストラリアのチャーターが、ニュージーランドのチャーターのアイデアを参考に構想されたことは、ベアーも指摘している (Beare, H., *Managing Schools with Charters*, Directorate of School Education, 1995, p.3)。
35　*Ibid.*, pp.35-37.
36　*Ibid.*, p.35.
37　『自律的学校経営をリードする』では、協働による学校経営サイクルを、自律的経営のためのオリジナル・モデル (The Original Model for Self-Management) と呼ばれている。一方、新・協働による学校経営サイクルを、自律的経営のためのリファインド・モデル (The Refined Model for Self-Management) と呼ばれている (Caldwell, B. J. and Spinks, J. M., *Leading the Self-Managing School*, Falmer, 1992, p.29, p.33)。
38　*Ibid.*, pp.39-40.

39 *Ibid.*, pp.33-36.
40 *Ibid.*, pp.41.
41 *Ibid.*, pp.34-35.
42 *Ibid.*, p.35.
43 *Ibid.*, pp.67-157.
44 Caldwell, B. J., *Administrative and Regulatory Mechanisms affecting School Autonomy in Australia*, Department of Employment, Education, Training and Youth Affairs, 1998, p.3.
45 Creed, P., "Betwixt and Between Change: A Victorian Game", Harman, G., Beare, H. and Berkeley, G., *Restructuring School Management*, The Australian College of Education, 1991, p.239.
46 *Ibid.*, p.239.
47 *Ibid.*, p.239.
48 Pascoe, S. and Pascoe, R., *Education Reform in Victoria, Australia: 1992-1997, A Case Study*, The World Bank, 1998, p.6.
49 Creed, P., *op.cit.*, p.239.
50 Caldwell, B. J. and Hayward, D. K., *The Future of Schools*, Falmer, 1998, p.33.
51 Barcan, A., "The School Curriculum and the National Economy", *op.cit.*, 1990, p.32.
52 Tardif, R., *The Penguin Macquarie Dictionary of Australian Education*, Penguin Books, 1989, p.258.
53 Barcan, A., "The School Curriculum and the National Economy", *op.cit.*, 1990, p.32.
54 Pascoe, S. and Pascoe, R., op.cit., pp.5-6. Caldwell, B. J. and Hayward, D. K., *op.cit.*, pp.21-22.
55 Considine, M. and Costar, B., *Trials in Power*, Melbourne University Press, 1992, p.29. 1992年の失業率は11.9％であった（Considine, M. and Costar, B., *Trials in Power*, Melbourne University Press, 1992, p.23）。
56 *Ibid.*, p.17, pp.260-261. 同段落内の記述はこの文献にもとづく。
57 Gough, J. and Taylor, T., "Crashing through: Don Hayward and Change in the Victorian School System", *Unicorn*, Volume 22, No. 2, 1996, pp.70-71.
58 *Ibid.*, p.71.
59 前掲インタビュー記録（1）、巻末資料269頁。
60 Caldwell, B. J. and Hayward, D. K., *op.cit.*, p.8.
61 Directorate of School Education, *Schools of the Future Preliminary Paper*, 1993, p.21.
62 *Ibid.*, p.21.
63 『ビクトリア州学校ニュース』は教育省が発行する新聞である。『ビクトリア州学校ニュース』には教育政策、教育情報、学校教職員と教育行政職員の公募、研修・セミナーの情報が掲載され、教育行政機関と公立学校に配布される（Department of Education, *Annual Report 1993-1994*, 1994, p.68）。
64 Directorate of School Education, *Schools of the Future Preliminary Paper, op.cit.*, p.4.
65 *Ibid.*, pp.4-5.

66　*Ibid.*, pp.4-11.
67　*Ibid.*, p.10.
68　Directorate of School Education, *Principal Class Handbook*, 1996, p.22.
69　Directorate of School Education, *Schools of the Future Preliminary Paper*, *op.cit.*, p.9.
70　*Ibid.*, p.9.
71　*Ibid.*, p.22.
72　*Ibid.*, p.20.
73　教育行政機関に勤務する職員は1992年に4,000人であったが、1996年に1,200人に削減された（Auditor-General of Victoria, *Schools of the Future: Valuing Accountability*, 1997, p.13）。
74　Department of Education, *Annual Report 1993-1994*, 1994, p.39.
75　Directorate of School Education, "Broad Policy Framework", *Schools of the Future Information Kit*, 1995.
76　Board of Studies, *Curriculum and Standards Framework, English*, 1995.
77　教育委員会のメンバーは次の通りである。コールドウェル（メルボルン大学教育学部教授）（議長（chair））、ヒル（Hill）（メルボルン大学教育学部教授）、オッデン（Odden）（ウィスコンシン大学マジソン校教育学部教授）（1995年から）、スピンクス（シェフィールド地区ハイスクール校長）（1994年まで）、アレン（Allen）（教育省大臣官房長）（Director, Office of the Secretary, Department of Education）（1994年まで）、マーシャル（Marshall）（教育省教育政策局政策企画副局長）（Assistant General Manager, Change Management, Strategic Policy and Planning, Directorate of School Education）、ヒンド（Hind）（教育省教育政策局研究計画政策企画副局長）（Assistant General Manager, Research and Planning, Strategic Policy and Planning, Directorate of School Education）（1995年から）（Education Committee, The School Global Budget in Victoria, 1994, p.4. Education Committee, *The School Global Budget in Victoria*, 1995, p.3.）
78　Education Committee, *The School Global Budget in Victoria, Final Report*, 1996. 教育委員会は1994年に「ビクトリア州の学校包括予算、一次報告書」（The School Global Budget in Victoria, First Report）、1995年に「ビクトリア州の学校包括予算、二次報告書」（The School Global Budget in Victoria, Second Report）を教育大臣に提出した（Directorate of School Education, "Global Budget", *Schools of the Future Information Kit*, 1995）。
79　Department of Education, *Guide to the 1996 School Global Budget*, 1996.
80　Directorate of School Education, "School Accountability", "Personnel", "School Councils", *Schools of the Future Information Kit*, 1995. Allan, P., Director of Schools, Office of Schools, Department of Education, "Executive Memorandum, Amendment to Schools of the Future Reference Guide, Section 4.1.1.6 Student Placement", September 10, 1998. なお、教職専門性水準審議会（Standard Council of Teaching Profession）も教育大臣によって設定された。この審議会は教職の専門性の維持と向上を図るために、教育大臣に助言を行う。助言の範囲は、教職基礎資格の設定、教員

の昇進制度の検討、教員研修プログラムの開発、教員養成の評価、教員のリクルート方法の検討である（Department of Education, *Annual Report 1997-98*, 1998, pp.79-80）。

81 Department of Education, *Annual Report 1993-1994, op.cit.*, p.13. State of Victoria, *Education Act 1958, Reprinted 2 March 1995 incorporating amendments up to Act No. 82 / 1994*, Law Press, 1995.

82 Victorian Primary Principals Association, Victorian Association of State Secondary Principals, Directorate of School Education, The University of Melbourne, *Taking Stock*, Cooerative Research Project, *Leading Victoria's Schools of the Future*, 1995, pp.9-10. Department of Education, *Annual Report, 1993-1994, op.cit.*, p.34. 以上の学校経営政策の実施を指揮したのは教育省事務次官のスプリング（Spring）である。スプリングは北部準州教育省事務次官として学校への権限委譲政策を実施した経験を持つ（Department of Education, *Annual Report 1993-1994*, 1994, p.102）。

83 Department of Education, *Annual Report, 1993-1994, op.cit.*, p.34.

84 Department of Education, *Annual Report, 1993-1994, op.cit.*, p.37.

85 Caldwell, B. J. and Hayward, D. K., *op.cit.*, p.72.

86 拙論「オーストラリアの教育改革にみる国家－ビクトリア州労働党政権の教育政策の分析を通して」篠原清昭編著『ポストモダンの教育改革と国家』教育開発研究所、2003年、149頁。

87 教育課程政策を策定する必要性についても、『自律的学校経営をリードする』の中で論及されている（Caldwell, B. J. and Spinks, J. M., *Leading the Self-Managing School*, Falmer, 1992, p.29, p.11）。

88 Caldwell, B. J. and Hayward, D. K., *op.cit.*, p.vii.

第 2 章　学校審議会

　第 1 章では、コールドウェルとスピンクスの自律的学校経営論について検討し、学校経営政策の背景を明らかにした。第 2 章から第 4 章では、学校経営政策「未来の学校」について検討する。その際、第 2 章で学校審議会、第 3 章で教育課程政策、人事政策、財務政策、第 4 章でアカウンタビリティ政策について論じる。

　学校経営政策の基本枠組は、教育課程政策、人事政策、財務政策、アカウンタビリティ政策から成立している（図1-3）。たしかに、教育課程編成、人事、財務の権限拡大は、自律的学校経営成立の基本的な要件である。教育課程、人事、財務に関するガイドラインも、一定の水準を保証しようとする公立学校にとって重要である。また、アカウンタビリティ政策の実施によって、学校経営計画と学校評価システムを構築することも、自律的学校経営の PDCA サイクル展開にとって不可欠であろう。このように考えると、教育課程政策、人事政策、財務政策、アカウンタビリティ政策が学校経営政策の基本枠組に位置づけられていることは理解できる。

　だが、自律的学校経営とアカウンタビリティという観点から、学校審議会の組織と運営も看過できないテーマである。学校審議会は、保護者代表等の参加を認めた学校の意思決定機関である。学校審議会が制度化されていれば、保護者代表等が学校の意思決定に参加できる。そして、保護者代表等と教職員の間で意見を交換し、より良い教育の実現を目指すことができる。学校の裁量が拡大している場合、学校審議会の意義は一層高まる。なぜなら、学校は教育課程、人事、財務に関する裁量を持っているので、保護者代表等の意

見を学校経営や教育活動に反映できるからである。また、学校審議会は、人事を含む学校経営の審議事項に関して決定する権限を持っている。このことは、後述するように、自律的学校経営のアカウンタビリティに深く関わっている。

学校審議会は、このような特徴を持つため、自律的学校経営とアカウンタビリティの研究にとって重要である。政策的にも、当初は学校審議会の組織と運営に関するガイドラインの設定はかなり重視されていた。実際、1993年以降の改革に関する最初の政策文書「未来の学校：予備的報告」には、学校審議会における議決権の強化と保護者代表等の重視が課題に位置づけられている（第1章第3節（3））。そこで、第2章では学校審議会に着目し、学校の意思決定機関の組織と運営を明らかにする。そして、教育課程政策、人事政策、財務政策（第3章）、アカウンタビリティ政策（第4章）の検討につなげていきたい。

第1節　学校審議会の権限と構成員

学校審議会とは、校長、教頭、教員代表、保護者代表等から構成される学校の意思決定機関である。学校審議会において保護者代表は学校の議決に参加し、意見を表明できる。ビクトリア州の公立学校は学校審議会を必ず設置しなければならない。学校審議会は、職員会議の上位に位置し、次の事項を審議・決定する権限を持っている[1]。

- ○教育政策とチャーターにもとづいて学校の目標、重点、教育課程を決定する。
- ○学校の予算・決算を決定する。
- ○校長の任期更新に関する意見を、地方教育行政に提出する。
- ○校長・教頭人事の際、採用候補者を決定し、教育省に推薦する。
- ○生徒の規則（校則）を決定する。
- ○チャーターの原案を決定する。
- ○学校評価の報告書を決定する。

○修学旅行、キャンプ等の旅行計画を決定する。

これらは学校審議会の審議事項として扱われ、議論を経て決定される。教育課程編成、人事運営、財務運営等の権限が学校に委譲されているため、学校審議会の審議事項も範囲が広くなっている。ただし、学校審議会は、委員会・会議を設置し、作業を分担している。委員会・会議は、審議事項の原案を作成し、学校審議会に提案する。例えば、教育課程に関しては、校内の教育課程委員会が原案を作成し、学校審議会に提案する。校長人事に関しては、選考会議（selection panel）が採用候補者の原案を作成し、学校審議会に提案する。なお、学校審議会では審議事項以外に報告事項も扱われる。校長、委員会・会議の責任者等によって、学校経営に関する主要な情報が学校審議会に報告される。

学校審議会の構成員は、基本的に、校長、教頭、教員代表、保護者代表である。学校審議会の判断で、地域住民代表、事務職員代表、生徒代表（中等教育段階のみ）も構成員となる場合がある。学校審議会の構成員の人数は上限が14人、下限が6人である[2]。ただし、教育省の被雇用者（校長、教頭、教員代表、事務職員代表等[3]）の合計人数は、学校審議会の全構成員を母数として、3分の1までという規定がある。いいかえれば、保護者代表、地域住民代表、生徒代表の人数比率が全体の3分の2となっている。

1992年まで、学校審議会における校長、教頭、教員代表、事務職員代表の合計人数は全構成員の3分の2であり、教員代表が多数派であった。そして教員代表の意見が学校審議会に強く反映された。さらに、教員組合員の意見が強く反映されるような事態も生じた[4]。そのため、校長がリーダーシップを発揮し、学校を改善することが困難な状況にあった。

このような状況を克服するために、1993年以降、校長は学校審議会のエグゼクティブ・オフィサー（executive officer）、つまり学校審議会の決定事項の実施者に位置づけられた[5]。そして、校長、教頭、教員代表、事務職員代表の合計人数は、学校審議会の全構成員の3分の1までという規定が新たに設けられた。この規定によって保護者代表の人数が増加した。多くの保護者が学校審議会に参加できるようになり、従来よりも、保護者の意見を聴取で

きるようになった。保護者代表の人数増加は、保護者の教育要求を学校の意思決定に反映させるという学校審議会の設置目的に適っている。

校長、教頭、教員代表、事務職員代表の合計人数は、学校審議会の全構成員の3分の1になり、学校審議会における教員代表の人数は減少した。この結果、教員代表が、数の力を背景に、意見を一方的に主張することは不可能になった[6]。

自律的学校経営ではアカウンタビリティが求められる。保護者や教育行政の納得が得られる学校経営を実現するには、校長が、保護者代表の意見を考慮しながら、教員をリードできるようにする必要があった。そこで、校長、教頭、教員代表、事務職員代表等の合計人数は、学校審議会の全構成員の3分の1までという規定が新しく設けられたのである。

第2節　学校審議会の運営

学校審議会の保護者代表と教員代表の任期は2年である[7]。教員代表の選出方法は、推薦、選挙など様々である。保護者代表の選出にあたっては、まず希望者が受け付られる。希望者と保護者代表の人数枠が一致していれば、希望者全員を保護者代表として決定する。人数枠を越えた場合、選挙を実施し全保護者の投票で決定する。人数枠に満たない場合、校長あるいは前保護者代表が、新しい保護者代表を追加推薦し決定する[8]。

学校審議会会長は保護者代表から互選される。校長が保護者代表の中から会長を推薦することもある。会長は審議会の議長と事務局長を兼任し、審議会の日時決定、校長との事前打ち合わせ、議事録の作成と報告、審議会の議事進行を務める。校長は学校経営の責任者という立場で学校審議会に参加する。校長は、教育政策と学校経営の全般的状況を配慮し、専門的立場から意見を述べる[9]。そして決定事項の実施に責任を持つ。

校長と会長は議事資料を準備し、配布する。会長は最初に欠席者氏名を述べた後、前回議事録を報告する。次に校長が教育省等の校外からの連絡事項を報告する。学校審議会保護者代表以外の保護者からの意見が寄せられてい

る場合、その意見も報告される。その後、校長、財務委員会、設備委員会、教育課程委員会等が順に報告する。中等学校で生徒が参加している場合、生徒会報告も行われる。最後にその他の議題がないか確認して終了する。

学校審議会では、会長が議長を務める。学校審議会で最も時間がかかるのは校長の報告である。発言の回数も校長と教頭が最も多い。審議会の中心は、学校側による学校経営状況の報告・情報公開とそれに対する保護者代表の確認・同意である。いわば学校審議会は、学校側の保護者代表に対する協議過程である。

もちろん制服・停学等の論点に関しては、保護者代表は意見を多く述べるし、投票によって意思決定を行うこともある。このような意見反映の機会が保護者代表に与えられていることは重要である。とはいえ、学校の意思決定を保護者代表がコントロールしているのではない。ましてや学校審議会の保護者代表が、学校経営に日常関わるわけではない[10]。基本的に学校経営に関する職務は、校長、教頭、教員、事務職員という専門家によって遂行される。学校審議会の特徴は、学校側の報告・説明、保護者の確認・同意にもとづく意思決定であり、構成員間の信頼関係の形成にある。

教育省は、学校審議会の意思決定が特定の集団に支配されないように指針を出している。教育省刊行の『パートナーシップを機能させる、第2巻、規則と手続き』(Making the Partnership Work, Part 2, Rules and Procedures)は「学校審議会の構成員は各々の見解を審議会において述べるが、地域社会の1つのセクションの代表ではない。学校審議会構成員は、地域社会のすべてのセクションを考慮して意思決定を行うようにする」[11]と述べている。学校審議会の議論が紛糾・混乱し、校長が問題を解決できない場合、教育省が学校審議会の構成員を変更する権限を持っている[12]。しかし、このような事態はきわめて稀であり、通常、教育省による構成員変更は行われない[13]。

第3節 まとめ

学校審議会では、ナ ｸ 、教育課程、予算・決算、人事等の重要事項

が審議・決定される。各種委員会・会議からの報告も行われる。このような広い範囲の議事に、保護者代表の参加が認められている。通常、学校審議会において、保護者代表が議論をコントロールしているわけではない。学校側による学校経営状況の報告・説明とそれに対する保護者代表の確認・同意が、一般的な学校審議会の姿である。

とはいえ、保護者代表が学校審議会に参加し、審議事項の決定に関与することは、学校経営に緊張感を与えるだろう。保護者代表が、学校経営の結果について説明を受けて、納得できない場合、学校審議会で問題提起を行うことが可能である。学校審議会は、学校評価の報告書の認可権限を持っている。報告書の内容が十分でないと考えた場合、報告書の修正を求めることができる。さらに、学校審議会は校長の任期更新について、一定の権限を持っている。任期更新の最終決定は地方教育行政によって行われる。だが、学校審議会は、校長の任期更新の可否に関する意見を、地方教育行政に提出できるのである。

学校審議会における審議事項の原案は、校長の提案事項を除いて、各種委員会・会議が作成している。例えば、選考会議は校長人事の選考を行って原案を作成し、学校審議会に提案する。学校年次報告の作成、つまり毎年の自己評価の業務は、学校年次報告作成委員会が担当する。これらの委員会・会議には保護者代表の参加も認められている[14]。したがって、学校経営のアカウンタビリティを実現するためには、学校審議会における審議と決定だけでなく、委員会・会議の活動も重要であろう。

注

1 Department of Education, *Making the Partnership Work, Part 1, Roles and Responsibilities*, 1998, pp. 23-27.
2 Steering Committee for the Review of Commonwealth/State Service Provision (SCRCSSP), "Survey of Decision Making in Government Schools", SCRCSSP, *Implementing Reforms in Government Services 1998*, AusInfo, Canberra, 1998, p.42.
3 教育省職員を含む。
4 Pascoe, S. and Pascoe, R., *Education Reform in Victoria, Australia: 1992-1997, A Case Study*, The World Bank, 1998, pp.5-6. Caldwell, B. J. and Hayward, D. K., *The Future of*

Schools, Falmer, 1998, pp.21-22.
5 Directorate of School Education, *Schools of the Future Preliminary Paper*, 1993, p.10.
6 保護者代表と教員の人数配分は校長と教員の力関係をめぐって制度上の論点になっている。学校審議会において、教員代表が多ければ、校長の影響力が低下し、教員主導の意思決定になる。逆に、教員代表が少なければ、校長の影響力が大きくなり、校長がリーダーシップを発揮しやすくなる。つまり教員代表の人数が、校長と教員の力関係に影響を与える。もちろん、教員代表を減少させれば、代わりに保護者代表が増加する。保護者代表が学校審議会で多数ならば、校長は保護者代表の意見を十分考慮する必要に迫られる。だが、アカウンタビリティの要請が高まる中、校長が保護者代表の意見を考慮することは自然なことといえる（Pascoe, S. and Pascoe, R., *Education Reform in Victoria, Australia: 1992-1997, A Case Study*, The World Bank, 1998, p.6. Directorate of School Education, *Schools of the Future Preliminary Paper*, 1993, p.4, p.9）。
7 学校審議会の運営に関しては次の文献を参照して記述した。Department of Education, *Making the Partnership Work, Part 2, Rules and Procedures*, 1998. 筆者は1999年にビクトリア州公立小学校2校、公立中等学校2校を訪問し、各校1回ずつ学校審議会に参加・観察・資料収集を行った。1996年には首都直轄区公立小学校1校、公立ハイスクール1校、およびクイーンズランド州公立ハイスクール1校の学校審議会に参加・観察・資料収集を行った。以下の記述はこれらの調査で得られた知見も参考にしている。
8 一般に、保護者の多くは自分の子どもの教育に関心を持ち、質の高い授業実践を期待するが、学校の条件整備に関心があるわけではない。そのため、保護者代表の希望者受付の段階で人数枠に満たないことも起こり得る。
9 Directorate of School Education, *Schools of the Future Preliminary Paper, op.cit.*, p.9.
10 Caldwell, B. J. and Hayward, D. K., *The Future of Schools, op.cit.*, p.55.
11 Department of Education, *Making the Partnership Work, Part 2, Rules and Procedures, op.cit.*, p.39.
12 Steering Committee for the Review of Commonwealth/State Service Provision (SCRCSSP), *op.cit.*, p.48.
13 Caldwell, B. J. and Hayward, D. K., *op.cit.*, p.55.
14 この点については第3章と第4章で論ずる。

第3章　教育課程政策・人事政策・財務政策

第1節　教育課程政策

(1) 教育課程政策

　教育課程政策は、1995年に教育課程・評価委員会によって策定された。教育課程・評価委員会は教育大臣に対して直接責任を持ち、教育大臣の方針にもとづいて運営される[1]。教育課程政策は、準備学年および1学年から10学年までの教育課程の指針を示している[2]。教育課程政策の目的は、各学校が教育課程を編成、評価し、生徒の学習を評価、報告するための共通基準を設定することである[3]。教育課程政策は、芸術(The Arts)、英語(English)、保健体育(Health and Physical Education)、英語以外の言語(Languages other than English)、算数・数学(Mathematics)、理科(Science)、社会と環境の学習(Studies of Society and Environment)、技術(Technology)の8つの主要学習領域(key learning areas)から構成されている[4]。このように教育課程政策は領域を設定しているが、教科を設定していない。授業時数配分についても規定していない。そのため、教科の設定と授業時数の配分は学校の裁量として認められている。

　各領域の教育課程政策は、レベル(level)とテーマ(strand)の組み合わせを基本単位としている[5]。レベルは各発達段階の生徒の学力水準であり、レベル1から7が設定されている。レベル1は準備学年末まで、レベル2は2学年末まで、レベル3は4学年末まで、レベル4は6学年末まで、レベル5は8学年末まで、レベル6は10学年末まで、レベル7はレベル6に早く到達した生徒の基準である。一方、テーマは、主要学習領域の内容を細分した

表 3-1　社会の環境と学習の教育課程政策

○社会の環境と学習におけるテーマ 　　　　　①時間、継続性、変化　②場所・空間　③文化　④資源　⑤自然・社会制度
○「時間、継続、変化」のレベル1における要点 　　このレベルは人生におけるいくつかの特徴的な段階を要点とする。生徒は、表示物、議論、絵画、作文を通して、人生の段階を表現する。生徒は、身近な人の人生の段階や重要な出来事を説明することを奨励される。
○「時間、継続、変化」レベル1の終了時の学力水準 　　(1)　人生における出来事と段階を認識する。 　　　　（これは例えば、生徒が次のことができることである。） 　　　・個人や家族の出来事（誕生日）を説明する。 　　　・異なる段階や年齢の人のロールプレイをする。 　　　・身近な家族の人生における段階を表現する。（赤ちゃん、少女／少年、大人） 　　　・表現するための物や絵をもってくる。あるいは人生の段階を説明する。 　　　・人生の異なる段階にある人々を引用する。 　　　・人生の異なる段階にある人々の写真を時系列順に並べる。 　　(2)　人間の先祖について調べる。 　　　・生徒の文化的背景を認識する。 　　　・姓を比較する。先祖の写真あるいは家族の記念となる出来事の写真を教室に持ってくる。 　　　・異なる文化の歌を歌う。

出典：Board of Studies, *Curriculum and Standards Framework, Studies of Society and Environment*, 1995, p.20.

学習分野である。

　各レベル終了時に到達すべき学力水準は、テーマごとに示されている。例えば、社会の環境と学習の教育課程政策では、①時間、継続性、変化、②場所・空間、③文化、④資源、⑤自然・社会制度というテーマが設定されている。そしてテーマごとに各レベルで習得されるべき学力水準が設定されている[6]。社会の環境と学習で設定されているテーマの名称、テーマ「時間、継続、変化」のレベル1の要点、および終了時の学力水準は**表3-1**の通りである。つまり、教育課程政策は各レベルで習得されるべき学力水準を簡潔に述べるにとどまっている。各学校は、政策が示した学力水準をクリアーするように、教育活動の領域と系統を検討し、教育課程を編成する。

(2) 中等教育修了資格試験

　後期中等教育、すなわち11学年と12学年の教育課程政策は策定されていない。その代わりに、中等教育修了資格試験の設問が、後期中等教育の教育課程に対する指針を示している。ビクトリア州の12学年残留率は75.9％（公立学校に限ると69.1％）であるが[7]、12学年に進級した生徒が中等教育修了資格を取得するためには、公立学校と私立学校の生徒の両方とも、中等教育修了資格試験に合格しなければならない[8]。しかも、この試験は高等教育機関の入学者選抜資料を兼ねている[9]。したがって中等学校は中等教育修了資格試験を考慮して、教育課程を編成する必要がある。

　中等教育修了資格試験の教科は、英語、グループA（理系以外の教科）、グループB（理系の教科）に分類されている[10]。

　グループAは、会計、芸術、オーストラリアの学習、経営、古典社会と文化、現代社会、ダンス、ダンス理論、演劇、経済、ESL、環境、地理、グラフィック・コミュニケーション、保健、オーストラリア史、アジア史、都市と歴史、先住民史、革命、西洋思想史、人間の成長、産業と企業の学習、国際学習、法律の学習、文学、古代ギリシャ語、オーストラリア先住民語、中国語、オランダ語、フランス語、ドイツ語、ヘブライ語、ハンガリー語、インドネシア語、イタリア語、ラテン語、ラトビア語、リトアニア語、マケドニア語、マルタ語、現代ギリシャ語、ペルシャ語、ポーランド語、ポルトガル語、ロシア語、スペイン語、スウェーデン語、トルコ語、ベトナム語、メディア、アウトドア、音楽、音楽史と理論、体育、政治、宗教と社会、スタジオアート、聖書と伝統、シアターの学習である。

　グループBは、農業と文化の学習、生物、化学、物理、情報技術、物質と技術、数学の方法、発展数学、専門数学、物理、心理、科学、制度と技術、技術の設計と開発である。

　各教科は単位1、単位2、単位3、単位4から構成されている[11]。1つの単位は半年で授業が終了する。通常、11年生が単位1と2、12年生が単位3と4を履修する。ただし単位1と2、単位3と4は系統性があるので、継続履修が望ましい。つまり、単位1、単位2、単位3、単位4という名称は内

容の系統性を示したもので、それぞれの単位数は1つずつ（単位4が合格しても取得単位数は1）である。

中等教育修了資格試験に合格するためには、生徒は、11学年と12学年の間に「英語3単位、英語以外の3教科の最少13単位、グループAの教科から最少2単位、グループBの教科から最少2単位」[12]を履修しなければならない。つまり合計で20単位を取得しなければならない。

だが、これは最少要件である。生徒は自分の学習関心だけでなく、中等教育修了後の進路（例えば高等教育機関の入学者選抜規定）を考慮して、教科・単位を選択、履修、取得する。それゆえ2年間で約40単位（約10教科）を履修するのが普通である[13]。

中等教育修了資格試験の成績は、各教科の単位1と2に関しては単位取得あるいは未取得のいずれかが生徒に報告され、成績は報告されない[14]。単位1と2は、学校における単位取得のみが中等教育修了資格の取得要件だからである。一方、各教科の単位3と4に関しては、学校における単位取得・未取得だけでなく、共通評価（Common Assessment Tasks）の成績が報告される[15]。共通評価は、校内評価と統一試験から構成されている[16]。校内評価は研究論文、演劇実演、音楽演奏などの個人別の課題学習が学校で評価される。統一試験は外部試験（external examination）で、教育課程・評価委員会によって運営される。

各教科の単位3と単位4に関して、生徒に報告される成績は、校内評価と統一試験の評価を総合した共通評価成績である。共通評価成績とは、10段階の絶対評価（A+, A, B+, B, C+, C, D+, D, E+, E）と偏差値による相対評価（平均30、標準偏差7に標準化した標準得点を使用[17]、最高偏差値50[18]）の教科ごとの成績である。教育課程・評価委員会が各生徒の共通評価の成績を判定し、生徒に報告する[19]。

生徒が高等教育機関への進学を希望する場合、各教科の単位3と単位4の偏差値による相対評価が高等教育入学者選抜の判定材料となる。ビクトリア州高等教育入学センター（Victorian Tertiary Admissions Centre）は、偏差値による相対評価を、各教科の難易度等を考慮・調整して、100点満点の高等教育

表 3-2　中等教育修了資格試験、オーストラリア史、共通評価、統一試験（抄）

○解答時間：2時間。セクションA（植民地時代）の問題から1つ（30点）を選択し、セクションB（1939年以降の論争）の問題から1つ（30点）を選択して解答する。
○セクションA 問題1「先住民とヨーロッパ民族の間には信念と伝統の違いがあるので、先住民とヨーロッパ民族の間の葛藤は避けられなかった」。この考えは、植民地における先住民とヨーロッパ民族の関係を、どの程度反映したものだろうか。
○セクションB 問題5「オーストラリア社会における論争と意見の不一致は、その時々において、国の平和と団結を弱めたが、長期的に見れば本当の変化をほとんどもたらさなかった。」この考えについて、あなたが学習した出来事、論点、運動のいずれかに関連させて議論しなさい。

出典：Board of Studies, "History: Australian History Common Assessment Task 3: Written Examination", *VCE Examination Papers and GAT 1998 CD-ROM*, Longman, 1999, CD-ROM.

進学得点に換算する[20]。大学の各学部・学科は、主にこの得点にもとづいて入学者を選抜する[21]。

統一試験の出題は、論述式で、知識に裏づけられた論理的思考能力と文章構成・表現能力が試されており、単なる暗記だけでは対処できない[22]。例えば、オーストラリア史の統一試験問題は**表3-2**の通りである。中等教育修了資格試験には受験した生徒の約95％が合格する。したがって中等教育修了資格の取得はさほど困難ではない。だが中等教育修了試験の成績は高等教育機関の入学者選抜の判定資料となるので、より高い得点を目指して生徒間の競争が生じている。

つまり、中等教育修了資格試験は高等教育機関の入学者選抜にも使用されている。そのため、中等学校の教員は、生徒が中等教育修了試験の設問に対応できるように、11学年と12学年の教育課程を編成する。後期中等教育の教育課程政策は策定されていないが、代わりに中等教育修了資格試験の設問が学校の教育課程編成に影響を与えている。

(3) 学力調査プロジェクト

1995年に小学校3学年と5学年の生徒の学力を調査するために学力調査プロジェクトが導入された[23]。これは、教育課程・評価委員会が、全公立学

校、全カトリック私立学校、多数の独立学校を対象に実施している[24]。英語、算数およびその他の領域の調査が毎年実施されている。その他の領域として、1996年と1998年に理科、1997年に社会と環境の学習の調査が実施された。1998年の調査では107,000人の生徒が対象になった。

学力調査プロジェクトの目的は、生徒の学力が教育課程政策のレベルと比較してどの程度なのかを、調査し、報告することである[25]。そして学校は学力調査の結果をもとに、生徒のニーズに対応した教育課程を編成することが奨励される。

学力調査プロジェクトは、統一評価（Centrally Assessed Tasks）、教員による評価（Teacher-Assessed Tasks）の順に行われる[26]。前者は教育課程・評価委員会が作成したマークシート方式のテストであり、3月に2日間実施される。後者は各教員が、通常の授業の理解度を評価するために作成した記述式テストである。例えば、5学年の英語の統一評価の設問は**表3-3**の通りである。

1995年以降、学力調査プロジェクトの結果が報告されている。学校は自校の生徒の学力データを、教育課程・評価委員会から提示される。学校は学力データを学校評価、チャーター策定、教育課程編成に活用する。そして保護者に自分の子どもの学力を報告する。さらに教育課程・評価委員会は領域別の学力データを、新聞で市民に公表する。ただし、このデータは、州全体の3学年と5学年の生徒の何パーセントが、教育課程政策の各レベルに達しているかを示したものである。**表3-4**は1998年の学力調査プロジェクトの英語、

表3-3　統一評価、5学年、英語

On Saturday Dad took me to the Show. I had a ride on the go-carts. Dad let me drive and I (1) them. It was fun. I (2) at the baby animals. I (3) the little puppy the best.
Question Which word is correct for each space ?
1　crasht,　krashed,　crashd,　crashed
2　lookt,　looked,　lookd,　lukt
3　likt,　lieked,　liked,　licked

注：問1から問3のみ記載。実際には全58問。この評価の実施は1996年。
出典：Board of Studies, "Learning Assessment Project, 5 English", 1996, p.3.

表 3-4　学力調査プロジェクトの英語、算数、理科の州全体の結果

学年	領域　分野	レベル1	レベル2	レベル3	レベル4	レベル5
3学年	英語　読解	10.9	**20.8**	50.8	17.5	
	英語　表現	7.1	**28.9**	44.2	19.2	
	算数（総合）	6.2	**45.1**	40.3	8.4	
	算数　計算	6.7	**38.3**	47.2	7.9	
	理科	7.2	**46.0**	39.0	7.7	
5学年	英語　読解		10.2	**48.5**	26.1	15.2
	英語　表現		7.9	**51.8**	20.5	19.8
	算数（総合）		7.2	**42.6**	41.6	8.6
	算数　計算		9.0	**42.7**	38.8	9.5
	理科		21.7	**51.3**	17.5	9.4

注：レベル1は準備学年末まで、レベル2は2学年末まで、レベル3は4学年末まで、レベル4は6学年末まで、レベル5は8学年末までに到達すべき学力基準である。太字は、教育課程政策の基準（3学年：レベル2）（5学年：レベル3）に到達している生徒の割合。単位は％。数値は1998年の結果。

出典：Steering Committee for the Review of Commonwealth/State Service Provision (SCRCSSP), *Report on Government Services 1999*, AusInfo, 1999, pp.124-127.

算数、理科の州全体の結果である。このように、新聞社を通した発表からは、個別学校の学力は特定できないようになっている。これは学力調査プロジェクト結果にもとづく学校ランキングの形成を回避するためである[27]。

第2節　人事政策

(1) 校長・教頭の任期制

　1995年以降、教育省は人事に関する手引き書を刊行してきた[28]。校長・教頭・教員の任命権者は教育省であるが、校長・教頭・教員の選考に関する学校の権限が拡大されている[29]。校長・教頭の基礎資格は、学士号（教育学以外、3年間の課程）と教育学ディプロマ（学士課程と修士課程の中間に位置、1年間の課程）の取得、あるいは教育学士（4年間の課程）を取得することである[30]。

　校長・教頭は全員、最長5年間の任期制が適用されている[31]。校長または教頭の現職者が、任期終了時または任期途中における退職・転職・転勤を予

定している場合、学校審議会は、校長または教頭の新採用候補者人事を開始する[32]。現職者の任期更新が認められなかった場合も、学校審議会は新採用候補者人事を開始する（採用人事については後述）。アカウンタビリティの観点からは、校長・教頭の任期制が注目される。以下に述べるように、任期更新をめぐっては慎重な手続きが求められている。

基本的に、教育省は多くの現職校長・教頭の任期更新を期待している[33]。教育省は、校長・教頭に対する不満や懸念に関して、各学校で随時対処されることが望ましいとの指針を示している。そして、学校レベルでの問題解決を推進するために、学校審議会会長と校長が定期的に協議することを推奨している。学校レベルで努力しても、校長・教頭に対する不満や懸念がなくならない場合は、地方教育事務所長（地方教育行政の責任者）が学校を訪問し、問題解決に向けて協議することになっている。つまり、教育省は、安易に校長の任期更新の是非を問うことは認めていない。むしろ、学校レベルの問題解決を期待し、支援している[34]。

教育省がこのような方針を示す理由は次の通りである[35]。第一に、校長・教頭は選考基準（**表3-5**, 後掲）をクリアーして採用されているため、一般的に、現職者は職務遂行に必要な能力・資質は持ち合わせていると考えられる。第二に、校長・教頭は、一度、採用された以上、発生した問題や不平・不満に適切に対処しながら、職能成長していく必要がある。学校で問題が全くないことは、あり得ない。校長・教頭は現場で問題に対処し、実務経験を積むことによって、能力を高めていくと考えられる。

とはいえ、地方教育事務所長の助言を得ても問題が解決されず、現職者のパフォーマンスに問題がある場合には、一定の手続きを経て、地方教育事務所長が任期更新を認めないこともある。その場合、校長または教頭は交代することになる。具体的には、現職校長・教頭の任期更新の可否は次のプロセスで決定される[36]。

第一に、現職者の任期終了までの期間が1年を過ぎた場合、地方教育事務所長は、学校審議会会長に連絡をとる[37]。そして、現職者のパフォーマンスに問題点があるかどうかを尋ね、意見を求める。第二に、学校審議会会長は、

現職者のパフォーマンスに関する意見を、地方教育事務所長に文書で提出する。第三に、地方教育事務所長は、パフォーマンスに関する意見について、現職者（本人）と協議する。第四に、学校審議会会長は、現職者のパフォーマンスに関する意見を、学校審議会において審議事項として提案し、審議する。第五に、学校審議会における審議結果が出された後、地方教育行政レベルの手続きに入る。この段階の手続きは、学校審議会が現職者の任期更新を認可するか否かで、異なっている。この点について、以下に説明する。

学校審議会における審議の結果、現職者の任期更新が認可された場合、学校審議会会長は、現職者の任期更新を認可する意見を、地方教育事務所長に文書で提出する。通常、地方教育事務所長は、学校審議会の判断を尊重して、現職者の任期更新を認可する。これらの手続きを経れば、現職者は任期を更新できる。

一方、学校審議会において、現職者のパフォーマンスが問題とされ、任期終了の少なくとも6ヶ月前までに、任期更新が認可されない（任期更新認可の同意に至らない）場合、地方教育行政は学校経営の経緯と問題点を専門的に調査する。そして、地方教育事務所長は、現職者と面談し、任期更新の可能性について協議する。その協議の結果は次の3つのパターンに分かれる。(1) 最長5年間（5年未満の場合もあり得る）の任期更新が認められる。(2) 学校審議会で任期更新が認められていない理由を分析し、問題点を特定した上で、現職者に自己の問題点を改善するチャンスが与えられる。この場合、一定期間内に、現職者は地方教育事務所長に改善策を文書で提出する必要がある。その後、地方教育事務所長は、提出された改善策を検討した上で、任期更新の可否を判断する。最終的には、任期更新が認められる場合と認められない場合がある。(3) 任期更新が認められない。

地方教育事務所長は最終決定を行った後、現職者の任期更新に関する判断結果と理由を、文書で当該現職者に伝える。さらに、現職者の任期更新に関する判断結果と理由を、文書で学校審議会会長に伝える。なお、現職者が任期更新の判断結果に不服な場合、メリット保護委員会に請願できる[38]。

このように、現職校長・教頭の任期更新の可否をめぐるプロセスには、学

校審議会と地方教育行政が関与している。学校審議会会長は、現職者の任期更新の可否についての意見を地方教育行政に提出できる。学校審議会が現職者の任期更新を認可した場合、現職者はスムーズに任期を更新できる。一方、学校審議会会長が現職者のパフォーマンスに問題があると考え、学校審議会で任期更新が認められない場合、地方教育行政が最終決定を行う。地方教育事務所長が慎重に検討した結果、現職者の任期更新が認められないこともある。これが、校長または教頭の結果責任（アカウンタビリティ）が問われるケースである。

校長の任期更新の実態について、ビクトリア州教育省職員は「校長の任期が更新されない場合、考えられる要因として、例えば、パフォーマンスが十分でないことへの懸念があげられる。ただし、そのような事例は極めて稀有である」[39]と述べている。実際、任期更新できなかった校長の人数は極めて少ない。例えば2002年の場合、全州で111名の校長が年度内に任期更新をむかえたが、そのうち108名の任期が更新され、残りの3名の任期は更新されなかった[40]。この3名が転職・転勤を理由に任期を更新しなかったのか、それとも、現職者のパフォーマンスが問われ、学校審議会が任期更新を認めなかったのかは、教育省が情報を把握していないため、不明である[41]。なお教育省によると、この3名に退職者は含まれていない[42]。いずれにせよ、多数の管理職が任期更新に成功しており、現職者のパフォーマンスに問題があると判断されて、任期更新が認可されなかった例は、きわめて少数であろう。

管見では1998年に、ある公立小学校の校長がそのパフォーマンスを問題とされ、新しい校長が公募を経て採用されたケースがある[43]。筆者は、1996年と1999年に、その公立小学校に訪問している。1999年の訪問時に校長が交代しており、その理由を新校長に尋ねたところ、前任者が1998年に解任された事実が明らかになった。なお、新しい校長は、初年度は1年任期で採用され、その後、続けて5年任期で採用されている。この小学校における1998年の校長解任は、現職者のパフォーマンスが問われ、解任によって責任をとらされた例に位置づけられる[44]。

(2) 校長・教頭の採用人事

　校長または教頭の現職者が、任期終了時または任期途中における退職・転職・転勤を予定している場合、および現職者の任期更新が認められなかった場合、学校審議会は、校長または教頭の新採用候補者人事を開始する。以下では、新採用候補者人事が開始された場合のプロセスを説明する。

　最初に、学校審議会は、校長または教頭の人事の選考会議を設置する[45]。選考会議の構成員は、校長人事の場合、学校審議会会長（通常、保護者）、保護者代表、教育行政代表、他校の校長の各1名である[46]。つまり2人の保護者代表が選考会議に参加する。議長は学校審議会会長が担当する。一方、教頭人事の場合、選考会議の構成員は、校長、他校の校長、校長が指名した人物の各1名である[47]。議長は校長が担当する。

　校長人事の選考会議では、学校審議会会長が議長であるため、学校審議会会長の影響力が強くなっている。選考会議には保護者代表と教育行政代表の参加も認められている。校長は学校経営の責任者であり、アカウンタビリティが問われる。そこで、アカウンタビリティの対象である保護者と教育行政の代表が、校長の採用人事プロセスに関与できる仕組みになっている。なお、教育行政の代表とは、通常、地方教育事務所の職員を意味する。

　教頭人事の選考会議は、保護者代表と教育行政代表の枠は設けられていない。逆に、教頭人事の選考会議では校長が議長であるため、校長の影響力が強くなっている。校長は任期制が適用されており、結果責任を問われるため、任期中に学校経営を効果的に実施する必要がある。効果的な学校経営を実現するためには、補佐役の教頭人事が重要である。校長は、教頭候補者の適任者を選考する権限が与えられ、学校経営の実施体制を整えられるようになっている。

　学校審議会は、選考会議を設置した後、教育省刊行の『ビクトリア州学校ニュース』において、校長または教頭の公募を出す[48]。つまり、校長・教頭人事は公募制である。選考会議は、選考基準を策定し、応募者の能力を書類選考、面接を通して判定する[49]。各学校の選考会議は、教育省が設定した校長・教頭選考基準を必ず使用しなければならない。校長・教頭選考基準は表3 5

の通りである。選考基準は、応募者が校長・教頭の役割を十分理解しているか、職務遂行に必要な能力と行動力を持っているかの2点に大別できる。なお、選考会議の構成員、特に保護者代表の構成員が選考基準を理解できるように、教育省は、基準を簡潔に示したパンフレットを刊行するとともに、基準を説明したビデオテープも作成し、提供している[50]。

選考会議は、書類選考と面接によって応募者の能力を判定した後、応募者に順位を付けて人事原案を作成し、学校審議会に提案する[51]。学校審議会は、提案された人事原案について審議する。学校審議会は、人事原案について同意が得られれば、採用候補者を決定し、教育省に推薦する[52]。教育省は採用候補者について検討し、特別の問題がなければ、最長5年間の任期で採用する。

表3-5　校長・教頭選考基準

1. 応募者が、次の（a）～（h）に関する校長・教頭の役割を十分理解しているか。 　（a）学校の価値と学習環境 　（b）学校のビジョンと将来の方向性 　（c）学校のチャーター、特に学校目標と重点領域の実施 　（d）カリキュラムの評価と生徒の学力の測定 　（e）リソースの活用 　（f）人事選考、人事評価と職能開発 　（g）組織構造とチームの職務遂行 　（h）方針の開発と学校審議会に対する支援
2. 応募者が、次の（a）～（g）に関する能力と行動力を持っているかどうか。 　（a）将来を見据えること（ビジョンの共有、柔軟性と創造性） 　（b）教育的リーダー（幅広い教育の知識、確固たる教育の信念、生徒の学習成果への重点、継続的な自己学習へのコミットメント） 　（c）組織的リーダー（視野の広さ、分析者・計画立案者・意思決定者、ファシリテーター、交渉者・コンフリクトの解決者） 　（d）個人的資質（動機づける能力、コミュニケーション・リエゾンの高いスキル、人情、正直、リフレクティブ・根気） 　（e）チーム開発（権限委任者、信頼関係形成、チーム構築者、集団力学の理解） 　（f）コミュニケーター・リスナー（受容・フィードバックの提供、明確に書く・話す、コミュニティの価値観に対する共鳴） 　（g）役割モデル（集中、効率、メンター・コーチ）

出典：Directorate of School Education, *Principal Class Selection Guidelines*, 1995, pp.12-14.

つまり、新採用の校長・教頭の人事は、選考会議の設置、公募、選考、学校審議会における決定、教育省への推薦、教育省による採用というプロセスで進められる。

(3) 校長・教頭の給与と評価

校長・教頭の職階と給与は、学校の予算規模にもとづいて8つの級に分類されている[53]。学校の予算規模は、教育省が各学校に配分する予算、つまり学校包括予算によって分類されている（**表3-6**）。学校包括予算が多い学校の校長・教頭の方が職階と給与が高くなっている。校長・教頭の給与は年俸制である。なお、校長と教頭の給与は1992年と1997年を比較すると、17.1％高くなっている[54]。

各級の給与は、初任と認定という2つの号俸にわかれている。校長あるいは教頭が初任者の場合は、初任の給与が支払われる。校長・教頭の経験を1年間持つと認定試験を受けられる。ビクトリア州校長・教頭認定センター（Principal Accreditation Centre）の委託を受けたベテランの校長・教頭が、勤務状況を観察し、認定するか否かを決定する[55]。認定に合格した校長・教頭は、

表3-6　校長・教頭の職階と給与

級	級の特徴	勤務校の年間学校包括予算	年間給与 初任	年間給与 認定
V	超大規模校の校長	4,530,000 以上	78,027	82,134
IV	大規模校の校長 大規模特別校の校長	1,820,000 ～ 4,530,000	72,625	76,448
III	中規模校の校長 超大規模校の教頭	780,000 ～ 1,820,000	67,603	70,762
II	小規模校の校長	450,000 ～ 780,000	61,822	65,076
II a		300,000 ～ 450,000	56,752	58,732
II b		50,000 ～ 300,000	54,006	55,561
II	大規模校の教頭		61,822	65,076
I	中・小規模校の教頭		56,420	59,389

注：単位は豪ドル。年間給与は年金掛金を含めた金額。職階と給与は1996年時点。
出典：Directorate of School Education, *Principal Class Handbook*, 1996, p.8.

表 3-7 経営業績評価に対する校長の満足度

満足度	低	1	2	3	4	5	高
自己評価		9	13	29	**39**	10	
同僚認可		14	22	**30**	27	7	
地方教育事務所長の関与		**35**	30	20	13	3	

注:単位は%。太字は最大値。
出典:Victorian Primary Principals Association, Victorian Association of State Secondary Principals, Directorate of School Education, The University of Melbourne, *Assessing the Impact: The Final Report of the Cooerative Research Project, Leading Victoria's Schools of the Future*, 1998, p.72.

認定の号俸に昇給する[56]。1995年の段階で州内の全校長の内、64％の校長が認定に合格している[57]。

校長と教頭の賞与は、経営業績評価(Performance Management)によって決定される[58]。経営業績評価は、いわゆる学校管理職評価であり、校長・教頭が学校経営の目標・計画を達成できたかどうかについて評価する。評価の手順は「業績計画の策定→中間評価→自己評価→同僚認可→地方教育行政の検討・賞与の決定」[59]である。業績計画の策定では、校長・教頭が、学校経営の諸領域について目標を策定する[60]。中間評価では、年度途中に、校長・教頭が業績計画の達成程度を自己点検する。自己評価では、年度末に、校長・教頭が業績計画の達成度を自己評価する。同僚認可では、校長・教頭とは異なる学校の校長・教頭が、作成された自己評価の結果を吟味した上で認可する。さらに教頭の自己評価は校長の認可を受ける必要がある。自己評価結果は地方教育行政に提出される。地方教育行政は自己評価結果を検討し、最終的な賞与の額を決定する。賞与は最大で年間給与の15％、最小で年間給与の4％が与えられる。校長・教頭が賞与に不満な時は、州政府メリット保護委員会に提訴できる。

経営業績評価では、最終的に、地方教育行政が賞与額を決定する。経営業績評価は、校長と教頭の力量形成と経営成果の確保に対する動機づけの手段として導入された。だが、協力研究プロジェクト(校長に対する質問紙調査)によると校長は、経営業績評価に対して不満を持っている。特に地方教育事務所長の評価への関与については、否定的な回答(1と2)の合計が65％になっ

ている (**表 3-7**)。協力研究プロジェクトによると、校長は現行制度を圧倒的に支持しているが[61]、その一方で、経営業績評価に対する不満が顕著である。校長が不満を持つ理由は、評価手続きが煩雑なこと、経営業績評価を行う地方教育行政職員が学校の実態に詳しくないことがあげられる[62]。経営業績評価の対象となる学校の成果が、校長個人の力でなく同僚との協力によって達成されるため、校長・教頭だけが経営業績評価による賞与を受け取るのは妥当ではないとの意見も出されている[63]。

(4) 教員の任期制

教員の職階は 1 級教員、2 級教員、3 級教員から構成されている。1 級教員は、学級担任、授業、生徒・保護者への日常的な対応を担当する。2 級教員と 3 級教員は、学校運営のミドルリーダーであり、いわゆる主任の地位にある。教員の基礎資格は、学士号（3 年間の課程、教育学士以外）と教育学ディプロマ（学士課程と修士課程の中間に位置、1 年間の課程）の取得、あるいは教育学士（4 年間の課程）を取得することである[64]。

教員の雇用形態は、終身雇用と任期制に分けられる[65]。1994 年までに教育省によって採用された教員は、勤務校を異動しない限り、終身雇用である[66]。しかし 1995 年以降に採用された教員は、1 級教員の場合、最長 5 年間の任期制の採用あるいは終身雇用の採用となる[67]。2 級教員・3 級教員の場合、最長 5 年間の任期制の採用となる[68]。1993 年に教育省は、校長の人事裁量を拡大するため、任期制教員を州内全教員の 30％まで増加することを意図していた。だが、1997 年の段階で、任期制で採用された教員数はビクトリア州全教員の 13％にとどまっている[69]。なお、非常勤教員の選考と採用の権限は、校長が持っている。

教員の任期終了後、校長は教員を改めて公募しなければならない[70]。任期制の教員は、同じ学校に勤務を希望する場合でも、任期を更新するためには、応募する必要がある。校長は、最初、任期制で教員を採用し、有能であれば終身雇用に変更し、そうでなければ解雇することができる。つまり、任期制の教員であっても、数年間、経験を積んで職能を成長し、校長によって有能

かつ必要な教員と認められれば、1年間の試用期間を経て[71]、終身雇用に移行できる。なお、任期を更新できた教員が全任期制教員に占める比率は明らかではない。この点について、ビクトリア州教育省職員は「校長は、教員の任期更新を学校の状況に基づいて決定する裁量を持っている。そのため、中央教育行政は、任期を更新した教員の比率に関する情報を保有していない」[72]と述べている。

(5) 教員の採用人事

1994年以前は、教育省が教員の選考・採用および勤務校の決定に関する権限を持っていた。1995年以降、教員人事権限は実質的には校長に委譲されている。教員の採用人事を行う場合、まず、校長は教員の欠員が生じた際、教員の公募条件を決定できる。公募条件には、専門領域と職階だけでなく、雇用形態(終身雇用か任期制か、何年間の任期制か)も含まれる[73]。そして校長は、教育省刊行の『ビクトリア州学校ニュース』において教員を公募する[74]。次に、校長は、教員人事を行うために選考会議を設置する[75]。選考会議の構成員は、校長が指名した3人以上の人物で[76]、少なくとも男性1人、女性1人を含めなければならない[77]。

選考会議は応募者の履歴と資質を判定する。すなわち、教員専門性基準審議会が設定した基準を参考に[78]、書類選考と面接を行い、人事原案を作成する[79]。選考会議は、1位から5位までの順位をつけて選考結果を校長に伝える[80]。校長は、選考会議の選考結果を参考に、採用候補者を決定し、教育省に推薦する。校長は、選考会議が1位をつけた人物ではなく、2位から5位のいずれかの人物を採用候補者とすることも可能である[81]。教育省は、推薦された採用候補者について検討し、特別の問題がなければ公募時の条件にもとづいて採用する。つまり、校長は教員人事に関する実質的な権限を持っている。

教員人事の学校裁量拡大には問題点もある。2002年のビクトリア州における公立学校教員の公募件数は合計で8,713である[82]。このうち終身雇用の公募は2,196件、任期制の公募は6,517件である。任期制の公募件数の方が

多い。一方、公募を出しても、3ヶ月以上、適任者が見つからなかったポジションが 684 ある。さらに、3 年以上、適任者が見つからなかった学校も少数存在している。そのような学校は、遠隔地、あるいは都心部の経済的に低層の地域に位置する傾向がある。教員公募制を背景として、特定の地域の学校で、適任者が見つからない事態が生じている。

(6) 教員の給与と評価

　教員給与は年俸制である[83]。級と号俸が高いほど給与が高くなっている（**表 3-8**）。1 級教員には 12 の号俸があり、大学を卒業した新任教員の給与は 3 号俸である[84]。1 級教員の場合、1 年に 1 号俸の定期昇給が標準的である。ただし校長は 1 年に 2 号俸以上の特別昇給とするか、定期昇給を見合わせるかを、教員の勤務状況を評価して決定できる[85]。

　教員の人事考課として、教員評価（Annual Review）も導入された[86]。教員評価は「評価サイクルの開始→中間自己評価→校長による評価」[87]という手順で行われる。評価サイクルの開始は通常、新年度である。その際、校長は教員の実践への期待を述べる。そして校長と教員は、教員が必要な力量と職務の水準を議論して設定する。中間評価では、教員が年度の途中に自分の職務を自己点検する。年度末に、校長が教員の職務成果を評価する。評価結果をふまえて、校長は、標準的な定期昇給とするか、特別昇給とするか、定期昇給を見合わせるかを、絶対評価で決定する[88]。

　人事に関して総括すると、学校レベルの権限は拡大していると指摘できる。校長・教頭は任期制が適用されており、任期更新の可否は、学校審議会の審議を経て、地方教育事務所長が最終決定する。校長・教頭・教員の採用人事の原案は、学校の選考会議で作成される。一方、校長は、教頭と教員の人事に関する実質的な権限を持っており、教員評価に関する権限も持っている。

表 3-8　教員の職階と給与

級	号俸	年間給与	級	号俸	年間給与
3	なし	48,410	1	7	36,347
2	なし	46,479		6	34,793
1	12	43,677		5	33,241
	11	42,558		4	31,687
	10	41,005		3	30,135
	9	39,452		2	29,083
	8	37,898		1	28,030

注：単位は豪ドル。年間給与は年金掛金を差し引いた額。職階と給与は 1996 年時点。
出典：Department of Education, *Professional Recognition Program, Digest*, 1996, p.2.

第3節　財務政策

(1) 学校包括予算

　自律的学校経営の財務面の裏づけとして、学校包括予算が導入された。これは、教育行政が使途を指定せずに各学校に裁量を与えた予算である。校長は、設備の発注、校内研修への外部講師の招聘等、必要な予算を編成し、支出できる。各学校では、基本的に校長が予算案編成と予算執行の権限を持っている。とはいえ、実際には、財務委員会を設置し、財務委員会で予算案を作成することが多い。予算案は学校審議会の審議事項になるため、学校審議会で認可される必要がある。財務委員会の構成員は、校長、教頭、事務職員、教員代表等である。なお、予算編成・執行の実務に関しては、事務職員が重要な役割を果たしている。

　1996 年、教育大臣諮問機関の教育委員会 (Education Committee) は「ビクトリア州の学校包括予算、最終報告書」(The School Global Budget in Victoria, Final Report) を提出した。報告書は、学校包括予算の原則[89]と予算配分方式の基本枠組を示している。この報告書にもとづいて、1996 年以降、教育省は、学校財務の手引書として『学校包括予算のガイド』(Guide to the School Global Budget) を毎年刊行している。

　学校包括予算は全学校に配分される基本予算と特定の学校に配分される特

別予算に大別できる[90]。基本予算は、校長・教頭・教員給与、職員給与・大規模校費、清掃・維持費、年金・税金費という費目から構成されている[91]。職員給与・大規模校費とは、いわゆる事務職員に対する給与予算と大規模校に対する追加予算である[92]。清掃・維持費とは、清掃業者との契約費や設備維持費、電気・ガス・水道費に対する予算である[93]。校長・教頭・教員給与、職員給与・大規模校費、年金・税金費は、在籍生徒数を基礎に配分される[94]。

　一方、特別予算は、障がい児教育費、特別学習費、ESL費、遠隔地費、重点計画費という費目から構成されている。各費目の予算配分方式は異なっている[95]。障がい児教育費は、いわゆる障がい児が通学する学校に対して配分される予算である[96]。特別学習費は、学習のレディネスに問題がある生徒が通学する学校に対して配分される予算である[97]。ESL費は、家庭で英語以外の言語を使用し、かつオーストラリアの学校に7年未満しか在籍していない生徒に対するESL教育の予算である[98]。遠隔地費は都市部以外の学校に対して[99]、生徒数に応じて配分される予算である[100]。重点計画費は、教育省の重点政策あるいは学校の重点計画を達成するための予算である[101]。

　公立初等・中等教育予算には学校包括予算以外の費目もある[102]。第一に、その他という費目である。この費目は、学校が管理不可能な費目で、行政が学校に代わって管理・運営するため、学校包括予算から取り除かれる。その例は生徒の通学費に対する補助金や低収入の家庭に対する補助金である。第二に、行政という費目である。これは中央・地方教育行政の運営にかかる費用である。

　表3-9に示したように、学校包括予算は初等・中等教育予算（私立学校経費および資産管理費を除く）の86.7％をしめている。そのうち基本予算が全体の77.9％であり、中軸的位置にある。一方、特別予算は8.9％で、生徒と学校の必要性に対応した予算を配分する役割を担っている。

　表3-10は学校包括予算の代表的費目の変遷である。校長・教員・職員の給与、清掃費、障がい児教育費、ESL費、遠隔地費、重点計画費が増加している一方で、特別学習費のみが1997年に105ドル削減されている。この結果、1996年には全州の約46％の生徒が特別学習費の対象になっていたが、1997

表 3-9　初等・中等教育予算の費目別割合

○学校段階の支出
学校包括予算：86.7（内訳：基本予算 77.9　障がい児教育費 3.1　特別学習費 1.2　ESL 費 1.4　　　　　　　　　　　　　　遠隔地費 0.9　重点計画費 2.3）
その他：8.0
学校段階の支出合計：94.7
○学校段階以外の支出
行政：5.3

注：単位は％。予算は 1995-1996 会計年度。
出典：Department of Education, "Structure of School Global Budget, Victoria: 1995-96 Financial Year", Unpublished Paper, 1996.

表 3-10　学校包括予算の代表的費目の変遷

費目 \ 年度	1996	1997	1998	1999
平均給与（校長Ⅲ級）	63,251	67,483	64,889	69,272
平均給与（1 級教員）	40,000	41,980	43,700	45,400
職員給与（小学校、生徒 1 人当り）	243	320	327	337
清掃費（日常使用する校舎面積、小学校、1 平方メートル当り）	15.50	15.75	16.05	6.70
障がい児教育費（レベル 1、生徒 1 人当り）	3,160	3,403	3,548	3,675
特別学習費（生徒 1 人当り）	450	345	345	345
ESL 費（レベル 1、生徒 1 人当り）	241	250	261	270
遠隔地費（遠隔地校費、生徒 1 人当り）	57.50	58.36	58.51	58.93
重点計画費（小学校，英語以外の言語，生徒 1 人当り）	25	50	75	75

注：単位は豪ドル。
出典：Department of Education, *Guide to the 1996 School Global Budget*, 1996. Department of Education, Guide to the 1997 School Global Budget, 1997. Department of Education, *Guide to the 1998 School Global Budget*, 1998. Department of Education, *Guide to the 1999 School Global Budget*, 1998.

年には対象生徒が全州の 40％に低下した[103]。つまり、学習のレディネスに問題がある生徒の教育を拡充するための予算が削減されている。

このように、特別学習費が削減された要因は連邦政府の政策変更にある[104]。1996 年に連邦政府は「不利な状況にある学校の教育計画」（Disadvantaged Schools Program）を廃止した。その代わりに「識字教育計画」（Literacy Program）を策定し、予算規模を縮小した[105]。ビクトリア州教育省は、連邦政府によって交付された識字教育予算を、特別学習費に割り当てている。そ

のため、連邦政府「識字教育計画」による予算削減の影響を受けて、1997年の特別学習費は前年度比で総額 1,700,000 ドル削減された[106]。

(2) 校長・教頭・教員給与の配分方式

教育省は次の手順によって、校長・教頭・教員給与の予算を学校に配分している。

第一に、各学校の在籍生徒数にもとづいて、各学校における標準教育職員 (entitlement staffs) の合計人数を算出する[107]。学校の標準教育職員の合計人数は、教育省が妥当と考える各学校の常勤教員数である。小学校は、生徒 21 人につき 1 人の標準教育職員を算出する。中等学校は、生徒数にかかわらず各学校に 4 人の標準教育職員を認め、さらに生徒 16 人につき 1 人の標準教育職員を算出する。

第二に、職階別の標準教育職員の人数を算出する。各学校の標準教育職員合計人数を母数として、校長・教頭・3 級教員の標準教育職員数を 15％、2 級教員の標準教育職員数を 15％、1 級教員の標準教育職員数を 70％とする規定がある[108]。この規定にもとづき各職階の標準教育職員の人数を算出する。

第三に、教育省刊行の『学校包括予算のガイド』に示された校長・教頭・1 級教員平均給与、2 級・3 級教員実際給与を確認する[109]（平均給与と実際給与の概念については後述）。校長はⅤ級、Ⅳ級、Ⅲ級、Ⅱ級、Ⅱa 級、Ⅱb 級、教頭はⅢ級、Ⅱ級、Ⅰ級の職階に分かれている。一方、教員は 1 級・2 級・3 級の職階に分かれており、1 級教員は 12 段階の号俸に分かれている（**表 3–11**）。

第四に、各学校に対する校長・教頭・教員給与予算を算出する。各職階の給与の単価（校長・教頭・教員の平均給与、2 級・3 級教員の実際給与）に、職階別の標準教育職員の人数を掛け合わせる[110]。その公式は次の通りである。

「(校長の標準教育職員数×校長平均給与) ＋ (教頭の標準教育職員数×教頭平均給与) ＋ (3 級の標準教育職員数×3 級教員実際給与) ＋ (2 級の標準教育職員数×2 級教員実際給与) ＋ (1 級の標準教育職員数×1 級教員平均給与)」[111]

ここで、平均給与と実際給与の意味を説明しておく。平均給与とは、校長・

表3-11　校長・教頭・1級教員の平均給与と3級・2級教員の実際給与

校長Ⅴ級	73,416	校長Ⅱ級	58,169	教頭Ⅲ級	63,251	3級教員	48,410
校長Ⅳ級	68,335	校長Ⅱa級	52,499	教頭Ⅱ級	58,169	2級教員	46,479
校長Ⅲ級	63,251	校長Ⅱb級	49,665	教頭Ⅰ級	53,085	1級教員	40,000

注：単位は豪ドル。職階と給与は1996年時点。
出典：Department of Education, *Guide to the 1996 School Global Budget*, 1996, p.5, p.7（core）.

教頭・1級教員に支払われる年間給与の平均額である[112]。教育省は、標準教育職員の人数と平均給与をもとに、各学校に対する校長・教頭・1級教員給与予算を算出する。これが学校会計における収入となる。学校会計では、実際に学校に勤務している校長・教頭・教員の人数と平均給与をもとに、校長・教頭・1級教員給与の支出を算出する。これが学校会計における支出となる。このような方式は「平均給与収入、平均給与支出」（averages in, averages out）と呼ばれている[113]。これは、各学校の校長・教頭・1級教員の号俸構成を拘束しないので、学校の人事裁量を最大限にする意義を持っている[114]。

実際給与とは、2級・3級教員に支払われる年間給与の実額である。2級・3級教員については号俸が1つしかないので平均給与ではなく、実際給与という概念を用いる。教育省は、標準教育職員の人数と実際給与をもとに、各学校に対する2級・3級教員給与予算を算出する。これが学校会計における収入となる。学校会計では、実際に学校に勤務している2級・3級教員の人数と実際給与をもとに、2級・3級教員給与の支出を算出する。これが学校会計における支出となる。このような方式は「実際給与収入、実際給与支出」（actuals in, actuals out）と呼ばれている。

なお、各校長・教頭・教員が受け取る実際の給与は、平均給与ではない[115]。教育省が各校長・教頭・教員の級・号俸にもとづいて給与を算出し、個人の銀行口座に振り込む[116]。平均給与は学校会計の帳簿上の給与配分である。

学校会計における校長・教頭・教員給与の支出は、学校の裁量に委ねられている。学校は財務運営の裁量を持っているので、最終的に収支バランスの赤字が出ないようにすれば、様々な工夫が可能である。例えば、標準教育職員の合計人数よりも、常勤の教員数を少なくできる。1級教員の人数を1人

減らして、代わりに非常勤教員を雇用すれば、1級教員平均給与から非常勤教員の給与の差し引き額を、設備購入等に支出できる。標準教育職員の合計人数とそれにもとづく学校包括予算（校長・教頭・教員給与）は、学校における予算編成および教員数を拘束しない。

問題点として、各学校における寄付金への依存傾向が指摘できる。ビクトリア州会計検査院は次のような報告をしている[117]。第一に、97％の公立学校が保護者に寄付金を要請している。保護者に寄付金の請求書を送付している学校もある。第二に、生徒1人当たりの年間寄付金の州平均は70ドルである。第三に、学校が寄付金の額を自由に設定できるため、学校によって金額は多様である。小学校段階では、寄付金が最少額の学校は50ドル、最多額の学校は320ドルである。中等学校段階では、寄付金が最少額の学校は50ドル、最多額の学校は140ドルである。学校が寄付金に依存する要因は、学校包括予算の規模が十分でないことであろう。

(3) 会計検査プログラム

学校包括予算の導入によって、学校に財務運営の裁量が与えられた[118]。学校は適切に予算を執行したかどうかが問われる。そこで、校長は、財務運営の結果を総括した学校包括予算運営報告（School Global Budget Management Report）を毎年作成している[119]。その領域は、基本会計報告と教職員給与に関する分野別会計報告である。これらの財務関連の文書を、学校審議会は審議の対象としている。

学校財務運営を適切なものとするために、会計検査プログラム（audit program）が設けられている[120]。これは会計検査官が学校財務を毎年検査する制度である。会計検査官とは教育省学校評価局が契約した28の公認会計事務所あるいは経営コンサルタント会社の職員のことである。会計検査を行うためには実務能力が必要であるため、教育省は公認会計士や経営コンサルタントと業務契約を結ぶ。教育省は会計検査官を公募・選考し、3年間の任期で採用・契約する[121]。そして各会計検査官に担当する学校を割り当てる。会計検査官は毎年1月に検査業務を開始し、5月31日までに完了する。

会計検査の過程は次の通りである。まず会計検査官は、学校に学校包括予算運営報告をはじめ、それを裏づける証拠文書の提出を学校に求める[122]。次に会計検査官は学校訪問を実施する[123]。学校訪問では、学校構成員に対するインタビュー調査と質問紙調査、学校包括予算運営報告と証拠文書の確認、校長と財務運営者との議論を行う。学校訪問の後、会計検査官は検査報告の原案を作成し、校長に郵送する。検査結果報告の草案には学校財務運営に対する意見と助言が記載されている。これにもとづいて会計検査官と校長は議論する。検査報告の完成版と検査済みの学校包括予算運営報告は、学校訪問の日から6週間以内に、校長と学校審議会会長に郵送される。検査報告は教育省学校評価局にも郵送される。その後、学校審議会において会計検査の結果が報告され、今後の財務運営の方向性が検討される。

第4節　地方教育行政の校長支援体制

(1) 地方教育行政の校長支援体制

　これまで論じてきたように、ビクトリア州では、学校の裁量が大幅に拡大された。同時に、校長の任期制が導入され、任期更新時に学校経営の結果責任が問われるようになった。地方教育行政は安易に校長の任期更新を拒否すべきではないとの指針を出している。校長の任期更新を認めない場合は、慎重な手続きが求められている（本章第2節 (1)）。実際に、校長がパフォーマンス不足のために任期を更新できなかった例はきわめて少ない。

　とはいえ、「未来の学校」の実施前と後を比べると、校長の責任が大きくなっていることも事実である。そのことによって、校長の孤立を招き、学校に過剰な負担を与えるようなことは望ましくない。むしろ逆に、すべての校長が本来の実力を発揮し、学校が組織として、より良い教育を実現できるような体制を整える必要があるだろう。なぜなら、公立学校制度は教育の機会均等を保障した上で、個々の教育ニーズに対応すると共に、全体的な教育水準を維持する役割を担っているからである[124]。以上の背景から、ビクトリア州教育省は、自律的学校経営の円滑な展開を促すために、地方教育行政による

校長支援体制を整備した[125]。

1993年、ビクトリア州には、地方教育行政の単位として、7つの地方が設置された[126]。その内訳は、州都の2つの地方、州都以外の5つの地方である。州都の2つの地方は、メルボルン北西地方、メルボルン南東地方と呼ばれている。1997年に、州都の地方教育行政単位は、メルボルン東部地方、メルボルン南部地方、メルボルン西部地方、メルボルン北部地方の4つに再編された。この理由は、州都の各地方教育事務所が所轄する学校数を減らし、地方教育事務所が学校の実態を把握し易くするためである[127]。その結果、1997年以降、州都の4つの地方、州都以外の5つの地方という体制になり、州全体の地方教育行政の単位は合計9つになった[128]。

各地方には地方教育事務所が設置されている。地方教育事務所の役割は、教育政策を実施し、学校経営、教育課程編成、教育活動に関する支援を学校に提供することである。ここでは、1996年のメルボルン北西地方教育事務所の概要を述べる。メルボルン北西地方教育事務所の場合、389の公立学校を管轄している[129]。その内訳は小学校265校、中等学校80校、特別支援学校28校、補習教室16室である[130]。北西地方教育事務所の組織は、所長室、教育計画課、財務管理課、地区（district）から構成されている。このうち、教育計画課と地区の職員が学校を直接的に支援している。

教育計画課には、課長1人、事務職員1人、専門職員1人、カリキュラム主事（Curriculum Services Officer）6人が配置されている。カリキュラム主事は、教育課程政策に関する研修を開催するほか、学校を訪問し、校長や教員に対して助言を行う。一方、地区は、地方教育行政による校長支援の単位を意味する。各地区には、地区校長主事（District Liaison Principal）が配置されている。地区校長主事の役割は、校長支援体制の観点から重要な位置にある。

以下では、例として、学校がチャーターを作成する際、地方教育事務所がどのように校長を支援するかについて説明する[131]。学校がチャーターの原案を作成する際、地方教育事務所と連携することが決められている。まず、地方教育事務所は、学校にチャーターの原案を提出するように求める。次に、地方教育事務所の職員は、教育省が示したチャーター作成の指針と学校

のチャーターの原案が整合しているかについて確認する。さらに、外部評価報告書の勧告がチャーターに反映されているかを確認する。その上で問題があれば、地方教育事務所の職員は学校を訪問し、校長と話し合って改善策を助言する。地方教育事務所の職員は、チャーターの作成に関して校長を支援するために、各年度に全体の約 20％の学校を訪問している[132]。このように、校長は孤立した存在ではなく、地方教育行政からの支援を受けることが可能である。

(2) 地区校長主事

1994 年、教育省は地方教育事務所に 60 名の地区校長主事を配置した。各地方教育事務所管轄内の地区に、地区校長主事を配属した。地区校長主事の役割は、「未来の学校」の実施に当たり、校長を支援し、変化を促すことである[133]。地区校長主事は、校長の同僚的な立場から、学校経営に関する相談に対応する。同時に、学校が必要としている人材・専門家も紹介する。具体的には、地区内の学校が、子どもの教育ニーズに対応した明確なビジョンを設定し、より良い実践を展開できるように助言している。

メルボルン北西部地方教育事務所の場合、14 の地区が設置された[134]。各地区では、地区校長主事がリーダーに位置づけられており、事務職員、臨床心理士、生活指導担当主事、ソーシャルワーカー、スピーチセラピストが配置されている。地区校長主事が、学校の課題を把握し、必要に応じて職員が学校を訪問し、個別の事案に対処する。1 地区あたりの学校数は、地区によって若干の相違がある。ブロードメドウ北部地区（Broadmeadows North District）の場合、小学校 16 校、中等学校 5 校、特別支援学校 2 校を所轄している[135]。なお、1997 年に、地区校長主事は地方校長コンサルタントに変更された。地方校長コンサルタントの役割は、教育政策の実施を促進し、かつ学校経営の諸問題に関して校長の相談に対応することである[136]。

以上のように、自律的学校経営の導入後、地方教育行政による校長に対する支援体制が整備された。ただし、課題も生じている。自律的学校経営は、学校の権限を拡大すると同時に、校長の責任を高めたため、個々の学校の独

立性が高くなった。その結果、学校間の情報共有や連携が十分ではなくなってきたのである[137]。したがって、地方教育行政による校長支援だけでなく、学校間のネットワークを構築する必要が出てきたと指摘できる。実際、1999年の自由党・国民党から労働党への政権交代後、2000年にビクトリア州教育大臣に対して提出された報告書「公教育―次の世代へ―」(Public Education: The Next Generation) では学校間ネットワークの構築を提唱している。

自律的学校経営は、個々の校長の能力と責任にすべてを委ねるものではない。自律的学校経営は、地方教育行政による校長支援や学校間ネットワークを必要としている。自律的学校経営は、学校の裁量拡大と校長のアカウンタビリティを基本としているが、それは学校に対する支援体制を伴って成立するものである。

第5節　まとめ

(1) 学校への権限委譲

教育課程政策は、芸術、英語、保健体育、英語以外の言語、算数・数学、理科、社会と環境の学習、技術の8つの主要学習領域に関して、準備学年から10学年までの各学年で習得されるべき学力水準を簡潔に示している。学校は教育課程政策を考慮して、8領域を網羅した教育課程を編成しなければならない。だが、教科の設定、授業時数の配分、全体教育課程と教科教育課程の編成は、学校の裁量として認められている。11学年と12学年の教育課程政策は策定されていない。その代わりに、中等教育修了資格試験の設問が11学年と12学年の教育課程に対する指針となっている。

学力調査プロジェクトは、生徒の学力が教育課程政策の水準と比べてどの程度なのかを調査する。ただし、新聞社に公表されるデータは、州全体の3学年と5学年の生徒の何パーセントが、教育課程政策の各レベルに達しているかを示したものである。

人事政策は、学校の人事権限を拡大している。校長・教頭は全員、最長5年間の任期制である。学校審議会は、現職者のパフォーマンスについて審議

し、任期更新の可否についての意見を地方教育行政に提出できる。つまり、学校審議会は校長・教頭の任期更新の決定過程に関与できる。

　校長・教頭の採用人事の場合は、学校審議会が設置した選考会議が人事原案を作成する。校長の採用人事の場合、保護者代表、教育行政代表、他校の校長を構成員とする選考会議が選考を行う。選考会議は校長人事の原案を作成し、学校審議会に報告する。学校審議会は人事原案について審議した上で、校長採用候補者を決定し、教育省に推薦する。教育省は、通常、学校審議会が推薦した採用候補者を、最長5年間の任期で校長として採用する。一方、教頭人事の場合もプロセスは同様であるが、教頭の選考会議の構成員は、校長、他校の校長、校長が指名した人物である。議長は校長が担当するため、実質的には、校長が教頭の採用人事に関する権限を持っている。

　教員の雇用形態は任期制と終身雇用に分かれている。1997年の段階で、任期制で採用された教員数はビクトリア州全教員の13%にとどまっている。任期制の教員数が少ない学校では、校長の人事権限は制約されている。教員の採用人事に関しては、校長は公募条件を設定できる。そして、校長が指名した3人以上の人物が構成する選考会議が選考を行う。校長は、選考会議の選考結果を参考に、採用候補者を決定し、教育省に推薦する。教育省は、通常、校長が推薦した採用候補者を教員として採用する。つまり、校長は教員人事に関する実質的な権限を持っている。ただし、遠隔地、あるいは都心部の経済的に低層の地域の学校は、公募を出しても、適任者が見つからない傾向にある。このように、学校の教員人事権限の拡大とそれに伴う教員の公募制には問題点もある。

　財務政策は、学校に予算編成の裁量を与えるために、学校包括予算を導入した。学校包括予算は公立初等・中等教育予算の86.7%をしめている。そのうち管理職・教員給与を含む基本予算が全体の77.9%である。学校レベルでは、校長が予算編成・執行に関する権限を持っている。財務政策の問題点として、特別学習費の予算削減があげられる。特別学習費は学習のレディネスに問題がある生徒の教育を拡充するための予算である。寄付金への依存傾向という問題点もある。州内の97%の公立学校が保護者に寄付金を要請して

いる。教育予算を十分確保することが課題であろう。

　教育課程政策、人事政策、財務政策の基本的性質は、学校への権限委譲である。教育課程、人事、財務という学校経営の主要な要素の権限が学校へ委譲されている。学校への権限委譲は自律的学校経営を導入するために不可欠である。教育課程編成に関する権限が学校に委譲されているため、地域社会背景や生徒の教育要求に対応した教育課程編成が可能になっている。学校審議会は、校長・教頭の任期更新の可否についての意見を地方教育行政に提出できる。一方、校長は、教頭と教員の人事に関する実質的な権限を持っているため、必要な人材を選考できる。学校包括予算の導入によって、校長に財務上の裁量が与えられた。校長は、教育の質を向上する観点から、効率的に予算を編成・執行できる。

(2) 教育課程政策・人事政策・財務政策とアカウンタビリティ

　教育課程政策、人事政策、財務政策は、自律的学校経営のアカウンタビリティにも重要な役割を果たしている。以下では、自律的学校経営のアカウンタビリティの実現という観点から、教育課程政策、人事政策、財務政策について考察する。

　教育課程政策は、準備学年から10学年までに到達すべき学力水準を示している。中等教育修了資格試験では、12学年までに到達すべき学習内容が出題されている。これらは、アカウンタビリティの基準である。さらに、学力調査プロジェクトは、テストを通して、生徒の学力水準を明らかにしている。学力調査プロジェクトのデータによって、各学校は、学力に関する成果と課題を知ることができる。

　人事政策のうち、校長人事が自律的学校経営のアカウンタビリティにとって重要である。校長は最長5年間の任期制である。基本的に、教育省は現職校長が任期を更新することを期待している。学校経営上の問題が発生しても、すぐに校長の任期更新の拒否につながるのではない。むしろ、地方教育事務所長が当該学校を訪問し、問題解決を支援する。だが、学校審議会会長は、校長の任期更新に関わって、校長のパフォーマンスに関する意見を地方教育

事務所長に述べることができる。学校審議会会長が現職者の任期更新に否定的な見解を提出した場合、地方教育事務所長は慎重に検討した上で、現職者の任期更新を認めないこともある。これが、校長の結果責任（アカウンタビリティ）が問われるケースである。ただし、パフォーマンスの問題を理由に、任期を更新できなかった校長の人数は極めて少ない。

新しい校長を公募する場合、選考会議において人事原案が作成される。選考会議は、学校審議会会長、保護者代表、教育行政代表、他校の校長から構成されている。保護者代表と教育行政代表は自律的学校経営のアカウンタビリティの対象である。それゆえ、保護者代表と教育行政代表が校長の採用人事に関与できる仕組みになっている。

校長は自らの身分が任期制であるが、教頭・教員の実質的な人事権限を持つため、リーダーシップを発揮できる。教員に欠員が生じた場合、校長は、自ら公募条件を設定し、新たな教員を公募できる。教員評価では、最終的に、校長が教員の職務を評価する。評価結果をふまえて、校長は、教員の標準的な定期昇給を認めるか、特別昇給とするか、定期昇給を見合わせるかを、絶対評価で決定できる。校長と教頭の賞与は、経営業績評価によって決定される。経営業績評価は、経営成果と賞与配分の連動によって、学校経営の結果を重視し、校長のインセンティブを高めるために導入された。だが、校長は経営業績評価に対して不満を持っている。

財務政策に関しては、学校包括予算が導入された結果、校長の予算編成に関する裁量は拡大した。校長は、学校のニーズにもとづいて予算を編成・執行できる。学校財務に関するアカウンタビリティを担保するために、会計検査プログラムが重要である。これは、会計検査官が学校会計を検査し、学校財務の結果の妥当性を問うものである。

以上のように、教育課程政策、人事政策、財務政策は、学校経営のアカウンタビリティに重要な意味を持っている。特に、校長の任期制は重要である。校長は任期を更新するために、保護者と教育行政が納得するような学校経営を行う必要があるからである。学校審議会会長は、校長のパフォーマンスに納得できない場合、任期更新に否定的な意見を、地方教育行政に述べられる。

最終的には、地方教育行政が任期更新の可否を慎重に判断し、必要に応じて、校長に結果責任をとらせることができる。このような校長人事の仕組みが、校長の権限の濫用や独善的な経営を回避し、学校経営に一定の緊張感を与えている。つまり、校長任期制が学校裁量の拡大と経営成果の担保を両立していると考えられる。

なお、地方教育行政による校長支援体制が整備されていることにも留意しておく必要がある。自律的学校経営によって、校長の孤立感が増し、校長本来の実力が発揮されないようでは、効果的な組織マネジメントが展開され得ない。ビクトリア州では、地方教育事務所が中心になって、学校、特に校長に対する支援を展開している。ビクトリア州の自律的学校経営と校長のアカウンタビリティは、地方教育行政による支援体制の中に位置づいているのである。

注

1　教育課程・評価委員会は、1993年に教育課程・評価委員会法によって設置された（Board of Studies, *Annual Report 1997-98*, 1998, p.5）。
2　Board of Studies, *Curriculum and Standards Framework, English*, 1995, p.1.
3　*Ibid.*, p.1.
4　*Ibid.*, p.2.
5　*Ibid.*, pp.2-4.
6　Board of Studies, *Curriculum and Standards Framework, Studies of Society and Environment*, 1995, p.20.
7　Ministerial Council on Education, Employment, Training and Youth Affairs, *National Report on Schooling in Australia 1998*, 1998, p.195. 数値は1998年。12学年残留率（retention rate）は中等教育（7学年）に進学した生徒数を母数に算出している。ちなみにオーストラリア全体での1996年の12学年進級率は71.8％（公立学校に限ると65.8％）である（Ministerial Council on Education, Employment, Training and Youth Affairs, *National Report on Schooling in Australia 1996*, 1996, p.267）。
8　Board of Studies, *Guide to the VCE 1999*, 1999, p.8. 中等教育修了資格試験合格率は1996年、1997年共に94.6％である（Board of Studies, *Statistical Information, VCE Assessment Program 1996*, 1997, p.9., Board of Studies, *Statistical Information, VCE Assessment Program 1997 CD-ROM*, p.10, 1998）。なお1999年1月に教育大臣と教育課程・評価委員会は後期中等教育試験の改革案を発表した。これによって、校内評価よりも校外試験の比重が高くなる。2001年に完全実施される（*The Age*, January 16, 1999）。

9 Victorian Tertiary Admissions Centre, *ENTER into tertiary courses*, 1998, p.4.
10 Board of Studies, *VCE Examination Papers and GAT 1998 CD-ROM*, Longman, 1999, CD-ROM.
11 Board of Studies, *Guide to the VCE 1999, op.cit.*, p.7.
12 *Ibid.*, p.5, p.7.
13 *Ibid.*, pp.6-11.
14 *Ibid.*, p.9.
15 *Ibid.*, pp.9-11.
16 校内評価が正当に生徒の学力を評価しているかを確認するために、次の手段が使われている。第一に、毎年6月、知能テストとして一般能力試験（General Achievement Test）が12年生を対象に実施されている。一般能力試験と校内評価の成績を比較して、大きな差がある場合は、教育課程・評価委員会が調査を実施する。第二に、校内評価と統一試験の成績を比較して、大きな差がある場合は、教育課程・評価委員会が調査を実施する（Board of Studies, *Guide to the VCE 1999*, 1998, p.12）。なお、校内評価と統一試験の比率は、教科によって異なるが、バランスをとるようにしている。例えば、数学の場合、共通評価1が校内評価、共通評価2と3が統一試験による。つまり比率配分は全体の1/3が校内評価、2/3が共通評価に設定されている（Board of Studies, *VCE Examination Papers and GAT 1998 CD-ROM*, Longman, 1999, CD-ROM）。
17 Board of Studies, *VCE Administrative Handbook 1999*, 1998, p.172.
18 *Ibid.*, p.71.
19 Victorian Tertiary Admissions Centre, *ENTER into tertiary courses, op.cit.*, p.12
20 *Ibid.*, pp.8-9, p.21.
21 Victorian Tertiary Admissions Centre, *VICTER 2001*, 2000, pp.1-3.
22 Board of Studies, *VCE Examination Papers and GAT 1998 CD-ROM, op.cit.*.
23 Board of Studies, *Annual Report 1996-97*, 1997, pp.1-3.
24 Board of Studies, *Guide to the Administering the Learning Assessment Project*, 1996, p.5.
25 *Ibid.*, p.5.
26 *Ibid.*, p.24, p.29.
27 Caldwell, B. J. and Hayward, D. K., *The Future of Schools*, Falmer, 1998, p.91.
28 Department of Education, *Professional Recognition Program for Teachers*, 1996, p.2.
29 Directorate of School Education, "Personnel", *Schools of the Future Information Kit*, 1995.
30 Directorate of School Education, *Principal Class Handbook*, 1996, p.9. ただし、この基礎資格は次の条件で代替される。10年以上の民間企業勤務経験および教職課程の履修を含む学修経験を持ち、教育省人事局長によって認可された人物。日本におけるいわゆる民間出身校長に相当するが、教職課程の履修が必要な点が日本と異なっている。オーストラリアでは民間出身校長は特殊なケースとされている（Directorate of School Education, *Principal Class Handbook*, 1996, p.9）。

31 *Ibid.*, p.22.
32 *Ibid.*, p.22.
33 Department of Education, *Principal Class Arrangements*, 1998, p.2. この段落内は、この文献の同一頁を参照して記述した。
34 教育省は、学校審議会構成員が、問題解決の方途を探らずに、校長・教頭に対する不満や懸念を蓄積させて、任期更新を拒否することは不適切であると述べている（Department of Education, *Principal Class Arrangements*, 1998, p.2）。
35 筆者は、メルボルン大学教育学部のデビッド・ガー博士（Dr David Gurr）と、校長人事についてインフォーマルに議論した。ここでは、その時の議論を参考に考察した。
36 Department of Education, *Principal Class Arrangements, op.cit.*, pp.2-3.
37 実際には、地方校長コンサルタントが職務を代行することもある。
38 「メリット保護委員会（Merit Protection Boards）は、教員の実力登用制度（merit system）の公平性を確保するために1993年に設置された。その役割は2つある。第一は、教育省に雇用されている労働者からの抗議に対処して、紛争を解決することである。第二は、校長・教頭・教員が公平な人事を行う力量を形成するために、研修と認定を行うことである」（拙論「オーストラリアにおける教員の人事評価と職能開発」八尾坂修編著『教員人事評価と職能開発－日本と諸外国の研究－』風間書房、2005年、137頁）。
39 "RE: Question 2", An Email Message, May 23, 2003. 筆者は2003年5月に電子メールで任期制について教育省に問い合わせた。これは、その問い合わせに対する返信である。
40 "RE: Question", An Email Message, March 6, 2003. 筆者は2003年3月に電子メールで任期制について教育省に問い合わせた。これは、その問い合わせに対する返信である。
41 "RE: Question 2", *op.cit.*.
42 *Ibid.*.
43 この小学校は、本書で事例研究の対象とした学校ではない。
44 オーストラリアでは、現地の研究者と教育省のいずれも校長の任期更新（解任の理由、事例等）に関する調査を行っていないため、全州的な動向を把握することは極めて困難である。この点、アメリカ・シカゴでは、校長の任期更新に関する調査が現地で行われており、対照的である（山下晃一「アメリカの校長リーダーシップをめぐる制度改革に関する一考察－シカゴ学校改革を事例として－」関西行政学会『教育行財政研究』第28号、2001年、24-26頁）。
45 Directorate of School Education, *Principal Class Selection Guidelines*, 1995, p.3.
46 *Ibid.*, p.7. 他校の校長とは、州政府メリット保護委員会によって、適切に人事を行う資質を持つと認可され、指名された校長である（Directorate of School Education, *Principal Class Selection Guidelines*, 1995, p.7）。
47 *Ibid.*, pp.7-8. 他校の校長とは、州政府メリット保護委員会によって、適切に人事を行う資質を持つと認可され、指名された校長である（Directorate of School

Education, *Principal Class Selection Guidelines*, 1995, p.8)。
48　*Ibid.*, p.4.
49　*Ibid*, p.5.
50　Directorate of School Education, *Selecting the Principal of the Future: Assistance for selection panels*, 1995, p.1, p.12.
51　Directorate of School Education, *Principal Class Selection Guidelines, op.cit.*, p.5.
52　Department of Education, *Making the Partnership Work, Part 1, Roles and Responsibilities*, 1998, p.22.
53　Directorate of School Education, *Principal Class Handbook, op.cit.*, p.7, p.13.
54　Steering Committee for the Review of Commonwealth/State Service Provision, "Survey of Decision Making in Government Schools", Steering Committee for the Review of Commonwealth/State Service Provision, *Implementing Reforms in Government Services 1998*, AusInfo, 1998, p.20.
55　Directorate of School Education, *Principal Class Handbook, op.cit.*, p.25.
56　ただし、一度認定されても6年以内に最低1回、再認定を受けなければならない。なお認定されなかった校長・教頭は研修を受ける必要がある（Directorate of School Education, *Principal Class Handbook*, 1996, p.26）。
57　Gurr, D., *From Supervision to Quality Assurance: The Case of the State of Victoria (Australia)*, International Institute for Educational Planning, UNESCO, 1999, p.74.
58　Directorate of School Education, *Principal Class Handbook, op.cit.*, pp.27-31. 経営業績評価に関する同段落内の記述は、この文献を参照した。
59　*Ibid.*, p.25.
60　経営諸領域とは次の通りである。基本成果：教育的リーダーシップの発揮、学校のイメージ形成。共通成果：教育課程経営、人事運営、財務運営と設備整備、安全な学習環境の維持、良好な人間関係の形成。地域成果：地域の要求を配慮した学校改善、地域の要求を配慮した特別なプロジェクトの実施（Directorate of School Education, *Principal Class Handbook*, 1996, pp.27-31）。
61　Victorian Primary Principals Association, Victorian Association of State Secondary Principals, Department of Education, The University of Melbourne, *Assessing the Impact, The Final Report of the Cooerative Research Project, Leading Victoria's Schools of the Future*, 1998, p.16.
62　*Ibid.*, p.72.
63　Gurr, D., *op.cit.*, p.75.
64　Department of Education, *Professional Recognition Program for Teachers, op.cit.*, p.4.
65　Department of Education, *School Staffing Handbook*, 1998, p.20.
66　Gurr, D., *op.cit.*, p.80.
67　Department of Education, *School Staffing Handbook, op.cit.*, p.20.
68　*Ibid.*, p.20.
69　Department of Education, *Annual Report 1997-98*, 1998, p.21.
70　*Ibid.*, p.20. ただし6ヶ月未満の任期で教員が雇用されている場合、校長は公

募せずにその教員の任期を更新できる（Department of Education, *School Staffing Handbook*, 1998, p.20）。
71　教員が正式に終身雇用となるためには、1年間の試用期間を経て、終身雇用の最終判定を校長から得る必要がある。これはProbationと呼ばれている（Department of Education, Employment and Training, *Teacher Class Handbook*, 2001, p.14）。
72　"RE: Question 2", *op.cit.*.
73　Department of Education, *School Staffing Handbook, op.cit.*, p.17.
74　Department of Education, *Professional Recognition Program for Teachers, op.cit.*, p.5.
75　*Ibid.*, p.5.
76　選考会議の構成員として、州政府メリット保護委員会によって、適切に人事を行う資質を持つと認可された教員が指名される（Department of Education, *Professional Recognition Program for Teachers*, 1996, p.2.）。
77　Department of Education, *School Staffing Handbook, op.cit.*, p.36.
78　*Ibid.*, pp.29-33.
79　*Ibid*, p.5. 校長選考の基準に関する保護者向けの手引書も刊行されている（Directorate of School Education, *Selecting the Principal of the Future: Assistance for selection panels*, 1995）。
80　*Ibid.*, p.6, p.37.
81　*Ibid.*, p.7.
82　Teacher Supply and Demand Reference Group, Department of Education and Training, *Teacher Supply and Demand Report*, 2002, p.iii.
83　Department of Education, *Professional Recognition Program for Teachers, op.cit.*, pp.14-15, p.18, p.24.
84　*Ibid.*, p.14.
85　*Ibid.*, p.13-14.
86　ビクトリア州の教員評価制度は、次の拙論で詳細に検討した。「オーストラリアにおける教員の人事評価と職能開発」八尾坂修編著『教員人事評価と職能開発－日本と諸外国の研究－』風間書房、2005年。
87　Department of Education, *Professional Recognition Program for Teachers, op.cit.*, pp.12-13.
88　*Ibid.*, pp.13-14. ただし校長が特別昇給あるいは昇給見合わせと判断する場合、校長は教員評価会議（Annual Review Panel）を設置し、評価の理由を説明する必要がある。教員評価会議のメンバーは校長が指名した3人以上の人物だが、その中にメリット保護委員会が認可した教員を含めなければならない（Department of Education, *Professional Recognition Program for Teachers*, 1996, p.13）。
89　学校包括予算の原則は、教育最重視、効果、効率、公平、透明性、補助、アカウンタビリティ、戦略的実施をあげている。教育最重視は教育に対する配慮を最重視した予算配分、効果は学校・授業における生徒の学力向上を促す予算配分、効率は学校の対費用効果を高める予算配分、公平は生徒と学校の必要性に対応した予算配分を意味する。透明性は予算配分を教育関係者・市民に公開するこ

とである。補助は、学校が管理不可能な費目を学校包括予算から取り除き、行政が学校に代わって管理・運営することである。アカウンタビリティは、学校がアカウンタビリティを果たすように、予算を運営することである。戦略的実施は、行政が予算配分方式を変更した場合、数年かけて漸進的に実施することである（Education Committee, *The School Global Budget in Victoria, Final Report*, 1996, p.8）。

90 Department of Education, *Guide to the 1999 School Global Budget*, 1998, p.2（foreword）.

91 *Ibid.*, p.2（co）. 校長・教頭・教員の給与は、州政府教育支出の約60％を占めている（Department of Education, *Annual Report, 1997-98*, 1998, p.11）。

92 *Ibid.*, p.20（co）.

93 *Ibid.*, p.26（co）.

94 Caldwell, B. J. and Hill, P. W., "Funding Models for Self-Managing Schools: The Case of Schools of the Future in Victoria", School Global Budget Research Project, Department of Education, December 31, 1996, p.7.

95 予算配分方式の詳細については次の拙論を参照。「豪州ビクトリア州における学校包括予算配分方式－公平と効率－」オセアニア教育学会『オセアニア教育研究』第6号、1999年、25－27頁。

96 Department of Education, *Guide to the 1999 School Global Budget, op.cit.*, p.1（di）.

97 *Ibid.*, p.1（sl）. 特別学習費をどの学校にどの程度配分するかは特別学習費指標（SLN Index）にもとづいて決定される。教育委員会は83の公立学校における7233人の生徒の背景と識字力の因果関係を調査し、低学力の要因となる背景として次の6要素を抽出した。(1) 貧困：保護者が教育助成金（Education Maintenance Allowance）（連邦政府が低収入の家庭に対して交付する。）を受け取っている生徒の割合。(2) 転校：年度の初めに編入学した生徒の割合。(3) アボリジニ：アボリジニの生徒の割合。(4) 家庭で使用する言語：英語以外の言語を家庭で使用している生徒の割合。(5)家庭：生徒が両親とともに生活しているか否か。(6) 職業：家計を支える人が失業中、ブルーカラー、ホワイトカラー、専門職のいずれなのか。これらの観点から教育省は、最新の統計資料を活用して、各学校の特別学習費指標を決定する（Department of Education, *Guide to the 1999 School Global Budget*, pp.1-2（sl））。

98 *Ibid.*, p.1（esl）.

99 都市部とはメルボルン（Melbourne）、ジローン（Geelong）、バララット（Ballarat）、ベンディエゴ（Bendigo）、シェパートン・ムールーナ（Shepparton-Mooroopna）、ワナンブール（Warrnambool）、アルバリー・ウオドンガ（Albury-Wodonga）、ミルデューラ（Mildura）、ツラルルゴン（Traralgon）である（Department of Education, *Guide to the 1999 School Global Budget*, 1998, p.1（ri））。

100 Department of Education, *Guide to the 1999 School Global Budget, op.cit.*, p.2（ri）.

101 *Ibid.*, p.1（pp）. 1999年度の重点計画は、「芸術」「音楽演奏」「アボリジニ教育者」「英語以外の言語」「英語以外の言語教員補助者」「理科・技術」「学校改善」「教員研修」「体育」である（Department of Education, *Guide to the 1999 School Global*

Budget, 1998, p.1（pp））。
102　Hill, P. W., "Building Equity and Effectiveness into School-Based Funding Models: An Australian Case Study", Annual Summer Data Conference, National Centre for Educational Statistics, Washington, DC, July 24-26, 1996, pp.5-6.
103　Department of Education, *Guide to the 1997 School Global Budget*, 1997, p.1（sl）．2000年には連邦政府予算が一層削減されるため、対象生徒が約30％に減少すると試算されている（Department of Education, *Guide to the 1997 School Global Budget*, 1997, p.1（sl））。
104　*Ibid*., p.1（sl）．
105　Education Committee, *The School Global Budget in Victoria, Final Report*, 1996, p.60.
106　*Ibid*., p.60.
107　Benbow, W., Manager, School Funding Unit, Department of Education, "An Explanatory Letter of Staffing Formula", November 24, 1998.
108　Department of Education, *Guide to the 1999 School Global Budget, op.cit*., p.3（co）．
109　*Ibid*., p.6（co）．
110　ただし、標準教育職員の合計人数を母数として、校長・教頭・3級教員数は15％、2級教員数は15％を上限とする（Department of Education, *Guide to the 1999 School Global Budget, op.cit*., p.3（co））。
111　厳密には、この計算結果に、特別昇給・特別業務手当（Performance Incentives and Special Payments）および1週間以内の校長・教頭・教員休暇費用（Relief Funding Formula）を加算する。特別昇給（昇給前と昇給後の給与差額）・特別業務手当（500ドルから4,000ドルの範囲）は、校長の判断で教育省に申請され、教育省が選定した学校に支払われる。校長・教頭・教員休暇費は、「在籍生徒数にもとづく校長・教頭・教員数×7.3（中等学校の場合3.2）×183ドル」という公式で算出する（Department of Education, *Guide to the 1999 School Global Budget*, 1998）。
112　Caldwell, B. J. and Hill, P. W., *op.cit*., p.15.
113　*Ibid*., pp.15-16.
114　*Ibid*., pp.15-16.「平均給与収入、平均給与支出」は、特定の学校（名門校・伝統校）に号俸の高い教員が集中して異動せず、号俸の低い若い教員が経済的に貧しい地域の学校に集中するという問題点も併せ持つ。この問題点を解決するために、コールドウェルとヒルは、平均給与にもとづいて、校長・教頭・1級教員給与の収入を計算しながらも、実際給与にもとづいて支出を計算する制度、いわゆる「平均給与収入、実際給与支出」（averages in, actuals out）を提案している。この制度では、号俸の高い1級教員が集中している学校は、収支バランスの赤字を避けるために、号俸の低い教員の比率を高めなければならない。つまり「平均給与収入、実際給与支出」は学校における1級教員の号俸構成のバランスを誘導する。しかし号俸の高い1級教員の一部が半ば強制的に異動対象になるため、教員の間で反対意見が多い。それゆえ「平均給与収入、平均給与支出」を採用している（Caldwell, B. J. and Hill, P. W., "Funding Models for Self-Managing Schools: The Case of Schools of the

Future in Victoria", School Global Budget Research Project, Department of Education, December 31, 1996, p.16）。

115 「校長・教頭の平均給与は、学校会計の収入・支出を算出するために使用される金額であり、実際に支払われる給与体系とは金額が異なる」（Department of Education, *Guide to the 1996 School Global Budget*, 1996, p.7（core））。

116 Department of Education, *Guide to the 1999 School Global Budget, op.cit.*, p.6（co）．

117 Auditor-General of Victoria, *Report on Ministerial Portfolios*, 1997, p.24.

118 教育省は学校財務運営の対投資効果（cost-effective）を確保する指針を示した『学校財務運営－校内管理』（School Financial Management, Internal Control）を刊行している。それは、基本財務運営、収入、支出、設備、給与、投資、文書記録の各分野について、予想される問題点、問題発生の可能性を減らすための財務管理目的、財務管理原則を示している（Directorate of School Education, *School Financial Management, Internal Control*, 1995, p.9）。各学校のチャーターには学校目標と重点領域に対応した予算措置が説明されている。

119 Department of Education, *Management of School Global Budgets in 1998*, 1998, pp.6-7.

120 Department of Education, *Victorian Schools News*, Vol.5, Issue 20, December 4, 1997, p.16.

121 *Ibid.*, p.16.

122 Department of Education, "Audit", http://www.sofweb.vic.edu.au/ofreview/5r.htm, Accessed September 30, 1998.

123 Department of Education, "News and FAQs", http://www.sofweb.vic.edu.au/ofreview/audit_q.htm, Accessed September 30, 1998.

124 Directorate of School Education, *Schools of the Future Preliminary Paper*, 1993, p.3. 自律的学校経営は裁量が大幅に拡大しているが、公立学校制度の範疇に位置づいている（Caldwell, B. J. and Spinks, J. M., *Leading the Self-Managing School*, Falmer, 1992, p.31）。

125 Department of Education, *Annual Report 1993-94*, 1994, p.31.

126 *Ibid.*, p.30.

127 インタビュー記録（3）、K氏、ビクトリア州教育省北部地方教育事務所アカウンタビリティ主事、J氏、ビクトリア州教育省北部地方教育事務所地方校長コンサルタント、V氏、ビクトリア州教育省北部地方教育事務所地方校長コンサルタント、テーマ：アカウンタビリティに関する地方教育事務所の役割、1998年10月29日、巻末資料281－282頁。

128 Department of Education, *Annual Report 1997-98, op.cit.*, p.17.

129 *Ibid.*, p.2.

130 *Ibid.*, p.2. 補習教室は、英語の学習あるいは学校での学習に対するレディネスが不十分な生徒を対象としている。

131 前掲インタビュー記録（3）、巻末資料283－285頁。

132 同上インタビュー記録（3）、巻末資料284頁。

133 Department of Education, Annual Report 1993-94, op.cit.
134 Directorate of School Education, North West Metropolitan Region, *Directory 1996*, 1996, p.4.
135 *Ibid.*, p.104.
136 Department of Education, *Annual Report 1997-98, op.cit.*, p.18.
137 Department of Education, Employment and Training, *Public Education: The Next Generation, Report of the Ministerial Working Party*, 2000, p.29.

第4章 アカウンタビリティ政策

第1節 アカウンタビリティ政策の概要

　1993年、アカウンタビリティ政策を策定・実施する組織として教育省に学校評価局（Office of Review）が設置された[1]。アカウンタビリティ政策の概要は次の通りである。

　第一に、学校経営の結果を評価する基準としてベンチマークが策定された。ベンチマークは、生徒の学力、教員のモラール、教員と保護者の意見等に関する平均値、最高値、最低値を示している。アカウンタビリティの基準として、教育課程政策と中等教育修了資格試験も重要であるが、これらに加えてベンチマークが策定された。

　第二に、3年間の学校経営計画を導入し、その実施結果を評価するために、チャーター、学校年次報告、3年毎の学校評価が導入された。チャーターとは、校長、学校審議会会長、教育行政代表が同意・署名した3年間の学校経営計画である。学校年次報告とは、チャーター実施1年目と2年目の校内自己評価である。3年毎の学校評価とは、チャーター実施3年目に行う自己評価と外部評価である。3年毎の学校評価は、チャーターを実施した3年間の経営結果に対する評価であり、新しいチャーター作成のための勧告を提示する。つまり「チャーター→学校年次報告（1年目）→学校年次報告（2年目）→3年毎の学校評価（3年目）」という経営サイクルが各学校で展開される。

　このように、アカウンタビリティ政策は、校長、保護者代表、教育行政代表の同意・署名という契約的行為によって有効になるチャーターを導入するとともに、ベンチマークという基準を設定し、学校評価の実施も学校に義務

づけている。

第2節　ベンチマーク

　ベンチマークとは、企業や行政機関において「自らの機関の業績指標を適当な外部基準値と比較するという概念である。このような基準値は、専門的な基準値であったり州レベルや国民レベルの統計値であったり、適切なカウンターパートの業績目標や実績値であったりする」[2]。1990年代中葉以降、オーストラリアの教育行政と学校経営でもベンチマークという概念が使用されるようになった。ベンチマークとは、生徒の学力、教員のモラール等に関して、各学校の実績にもとづいて算出した平均値、最高値、最低値であり、学校経営の評価基準として使用される[3]。

　教育課程政策はアカウンタビリティの基準を示している。そして、学校は教育課程政策の基準と生徒の学力水準を比較して、生徒の学力が妥当かどうかを判断できる。しかし、教育課程政策は行政が期待する学力を示した基準であるため、次の3つの限界がある。第一に、学力以外の点、すなわち教員のモラール等の基準を提供していない。第二に、生徒が実際に習得した学力データにもとづく基準ではない。第三に、学校において生徒の経済的・言語的背景が学力に与える影響を考慮していない。ベンチマークはこれらの限界をのりこえようとして開発された。

　ビクトリア州では教育省学校評価局が毎年、ベンチマークを作成、刊行している。「ベンチマークは経営結果の基準であり、州内の全公立学校から収集したデータにもとづいている。それは全州あるいは特定の学校群が達成した複数の水準を集約している」[4]。その目的は、各学校が多面的に経営結果を検討し、評価するための基準を提供することである[5]。

　ベンチマークの特徴として次の点があげられる。第一に、ベンチマークは、生徒の学力だけでなく、学校の組織運営にも着目して、複数の基準を示している。すなわち、「教育課程政策、準備学年－10学年ベンチマーク」(Year Prep-10 Curriculum and Standards Framework Benchmarks)、「中等教育修了資格試験

ベンチマーク」（Victorian Certificate of Education Benchmarks）、「11 学年・12 学年残留率ベンチマーク」（Retention Years 11-12 Benchmarks）、「学校経営ベンチマーク」（School Management Benchmarks）が策定されている[6]。

「教育課程政策、準備学年－10 学年ベンチマーク」と「中等教育修了資格試験ベンチマーク」は、英語と算数・数学の生徒の学力の基準を示している。「11 学年・12 学年残留率ベンチマーク」は、中等学校（7 学年）に進学した生徒数を母数として、11 学年ないし 12 学年に進級した生徒の割合の基準を示している。「学校経営ベンチマーク」は、教育課程における授業時数配分、中等学校卒業生進路、生徒の出席率・安全、職場環境、教員のモラール、リーダーシップ、教員の欠勤、校内研修の基準を示している[7]。

第二に、ベンチマークは学校の実態把握にもとづいて、州全体の学校経営の結果の平均値、最高値、最低値を算出し、基準としている。実態把握の手順は次の通りである。学校はチャーター実施の 1 年目と 2 年目に自己評価を行い、学校年次報告を刊行するが、教育省学校評価局はこれを収集する[8]。そして、全公立学校の学校年次報告のデータをもとに、州全体の平均値、最高値、最低値を算出している。これを州全体ベンチマーク（Statewide Benchmarks）という。例えば「教育課程政策、準備学年－10 学年ベンチマーク」の場合、教育課程政策を基準として、生徒の学力データをもとに、州全体の平均値、最高値、最低値を示している。ただしベンチマークは各学校の学力データを示していない[9]。これはベンチマークにもとづく学校ランキングの形成を避けるためである。

第三に、「教育課程政策、準備学年－10 学年ベンチマーク」、「中等教育修了資格試験ベンチマーク」、「学校経営ベンチマーク」（中等学校卒業生進路の項目のみ）は、州全体ベンチマークだけでなく、生徒の経済的・言語的背景を考慮したベンチマークも策定している[10]。具体的には**表 4-1**に示したように、生徒の経済的・言語的背景が類似している学校を 1 つのグループにまとめて、9 つの学校群を形成している。

経済的背景は、教育助成金を受給している保護者を持つ生徒が、全校生徒に占める割合をもとにしている。教育助成金は収入が低い家庭に対して教育

表 4-1　学校群ベンチマークの類型

学校群	学校数		英語以外の言語を家庭で使用している生徒が全校生徒に占める割合	教育助成金を受給している保護者を持つ生徒が全校生徒に占める割合
	小学校	中等学校		
1	266	24	4％以下	28％以下
2	159	25	4％より多く、22％以下	28％以下
3	38	7	22％より多い	28％以下
4	386	89	4％以下	28％より多く、43％以下
5	114	35	4％より多く、22％以下	28％より多く、43％以下
6	65	21	22％より多い	28％より多く、43％以下
7	408	52	4％以下	43％より多い
8	48	8	4％より多く、22％以下	43％より多い
9	167	38	22％より多い	43％より多い

注：学校数は 1996 年度。
出典：Department of Education, *Year Prep-10 Curriculum and Standards Framework, Benchmarks 96*, 1997, p.58. Department of Education, *Victorian Certificate of Education, Benchmarks 96*, 1997, p.34.

省が交付している。一方、言語的背景は、英語以外の言語を家庭で使用している生徒が、全校生徒に占める割合をもとにしている。つまり、経済的・言語的に不利な状況にある生徒の割合をもとに学校群を形成し、学校群ごとに生徒の学力等の平均値、最高値、最低値等を算出し、基準としている。これを学校群ベンチマーク（'Like' School Benchmarks）という。例として表 4-2 に中等教育修了資格試験の英語の学校群ベンチマークの一部を示した。

このうち、学校群ベンチマークが注目に値する。というのも州全体ベンチマークだけでは、平均値に到達しなかった学校、つまり半数の学校の経営結果が不十分にみなされてしまうからである。平均値に到達しなかった学校の多くは、経済的・言語的に不利な状況にある生徒の割合が高い学校である。このような生徒を多く抱える学校の経営結果を公平に評価するためには、学校群ベンチマークが適切である。仮に学校群ベンチマークの平均値と比較して、ある学校の学力が低い場合、学校の組織体制や教育内容・方法の質に問題があるのではないか。このように学校経営改善の方途を広げようとしたのが、学校群ベンチマークである。

表4-2　中等教育修了資格試験ベンチマーク、英語、相対評価の各学校群の成績

州全体／学校群	最高点	平均点	最低点
州全体	50	28.3	4
学校群1	50	29.7	9
学校群2	50	29.8	6
学校群3	50	34.4	13
学校群4	50	28.4	5
学校群5	50	27.3	7
学校群6	47	27.3	4
学校群7	49	27.7	4
学校群8	43	23.9	6
学校群9	50	26.3	6

注：相対評価の点は偏差値である。平均30、標準偏差7に標準化した標準得点を使用している。最高偏差値50。

出典：Department of Education, *Victorian Certificate of Education, Benchmarks 96*, 1997, pp.14-16.

第3節　チャーター

(1) チャーターの定義と構成

　チャーターとは、校長、学校審議会会長、教育行政代表が同意・署名した3年間の学校経営計画である[11]。チャーターは、公式文書であり、明瞭な表現で執筆される必要がある[12]。チャーターは、学校プロファイル（School Profile）、学校目標（School Goals）、重点領域（School Priorities）、実践方針（Codes of Practices）、生徒のルール（Student Code of Conduct）、アカウンタビリティ計画（Accountability Arrangements）から構成されている。チャーターの構成を図示すると、図4-1のようになる。

　学校プロファイルでは、最初に、学校が追求する価値（文化、信念、エートス、期待）が示される[13]。次に、学校種別・規模・地域が説明される。そして、教育課程の概要（教育課程と設備の特徴、学力の改善計画等を含めてもよい）が示され、最後に学校の将来展望が描かれる。

　学校目標は、学校プロファイルと整合性をもって作成され、実践の方向と水準、および期待される成果を示す[14]。学校目標は、教育課程、教育環境、

スタッフマネジメント、財務・設備運営の各目標から構成される。各目標には改善分野（Improvement Areas）も付記される。改善分野には目標の具体像が説明されている。このうち教育課程目標は、授業と生徒の学習に大きな影

```
1．学校プロファイル
        －学校の価値
        －学校の種別・規模・地域
        －学校の教育課程の概要
        －学校の将来展望
2．学校目標
    （1）教育課程目標
        －目標
        －改善分野
        －目標達成度の測定
        －基準
    （2）教育環境目標
        －目標
        －改善分野
        －目標達成度の測定
        －基準
    （3）スタッフマネジメント目標
        －目標
        －改善分野
        －目標達成度の測定
        －基準
    （4）財務・設備運営目標
        －目標
        －改善分野
        －目標達成度の測定
        －基準
3．重点領域
        －関連する学校目標
        －現状分析と重点領域の必要性
        －重点領域（重点領域、目指す成果、目標達成度の測定）
        －初年度実施戦略
            （データ収集・分析、プログラム開発、研修、予算、運営）
4．実践方針
5．生徒のルール
6．アカウンタビリティ計画（学校評価の領域、データ、実施者、頻度、結果報告対象者）
```

図4-1　チャーターの構成

注：教育課程目標は、授業と生徒の学習に大きな影響を与えるため、最も重視されている。
出典：Department of Education, *Developing a School Charter*, 1997, pp.10-12. D Primary School, *School Charter 2003-2005*, 2003, pp.2-15.

響を与えるため、最も重視されている。教育環境、スタッフマネジメント、財務・設備運営の各目標は、教育課程目標と整合性をとる必要がある。

　教育課程目標は、生徒の学力向上の目標、編成する教育課程のイメージ等を示す（**表 4-3**）。教育環境目標は、生徒の安全、生徒の学校空間への信頼等の目標を示す。スタッフマネジメント目標は、教職員のメンタルヘルス、意欲・勤務状況に関する目標を示す。財務・設備運営目標は、予算編成の方針、重点配分、設備の改善に関する目標を示す。

　各目標に対応して、目標達成度の測定および基準が記載される[15]。目標達成度の測定は、各学校の具体的方法（School Specific）と州共通の方法（Common Statewide）に分けて、目標達成度を測定するための指標を簡潔に示している[16]。州共通の指標として、例えば、中等教育修了資格試験の成績があげられる。一方、基準は、目標達成度の評価基準である。ベンチマークや教育課程政策の到達水準が基準として使用されている。

　重点領域は、チャーターが有効な 3 年間に学校全体で継続して取り組む領域である[17]。これは学校の教育ニーズと教育政策の重点の両方を考慮して、決定される[18]。例えば、読解力と計算力の向上が掲げられる（**表 4-4**）。各学年の数値目標を設定する学校もある。重点領域の構成は、関連する学校目標、現状分析と重点領域の必要性、重点領域、実施戦略である。

　さらに、学校の判断で、学校目標のうち 1 つかそれ以上を特定改善目標（Improvement Focuses）として設定できる[19]。特定改善目標は 3 年間継続するのではなく、学校に対する要請、環境の変化に対応して柔軟に変更できる。実践方針は、学校目標、重点領域を達成するために、学校に関与する人々の

表 4-3　チャーターにおける教育課程目標

目標：全学年で 8 つの主要学習領域を網羅した教育課程を編成・実施する。全主要学習領域で生徒は積極的に学習を援助され、学力を改善する。
改善分野：教育課程政策と整合性をもって教育課程を編成・実施する。英語の学力を改善するために効果的な授業計画を評価・実施する。算数の学力を改善するために効果的な授業計画を評価・実施する。

出典：B Primary School, *School Charter 1997-1999*, 1997, p.5.

表4-4 チャーターにおける重点領域、英語

関連する学校目標：全生徒が識字の学習を積極的に支援され、学力を改善する。
現状分析と重点領域の必要性：学校自己評価によると、多くの生徒は教育課程政策が期待する学力レベルに到達していない。低学力の原因と生徒を特定する必要がある。
重点領域：全学年共通の理念、実践、教育課程を策定する。低学力の生徒を特定し援助するために、識字計画をさらに開発する。
目指す成果：識字政策「生活の鍵」（Keys to Life）にもとづいて、学校全体で識字学習を推進し、教育課程実施を改善する。生徒の到達レベルを向上するために、低学力の生徒を特定し、彼らが識字の到達レベルを向上するように援助する。
目標達成度の測定：教育課程政策のレベルに即した評価を行う。識字政策「生活の鍵」を活用して教員が生徒の識字を定期的に評価する。生徒が自分の学力レベルを自己評価する。
実施戦略（略－項目のみ）：教育計画（1年計画）の策定。生徒の学力データ収集と分析。詳細な教育計画の開発。教員研修。予算支援措置。教育計画運営の責任の所在の明確化。

出典：B Primary School, *School Charter 1997-1999*, 1997, p.7.

表4-5 アカウンタビリティ計画、領域：学校経営、教育課程

領域	データ	データ分析・報告責任者	報告回数	報告対象者
学校経営 （チャーター・学校年次報告）	学校年次報告に記載するデータ項目	校長・教頭・学校審議会	年に1回	学校審議会 保護者・地域社会 教育省
教育課程の実施	時間割	教頭・教務委員会	学期に1回	校長・学校審議会
	学期計画	主任	学期に1回	校長
	授業計画	教員	週に1回	主任
	成績評価・報告	教頭・主任・教員	月に1回	生徒・保護者・主任・学校審議会
教育課程実施の成果	生徒の成績・生徒の意見	主任・教員	年に2回	生徒・保護者
	保護者の意識調査	校長・教頭、教務委員会	年に1回	校長・学校審議会

出典：B Primary School, *School Charter 1997-1999*, 1997, p.18.

実践の方向性を定めている[20]。これは、学校審議会実践方針、校長・教頭実践方針、教員実践方針、保護者・地域住民実践方針から構成されている。一方、生徒のルールは、生活指導を進めるために生徒の行動基準を定めている[21]。アカウンタビリティ計画は、学校経営の領域ごとに、収集するデータの種類、データ分析と報告の責任者、その回数、報告対象者を一覧表にまとめている

(表4-5)。

つまり、チャーターにおいて、学校プロファイル、学校目標、重点領域、実践方針、生徒のルール、アカウンタビリティ計画は、相互に整合性をもっている。

(2) チャーターの作成過程

チャーターの作成過程は学校によって多様だが、典型的な手順は次の通りである[22]。まず学校は、校長、学校審議会会長・保護者代表、教員、保護者が参加する会議を開催し、新しいチャーターの学校目標、重点領域、特定改善目標、実践方針、生徒のルールに対する意見を集約する。次にこの意見を考慮して、複数の教員と学校審議会保護者代表によって構成されるチャーター作成委員会（Charter Writing Group）が、チャーターの原案（約20頁）を作成する。この際、前年度に行われた3年毎の学校評価の勧告を反映しなければならない。チャーター作成委員会は、原案について校長と協議し必要があれば修正する。

次に、校長はチャーターの原案を地方教育事務所に送付する[23]。地方教育事務所のアカウンタビリティ主事と地方校長コンサルタントは、チャーター原案の書式が教育省の指針に一致しているか[24]、3年毎の学校評価の勧告が反映されているかを確認する。そして、地方校長コンサルタントは修正すべき点を電子メール等で指摘する。チャーターに大きな問題点がある場合、地方校長コンサルタントは学校を訪問して、校長とチャーター作成委員会に原案の修正を指導する[25]。

チャーター作成委員会は必要に応じてチャーターの原案を修正する。その後、学校審議会がチャーターの原案を審議・決定する。チャーターは、校長、学校審議会会長、地方教育事務所長に署名されて有効となる。地方教育事務所長は、教育省事務次官を代理し、教育行政代表として署名する。ただし、地方教育事務所長は、チャーターに3年毎の学校評価の勧告が反映されていない場合、あるいはチャーターが教育政策に対応していないと判断した場合に、チャーターの署名を拒否できる。なお、署名されたチャーターは教育省

学校評価局と地方教育事務所長に提出される。提出されたチャーターは教育政策立案・地方教育行政運営の基礎資料となる[26]。

チャーターが有効となった後、チャーターにもとづいて教育課程が編成される。校務分掌の決定と教員配置、研修計画の策定、予算編成も行われる[27]。学校はチャーターを修正できるが、大幅に修正する時は地方教育事務所長と協議する必要がある[28]。

チャーターが有効となるまで、学校は地方教育事務所と連絡する必要がある。とはいえ、**表4-6**から明らかなように、チャーターの作成には校長、教員、学校審議会会長が深く関与している。表4-6は、学校構成員・地域住民・教育行政職員がチャーターの作成にどの程度関与したかを、0（全く無い）、1（最小）から5（最大）までの6段階で校長が回答した結果である。この調査は1993年に小学校校長会、中等学校校長会、教育省、メルボルン大学が共同で実施した質問紙調査である。325校の校長を対象に質問紙を送付し、

表4-6　チャーターの作成に対する関与

チャーター作成に関与した人物	0	1	2	3	4	5	平均値
校長	0	1	1	2	9	**87**	4.8
学校審議会会長	2	1	7	25	**32**	**32**	3.8
学校審議会構成員	2	2	2	**36**	**36**	23	3.7
学校審議会構成員以外の保護者	6	7	22	**38**	21	6	2.8
教員	1	1	1	12	**45**	41	4.2
職員	11	14	19	**28**	20	8	2.5
生徒	**42**	22	21	12	2	1	1.1
地域住民	**37**	22	23	15	3	1	1.3
地方教育行政職員（地区レベル）	**36**	22	18	13	9	2	1.5
地方教育行政職員（地方レベル）	**39**	22	20	12	6	1	1.3
中央教育行政職員	**30**	17	17	20	11	5	1.8

注：関与の程度を0；全く無い、1（最小）－5（最大）から選択して回答する。太字は最大値。
　　単位は％。数値は原文のママ。

出典：Victorian Primary Principals Association, Victorian Association of State Secondary Principals, Directorate of School Education, The University of Melbourne, *A Cooerative Research Project, Leading Victoria's Schools of the Future, The First Report, Base-Line Survey of Principals in 1993*, 1993, p.17.

225 の回答を得て回収率は 69.2％だった[29]。チャーターの作成には校長、教員、学校審議会会長の関与は不可欠だが、とくに校長の役割が大きくリーダーシップの発揮が期待される[30]。

第 4 節　学校年次報告

(1) 学校年次報告の定義と領域

　学校年次報告とは、チャーターの学校目標と重点領域に関する 1 年間の達成度を示した校内自己評価の報告書である[31]。その目的は、各学校が学校経営の結果を分析することによって[32]、チャーターの学校目標と重点領域の達成度を学校審議会と教育省に毎年報告することである。また、3 年毎の学校評価の実施と新しいチャーターの作成に有用なデータを記録することも目的である[33]。

　学校年次報告の評価領域は、チャーターの教育課程、教育環境、スタッフマネジメント、財務運営の各目標と重点領域である。これらのうち、教育課程目標の評価が最も重視されている[34]。財務運営については「会計検査官（auditor）が毎年評価し、評価結果を教育省学校評価局に送付するので、学校年次報告に必ず含める必要はない」[35]。なおチャーターに独自の目標や計画がある場合は、学校年次報告において評価対象にできる[36]。各評価領域は複数の評価項目から構成されている。

　教育課程目標の評価項目は次の通りである。小学校の場合、準備学年から 6 学年の生徒の英語と算数の学力（各学年の何人の生徒の成績が、英語と算数の教育課程政策の各テーマのどのレベルに到達しているか）、教育課程における授業時数配分、教育課程実施に対する保護者の意見、生徒の成績通知に対する保護者の意見である[37]。一方、中等学校の場合、7 学年から 10 学年の生徒の英語と数学の学力（各学年の何人の生徒の成績が、英語と数学の教育課程政策の各テーマのどのレベルに到達しているか）、中等教育修了資格試験における生徒の英語と数学の成績、職業教育コース在籍生徒数・修了生徒数、中等学校卒業生等の進路、12 学年残留率、教育課程の授業時数、教育課程実施に対す

表 4-7　生徒の学力の特徴と勧告

○全体のデータから分析された特徴 1. 多数の生徒は教育課程政策の期待するレベルに到達している。 2. 2学年から6学年までの3%の生徒が、算数の数と測定において教育課程政策の期待するレベルを越えている。 3. 2学年から6学年までの5%の生徒が、英語の教育課程政策の期待するレベルに到達していない。 4. 2学年から6学年までの8%の生徒が、算数の教育課程政策の期待するレベルに到達していない。 5. 2学年から6学年までの生徒のうち、男子よりも多くの女子が英語の教育課程政策の期待するレベルを越えている。 6. 準備学年では、女子よりも多くの男子が英語と算数の教育課程政策の期待するレベルを越えている。
○勧告 算数委員会は、生徒の算数の学力を向上するために、全学年の算数の適切な教育方法を調査・提示するべきである。
○勧告 1学年の特定の生徒集団が識字指導を必要としている。予算配分が可能な範囲内で、1996年に「読み方補習」(Reading Recovery) のような識字の個別指導を導入すべきである。

出典：B Primary School, *1995 Annual Report*, 1995, p.4.

る保護者の意見、生徒の成績通知に対する保護者の意見である[38]。

　教育環境の評価項目は、生徒の出席状況、教育環境に対する保護者の意見、学校における生徒の事故の種類と回数、在籍生徒数である[39]。スタッフマネジメントの評価項目は、研修に対する教員の意見、モラール・リーダーシップ・目標共有・人間関係に対する教員の意見、教員の欠勤理由と日数である[40]。財務運営の評価の項目は示されていない[41]。重点領域の評価項目も示されていない[42]。

　学校年次報告は、評価領域・項目に関して、データを分析し、今後の学校経営の勧告を示している。表 4-7 に、学校年次報告における生徒の学力の特徴と勧告の例を示した。

(2) データの分析・評価方法

　自己評価にあたっては、前述の評価項目に関するデータの収集が必要であ

る。主要なデータは、生徒の成績分布や保護者・教員に対するアンケート調査の結果である。

　学校年次報告に掲載しなければならないデータは次の通りである[43]。教育課程政策を基準とした生徒の学力、中等教育修了資格試験における生徒の成績、教育課程における授業時数配分、授業の質・学力向上への教員の熱意・成績通知・教育環境に対する保護者の意見、卒業生等の進路、生徒の出席状況、研修・モラール・リーダーシップ・目標共有・人間関係に対する教員の意見、11学年・12学年残留率（中等学校のみ）。一方、必要に応じて、学校年次報告に掲載するデータは、在籍生徒数、研修参加状況、生徒の事故の種類と回数、教員の欠勤理由と日数、財務報告、7－10学年残留率である。

　データは学校が統計処理しなければならない。それを支援するために、教育省は経営情報システム（Management Information System）というコンピューター・ソフトウエアを学校に配布している。それはキッドマップ（KIDMAP）、学校用コンピューター運営システム（Computerised Administrative Systems Environment for Schools; CASES）、学校用コンピューター運営情報システム（CASES Management Information System）、教育経営情報システム（Education Management Information System）から構成されている[44]。

　次に統計処理したデータを分析・評価するにあたって、評価基準が必要である。主な基準は教育課程政策、ベンチマークである。学校はこれらの基準とデータを照らし合わせて分析する。

　評価領域・項目に共通の基本的な分析視点は、次の通りである[45]。第一に、前年の学校年次報告のデータと現在のデータを比較して、データの変遷を明らかにする。第二に、州全体ベンチマーク・学校群ベンチマークと学校のデータを比較する。第三に、学校の状況を把握してデータを分析する。

　さらに、教育省学校評価局は評価項目ごとの分析視点も示している。その例として、**表4-8**に小学校の英語と算数の学力を分析するための視点を示した。学校はこれを参考にデータを分析し、学校経営の成果と課題、長所と短所を明らかにする。そして今後の学校経営のための勧告・行動指針を示して、自己評価の結論とする。

表 4-8　評価項目ごとの分析視点、生徒の学力、小学校、英語と算数

○何パーセントの生徒が、英語と算数の教育課程政策の各テーマにおいて期待されるレベルに到達しているか、レベルを越えているか、レベルに到達していないか。
○特に学力が低い特定の生徒集団が存在するか。
○州全体ベンチマーク・学校群ベンチマークと比較して学校のデータはどうなっているか。
○過去の学力と比較して学校のデータはどうなっているか。
○学年・レベル間の学力の多様性から重要な情報を引き出せるか。
○学校が実施したテスト結果とデータは一致しているか。
○学力調査プロジェクトの学校の結果とデータは一致しているか。
○学年・レベルが上昇するにつれて、どんな学力改善の傾向があるか。
○各テーマ、各レベルを軸に、前年と現在の学力を比較すると、どんな傾向があるか。
○生徒の学力を改善するために、学校全体で取り組むべき行動があるか。
○特定の生徒集団の学力を改善するために、取り組むべき行動があるか。
○特定の生徒集団あるいは学年に焦点を当てて、長期間データをとる必要があるか。

出典：Department of Education, *Guidelines for Annual Reports*, 1997, p.12.

(3) 学校年次報告の作成過程と運用

　学校年次報告の作成は、教頭あるいは主任教員が単独で担当する場合と、複数の教員と学校審議会保護者代表によって構成される委員会が担当する場合がある[46]。ただし、学校審議会が評価業務を担当する学校もある。

　学校年次報告担当者あるいは委員会は、まず複数の教員に各評価領域を分担する。そして教員に評価領域のデータ収集・分析と報告書の作成を依頼する。依頼を受けた教員は、担当した評価領域の報告書を作成・提出する。その後、学校年次報告担当者あるいは委員会は、提出された報告書を総合的に分析・編集し、学校年次報告（約30頁）を作成する。ただし作成された学校年次報告は学校審議会によって審議・認可される必要がある。

　学校年次報告は次のように運用される。第一に、学校年次報告は学校審議会、校長、教頭、教員、保護者、地域社会に報告・公表される[47]。第二に、学校年次報告に示された勧告は、今後の学校経営の指針となる。第三に、学校年次報告は、3年毎の学校評価の基礎データとして扱われる。第四に、学校年次報告は地方教育事務所長に提出される[48]。地方教育事務所職員は、学

校年次報告を通して地方内の学校の現況を知ると共に、校長の経営業績評価の資料として使用する[49]。第五に、学校年次報告は教育省学校評価局に提出される[50]。教育省学校評価局は、学校年次報告に記載されたデータから州全体の平均値、最高値、最低値等を算出し、州全体ベンチマークと学校群ベンチマークを作成する[51]。

第5節　3年毎の学校評価－学校自己評価－

(1) 3年毎の学校評価の定義

　3年毎の学校評価とは、チャーターの目標と教育政策の両方を視野に入れて、3年毎に学校経営の結果を体系的に評価することである[52]。これは学校自己評価（School Self-Assessment）と外部評価（Independent Verification）から構成されている。その目的は、新しいチャーター作成の勧告を作成し、学校経営の改善策を提示することである[53]。評価の主要な領域は、チャーターの学校目標と重点領域の達成度、生徒の学力、学校経営の結果に対する保護者の意見、職場環境に対する教員の意見、教育課程政策とベンチマークに対する学校の達成度と今後の行動計画である。以下では学校自己評価と外部評価について順に検討する。

(2) 学校自己評価の定義と領域

　学校自己評価とは、各学校が、チャーターの学校目標と重点領域に関して、3年間の達成度を評価することである[54]。その目的は、学校経営の成果と課題を明確にすること、学校年次報告の分析を通して経営成果の変遷を明らかにすること、新しいチャーター作成の勧告を作成することである[55]。

　学校自己評価の評価領域は、チャーターにおける教育課程、教育環境、スタッフマネジメント、財務運営の各目標と重点領域である。中でも、教育課程目標の評価が最も重視されている[56]。各評価領域には複数の評価項目が設けられている。

　教育課程目標の評価項目は次の通りである[57]。小学校の場合、準備学年か

ら6学年の生徒の英語と算数の学力（各学年の何人の生徒の成績が、英語と算数の教育課程政策の各テーマのどのレベルに到達しているか）、教育課程における授業時数配分、教育課程実施に対する保護者の意見、生徒の成績通知に対する保護者の意見である。一方、中等学校の場合、7学年から10学年の生徒の英語と数学の学力（各学年の何人の生徒の成績が、英語と数学の教育課程政策の各テーマのどのレベルに到達しているか）、中等教育修了資格試験における生徒の英語と数学の成績、職業教育コース在籍生徒数・修了生徒数、中等学校卒業生等の進路、12学年残留率、教育課程における授業時数配分、教育課程実施に対する保護者の意見、生徒の成績通知に対する保護者の意見である

　教育環境目標の評価項目は、生徒の出席状況、教育環境に対する保護者の意見、学校における生徒の事故の種類と回数、在籍生徒数である。スタッフマネジメント目標の評価項目は、研修・モラール・リーダーシップ・目標共有・人間関係に対する教員の意見、教員の欠勤理由と日数である。財務運営目標の評価項目は、3年間の生徒数、収入と支出である[58]。重点領域の評価項目は特に示されていない。

　以上の評価領域・項目では、それぞれの分析から見出された特徴と今後の学校経営に対する勧告が示されている。学校自己評価の評価領域・項目は、財務運営の評価が必須となっている点を除いて、学校年次報告と共通である。

(3) データの分析・評価方法

　学校は学校自己評価を行う際、学校年次報告に記載されたデータに加えて、チャーター実施3年目のデータを収集し分析する。学校自己評価報告書に掲載しなければならないデータは次の通りである[59]。教育課程政策の水準に対する学力到達度、中等教育修了資格試験における成績、教育課程における授業時数配分、授業の質・教員の学力向上への熱意・成績通知・教育環境に対する保護者の意見、卒業生等の進路、11学年・12学年残留率（中等学校のみ）、生徒の出席状況、在籍生徒数、学校環境に対する保護者の満足度、生徒の事故の種類と回数、研修の実施状況、研修・モラール・リーダーシップ・目標共有・人間関係に対する教員の意見、教員の研修参加状況、教員の欠勤理由

と日数、財務報告である[60]。

　データを分析・評価する基準は、学校がチャーターの学校目標と重点領域の目標を達成しているかどうかである[61]。教育課程政策、ベンチマークと比較して生徒の学力がどの程度か、中等教育修了資格試験の結果がどのようであったかも基準となる[62]。

　教育省学校評価局は、データを分析する際の着眼点として、成果のレベル、長所と短所、特に成功した計画、今後の改善策をあげている[63]。さらに教育省学校評価局は評価項目ごとの分析視点も例示しているが、これは学校年次報告における分析視点（表4-8）とほぼ同じ内容である[64]。これらの視点を参考に分析し、学校経営の成果と課題を明らかにする。そして新しいチャーター作成の勧告を示して学校自己評価の結論とする。

(4) 学校自己評価の過程と運用

　学校自己評価に関する実務は、教頭あるいは主任教員が単独で担当する場合と、複数の教員と学校審議会保護者代表によって構成される委員会が担当する場合がある[65]。ただし、学校審議会が評価業務を担当する学校もある。

　学校自己評価担当者あるいは委員会は、まず、教員に各評価領域のデータ収集・分析と報告書の作成を依頼する。依頼を受けた教員は各評価領域に関する報告書を作成・提出する。その後、学校自己評価担当者あるいは委員会は、提出された報告書を分析・編集し、約20頁の学校自己評価報告書を作成する。ただし、保護者・地域住民が参加する会議を開催し、学校自己評価に対する保護者・地域住民の意見を集める場合もある。さらに、学校自己評価報告書は学校審議会に報告される。学校審議会への報告に至るまで4週間から10週間かかる[66]。

　学校自己評価報告書は次のように運用される[67]。第一に、学校自己評価報告書は、チャーター、学校年次報告とともに、外部評価で使用される。学校自己評価報告書、チャーター、学校年次報告は、後述の外部評価会議（Verification Meeting）を実施する2週間前までに、外部評価者に提出されなければならない。第二に、学校自己評価報告書は教育省に提出され、ベンチマー

ク作成、地方教育行政の計画立案、校長の経営業績評価の資料として活用される。

第6節　3年毎の学校評価－外部評価－

(1) 外部評価の定義と領域

　外部評価とは、学校から独立した外部評価者が、学校自己評価の妥当性を検証する（verify）ことである[68]。その目的は、学校がチャーターの目標と重点領域を達成できたかどうかを検討し、新しいチャーター作成のための勧告を示すことである[69]。外部評価では、学校外部の評価者が学校自己評価報告書を分析し、必要に応じて修正することによって、評価の質を高めようとしている。

　外部評価の領域は、学校自己評価報告書に記載された内容である。すなわち、チャーターの教育課程、教育環境、スタッフマネジメントの各目標と重点領域の評価結果と勧告が、外部評価の対象となる。ただし財務運営の評価は会計検査官が担当するので、外部評価の領域に入っていない[70]。外部評価者は、チャーターと学校年次報告等のデータも検討した上で、学校自己評価報告書を分析・評価する。

　外部評価の結果は外部評価報告書（Verification Report）に示される[71]。外部評価報告書には、まず学校の状況と外部評価の方法が記載される。学校の状況に関しては、地域社会の概要、地理的位置、在籍生徒数の変遷等が説明される。次に、生徒の学力、教育課程、学校環境、スタッフマネジメント、重点領域について、到達点、問題点、現状の総括、勧告が示される。例として、教育課程および生徒の学力に関する勧告を**表4-9**に示した。最後に、新しい学校目標の勧告、重点領域の勧告、その他の問題点を述べて結語とする。

(2) 外部評価の主体

　外部評価に関する実務は外部評価者（School Reviewer）が担う。外部評価者は学校から独立した存在である[72]。教育省学校評価局は外部評価者の規則

表4-9 外部評価報告書における教育課程、生徒の学力に関する勧告

○英語と算数の学力のデータ（略）
○データの解釈：データから2つの注目すべき点が読み取れる。第一に、上級学年の多くの生徒が教育課程政策の期待するレベルを下回っている。第二に、教育課程政策の期待するレベルを越えている生徒数が十分ではない。
○判断：学力問題の部分的要因は、教育課程政策が期待するレベルを教員が充分に理解していないこと、教員間で教育課程政策が期待するレベルに関する認識が異なっていることをあげられる。1996年に教員が使用を開始したイラスト入りのカードが悪影響を及ぼしている。これは第2学期の最終日に既に使用を中止している。
○勧告： 1. 教育課程政策のレベルに対応した新しい教育課程を実施するために、英語と算数の教育課程評価を行う。 2. 英語と算数の教育課程について補助説明資料を作成する。 3. 教育課程政策に対する知識を広げ、学校全体で一貫した実践をするために、教育課程に関する研修を行う。

出典：B Primary School, *Triennial Review 1994-6*, 1997, pp.4-5.

を次の通り設けている[73]。(1) 外部評価者は評価過程の情報を内密にすること。(2) 学校改善のための重要な課題を詳しく理解するために、学校自己評価の情報を分析・総合すること。(3) 交渉とコンフリクト解決の高い技能を活用して、学校パネルと生産的で専門的な関係を構築すること。(4) 情報を入手し、学校のパフォーマンスについて理解するために、明確にコミュニケーションをとること。(5) 分かりやすく簡潔な文章を執筆すること。(6) 常に公平かつ清廉潔白に行動すること。つまり、外部評価者は適切な評価を行うために、専門性と中立性が求められる。教育省学校評価局は、外部評価者の専門性と中立性を確保するために、外部評価の全体的な活動を所轄している[74]。

教育省学校評価局は個々の外部評価者と直接に契約するのではない。教育省学校評価局と契約した外部評価契約者（Contractor）が、外部評価者を選考・契約している。つまり「教育省学校評価局－外部評価契約者－外部評価者」という三層構造になっている。具体的には、教育省学校評価局は10人の外部評価契約者と契約を結び、外部評価の運営を委託している[75]。外部評価契約者の内訳は、大学教員（4人）、教育経営コンサルタント会社代表（1人）、

経営コンサルタント会社代表（2人）である。教育省学校評価局は外部評価契約者に担当地域を割り当てる[76]。外部評価契約者の業務は、外部評価者の選考と契約、外部評価実施組織の編制と運営、教育省学校評価局に対する報告である。

外部評価契約者は、教育省学校評価局による外部評価契約者の公募に応じ、選考を経て採用され、教育省学校評価局と契約する。例えば、メルボルン大学教育学部のA氏とB氏は外部評価契約者を共同で務めている。彼らは**表4-10**の通り外部評価実施組織を編成し、運営している。

外部評価契約者は、教育省学校評価局が認定あるいは準認定の資格を与えた人物の中から、外部評価者を選考・契約する[77]。認定・準認定の手順は次の通りである[78]。教育省学校評価局は外部評価者を公募し、応募者に対し履歴書の提出と認定講習（accreditation program）への参加を求める[79]。履歴書の審査では、次のいずれかの経験を有することが求められる。すなわち、複数の学校において校長の経験を持つこと、大学において学校の効果・改善に関する高い研究業績を持つこと、教育省において教育政策実施・学校改善に関する局長、副局長、課長等の管理職経験を持つこと、主任教諭として学校経営の質の確保に関わった経験を持つことが基準となる。

認定講習では、まずアカウンタビリティ政策と外部評価の技能に関する講習を2日間実施し、次に外部評価会議の演習を2日間実施する。演習とは現職校長が参加する外部評価会議のシミュレーションである。応募者は、演習で外部評価の力量を示すと共に、外部評価報告書を作成し提出する。教育省学校評価局は履歴書と認定講習の結果を審査し、応募者に対し、認定、準認定、不合格のいずれかの通知をする。認定を受けた人物は、外部評価契約者と契約できる。準認定を受けた人物は、経験豊富な外部評価者と共に2回以上の外部評価を実施し、その際に十分な力量を示すことができれば、認定の資格が与えられる。

とはいえ「教育省学校評価局の認定を受けた人物であっても、外部評価契約者によって雇用される保障はない」[80]。外部評価契約者が、認定を受けた人物の中からより高い力量を持つ人物を選考し、契約するからである。厳し

表4-10　外部評価実施組織

○外部評価契約者 　A氏　メルボルン大学教育学部講師、教育学博士、前公立中等学校教諭 　B氏　メルボルン大学教育学部上級講師、教育学博士
○外部評価者（氏名は省略、所属のみ記載） 　メルボルン大学名誉教授 　メルボルン大学教育学部准教授 　経営コンサルタント、前公立学校教諭 　前ビクトリア州教育省事務次官 　前ビクトリア州地方教育事務所職員 　前ビクトリア州学校支援センター職員 　前公立小学校校長 　教育コンサルタント、前大学教員 　前モナッシュ大学准教授、元ビクトリア州地方教育事務所職員 　前公立中等学校校長 　教育コンサルタント、前教育省学校評価局職員 　公立中等学校校長

注：職歴はいずれも1999年時点。
出典："List of School Reviewers", Unpublished Paper, 1999.

い審査過程の一方で、外部評価者は1回の学校評価につき約2,100ドルの給与を支給され、その職業的地位と報酬が担保されている[81]。

(3) データの分析・評価方法

　外部評価者は、チャーター、学校年次報告、学校自己評価報告書を分析する。ベンチマーク、教育課程政策等も参照し、学校自己評価の妥当性を確認する[82]。その基本的視点は、データが提示されているか、見過ごされている点はないか、今後の学校経営のための指針・勧告が明示されているかの3つである[83]。

　さらに、教育省学校評価局は外部評価の指針となる視点を例示している[84]。第一に、生徒の学力について、英語と算数・数学の生徒の学力が教育課程政策の水準に達しているか、生徒の学力到達度が中等教育修了資格試験の州全体・学校群ベンチマークに匹敵しているか、生徒が高い学力を達成している領域は何か、生徒の中等教育修了資格試験の結果はどうかという視点を示し

ている。第二に、教育課程について、教材と生徒の時間割は適切か、教育課程に対する保護者の意見はどうなっているか、成績通知に対する保護者の意見はどうなっているかという視点を示している。第三に、教育環境について、学校の学習環境は安全で魅力的かという視点を示している。第四に、スタッフマネジメントについて、学校の組織は健康か（研修・モラール・リーダーシップ・目標共有・人間関係に対する教員の意見はどうか）という視点を示している。第五に、チャーターの重点領域は達成されたか、学校の期待に適う経営成果が得られたか、重点領域は次のチャーターに継続される必要があるかという視点を示している。

　外部評価者は力量次第で以上の視点を豊かにできる[85]。例えば、生徒の学力が英語と算数・数学の教育課程政策が期待する水準に達しているかという視点は、州全体・学校群ベンチマークとの比較はもちろん、学力調査プロジェクト結果との比較、特定の生徒集団の学力の時系列分析、地域社会の特質の分析を要請する。つまり教育省学校評価局が示した視点は、外部評価者の力量次第で、さらに視野の広い分析枠組となる。

　実際の外部評価の視点は**表4-11**の通りである。表4-11は外部評価者が、C小学校における外部評価会議の前に、学校自己評価報告書を分析したレジュメである[86]。外部評価者は、このレジュメをもとに外部評価会議で意見を述べた。

(4) 外部評価の過程と運用

　外部評価者は、通常、1人で1つの学校を担当し、2人で外部評価を行うことはない[87]。まず、外部評価者は学校と連絡をとり、予備訪問の日程、外部評価会議の日程を決定する。その後、外部評価会議の2週間前までにチャーター、学校年次報告、学校自己評価報告書を送付するように、学校に依頼する[88]。予備訪問において、外部評価者は午前中、校長、学校審議会会長、教務主任と学校経営全般について議論する[89]。その後、外部評価者はチャーター、学校年次報告、学校自己評価報告書を分析し、外部評価会議のレジュメ（表4-11）を作成する。

表4-11　外部評価の視点

1.	学校自己評価報告書全体の質：特に目立つ記載。生徒の学力の分析(州全体・学校群ベンチマーク、特定の生徒集団の学力推移、学力調査プロジェクトの結果)。
2.	学校パネル (School Panel) の構成員：氏名と役職。
3.	学校の状況：学校のプロファイル（場所、近隣指定校、地域社会の特質、集合住宅、人口動態、英語以外の言語を使用する生徒、社会経済状況、離婚率）。設備（遊具、地域社会への開放、維持・改善計画）。在籍生徒数（男女比、学級編制、転校先）。教員配置（人事異動、特別な資格、年齢構成、雇用形態）。学校のルール（どのように作成したか、現在も使用しているのか）。伝統行事（イースター祭、6年生発表会、年末パーティー、学校宿泊）。学校審議会（保護者、教員、父兄・地域住民の会）。学年経営。その他の大きな影響要因。
4.	生徒の学力：英語（3テーマ）。数学（2テーマ）。報告書7－21頁のデータ。質問事項（英語は重点領域か、算数は重点領域か、男子あるいは女子に対する特定改善目標は適切か、成績評価の研修とは何か、技術は重点領域か）。新しいチャーター作成のための勧告。
5.	教育課程：授業時数配分（英語以外の言語の授業時数が低学年で増加している）。保護者の意見（きわめて肯定的、成績評価・通知に対する意見が肯定的になったのはなぜか、どのような保護者との意志疎通の方法をとっているか）。教育課程評価（良い）。新しいチャーター作成のための勧告。
6.	教育環境：生徒の出席率（準備学年以外は高い、出席率向上が改善分野になっている）。在籍生徒数。保護者の意見調査（きわめて肯定的、維持することが望ましい）。教育環境評価(良い)。新しいチャーター作成のための勧告。
7.	スタッフマネジメント：研修（きわめて良い、どのように毎年計画策定しているのか）。教員の意見調査（98年の調査も肯定的だが3年間の中で比較すると良くない、なぜか）。教員の欠勤率（きわめて低い、好印象）。
8.	財務運営：寄付金が多い。新しいチャーター作成のための勧告。
9.	現在の重点領域：①芸術（新しいチャーターの中心）。②英語（重点領域と特定改善目標のどちらなのか）。③英語以外の言語(新しいチャーターの中心)。④教育課程開発(新しいチャーターの中心、保健はできれば特定改善目標にするのが望ましい)
10.	新しいチャーター作成のための勧告：重点領域(算数と技術を重点領域にする)。改善分野(生徒の出席率、英語（「生活の鍵」政策）、教員の意見、保健)。

出典："Prompt Sheet for Verification Visit", Unpublished Paper, November 3, 1998.

　外部評価会議は、外部評価者と学校パネルが参加して、午前9時から午後3時30分まで開かれる[90]。学校パネルは、校長、教頭、教務主任、学校審議会会長から構成される[91]。外部評価会議の議長は通常、校長である[92]。外部評価会議では、まず校長が学校の概要を説明し、校内を見て回る（9時から9時30分まで）。ただし授業の視察は行わない[93]。その後、チャーターの各

学校目標、重点領域の達成度分析、勧告について意見を交換し、外部評価者と学校パネルの間で勧告についての同意をとる。具体的には、生徒の学力の評価（9時30分から10時30分まで）、教育課程目標の評価（11時から12時まで）、学校環境とスタッフマネジメント目標の評価（1時から2時まで）、重点領域の評価（2時から3時まで）というスケジュールで会議を進行し、最後に新しいチャーター作成のための全勧告を同意する（3時から3時30分まで）。

会議終了後、外部評価者は外部評価報告書の原案を作成し、学校に送付する[94]。学校パネルの構成員は原案を検討し、意見を外部評価者に伝える[95]。外部評価者は必要に応じて原案を修正する。そして学校審議会に参加し、原案の内容を報告する[96]。学校審議会では原案の質を高めるために、勧告の言葉づかいも含めて議論する[97]。

その後、外部評価者は外部評価報告書を外部評価契約者に提出する[98]。外部評価契約者は外部評価報告書の原案を確認する。外部評価者は確認を受けた後、校長と改めて協議する。最後に外部評価者、校長、学校審議会会長が署名して、外部評価報告書が有効となる。

有効となった外部評価報告書は、学校、教育省学校教育局長、教育省学校評価局長、地方教育事務所長にも送付される[99]。学校は外部評価報告書に記載された勧告を、新しいチャーターに反映されなければならない[100]。教育省は提出された外部評価報告書を教育政策立案の参考資料として使用する。地方教育事務所の地方校長コンサルタントは、外部評価報告書を読み、学校経営に重大な問題があると判断した場合、学校を訪問する。そして学校経営改善の方法について校長と話し合う[101]。このように、外部評価報告書は教育政策立案と学校経営改善につながるように使用されている。

第7節　学校ランキングの規制

ビクトリア州では1980年代中葉に、保護者が公立学校を選択できるようになった[102]。学校選択制は次の通りである[103]。まず、教育省は近隣指定校（designated neighbourhood school）に入学する権利を子どもに与える。近隣指定

校とは、行政が子どもの入学を指定した学校であり、通常この学校は生徒の住所から最も近くに位置している[104]。保護者が子どもを近隣指定校に入学させたくない場合、教室数等学校の諸条件との兼ね合いで、生徒数が上限に達していない別の学校の中から、保護者が選択することを認める。

ただし、ある学校に希望者全員を入学させると生徒数の上限を越えてしまう場合は、次の1から4の優先順位に従って入学する子どもを決定する[105]。1. 近隣指定校へ入学を希望する子ども。2. 兄・姉が通学する学校に入学を希望する子ども。3. 特定の教育課程を理由に入学を希望する子ども。4. 学校から住所までの距離が他の子どもと比較して、より短い子ども。

つまり近隣指定校への入学者をまず全員受け入れ、生徒数の上限に満たない場合、2から4の順に生徒を入学させる。3の段階で、入学する生徒を選抜する必要がある時は、学校は面接や成績表にもとづいて選抜する[106]。基本的に、ペーパーテストによる学力選抜入学試験の実施は認められていない。こうして「近隣指定校に子どもを入学させたい保護者の権利を守ると共に、保護者に学校選択の最大の自由を認めている」[107]。なお、学力が特に優れた子どもに対して、ハイレベルな中等教育を実施するために、公立学力選抜中等学校が2校存在している[108]。州の公立中等学校は全部で281校であるから、これらの学力選抜中等学校は例外といえよう。

学校は、情報を入手したい保護者に対して、学校案内、チャーター、学校年次報告、学校自己評価報告書、外部評価報告書を提供する。これらの文書は、学校選択の判断材料になる。保護者が希望すれば授業を見学できる。ただし、ビクトリア州の学校関係者は、英語、算数・数学等の学力や大学進学実績を一元的尺度として学校ランキングが形成され、それにもとづいて保護者が学校を選択することを警戒している。

ビクトリア州公立中等学校校長会、カトリック中等学校校長会、独立学校校長会は、学校間競争の否定的側面を次のように分析している[109]。英語、算数・数学等の学力や大学進学実績を尺度として、学校間で生徒獲得競争が起こると、点数化可能な主要教科の学力に高い価値が与えられ、社会正義、市民性の育成等の広範な学校教育の目的と成果を軽視してしまう。社会的、経済的、

文化的、身体的に不利な状況にある生徒の育成に対する学校の努力を視野に入れなくなる。成績の低い生徒、勉強に興味を持たない生徒の学習を学校がどれだけ助けたかを視野に入れなくなる。学力下位校を固定化する可能性がある。

　教育行政も市場原理による公立学校改革を懸念している[110]。ビクトリア州のヘイウォード教育大臣は、イギリスのようにリーグ・テーブルを導入しなかった[111]。これはヘイウォードが、イギリスのサッチャー教育改革の行き過ぎを看取したためである[112]。そして、教育省は、英語、算数・数学等の学力や大学進学実績を尺度とした学校ランキングを規制するために、次の方針を定めている。

　第一に、学力調査プロジェクトの各学校の結果を公表することを禁止している。学力調査プロジェクトは、小学校3学年と5学年の生徒を対象に、英語と算数と他の一領域に関して実施される学力調査である。各学校には自分の学校の学力データが教育課程・評価委員会によって提示される。州内の公立学校の学力調査結果の一覧表は公表されていない[113]。

　第二に、各中等学校の中等教育修了資格試験の結果公表も抑制されている。1995年まで各中等学校の中等教育修了資格試験の結果公表は一切禁止されていた。1996年以降、情報公開を進めるために、公立と私立の両方の各中等学校の中等教育修了資格試験結果のうち、偏差値40以上の生徒割合（% Study Scores of 40 or more）、調整到達度指標（Adjusted Achievement Index）、高等教育進学準備指標（Tertiary Preparation Index）が、毎年12月に新聞を通して公表されるようになった[114]（**表4-12**）。

　しかし、これらは学校名のアルファベット順に列記されており、順位をつけたリーグ・テーブルではない。偏差値40以上（偏差値50が最高値）の生徒割合は公表されているものの、各中等学校の大学別進学者数は示されていない。偏差値40以上の生徒を細分した割合、例えば偏差値45以上の生徒の割合等も示されていない[115]。調整到達度指標と高等教育進学準備指標は、各学校の知能テスト結果を基準にして、アンダー・アチーバーないしオーバー・アチーバーの生徒をどの程度輩出しているかを示している。これらは、

第4章 アカウンタビリティ政策 157

表4-12 各中等学校の中等教育修了資格試験結果のうち公表される項目

○偏差値40以上の生徒割合 (% Study Scores of 40 or more)：各学校において、偏差値40以上の生徒が全校生徒に占める割合（中等教育修了資格試験では偏差値50が最高値）である。
○調整到達度指標 (Adjusted Achievement Index)：各学校において知能テストの一般能力試験 (General Achievement Test) の結果を基準として、中等教育修了資格試験の結果がどの程度であったかを示した指標である。一般能力試験の成績にもとづいて、各学校が中等教育修了資格試験で期待される成績を推定する。そして、学校が期待される成績と実際の成績を比較する。例えば中等教育修了資格試験において学校が期待される成績と実際の成績を比較して、同等であれば100点、実際の成績が5％高い場合105点とする。
○高等教育進学準備指標 (Tertiary Preparation Index)：各学校において、一般能力試験の結果を基準として、中等教育修了資格試験の結果がどの程度であったかを示した指標である。一般能力試験の成績にもとづいて、各学校が高等教育進学得点で期待される成績を推定する。そして、学校が期待される成績と実際の成績を比較する。高等教育進学得点とは、中等教育修了資格試験の成績を、高等教育入学者選抜に使用するために、教科の難易度を考慮して調整された得点である。例えば高等教育進学得点において学校が期待される成績と実際の成績を比較して、同等であれば100点、実際の成績の方が5％高かったら105点となる。

出典：*Herald Sun*, December 16, 1998. *The Age*, December 8, 2000.

各学校が生徒の潜在能力をどれだけ引き伸ばしたかを示した「付加価値測定」（value-added measures）であり、学校の学力評価基準を多元化する役割を持っている[116]。

つまり教育省は、公立小学校の学力調査テスト結果の公表を禁止し、中等教育修了資格試験に関する学校別結果の公表を抑制している[117]。いわゆるリーグ・テーブルは作成・公表されていない[118]。このような措置によって、教育省は、英語、算数・数学等の学力や大学進学実績を一元的尺度とした学校ランキングの形成を回避している。

学力ランキングにもとづいて、学校に対する社会的評価が確立した場合、学校選択だけでなく、学校評価の視点も、英語、算数・数学等の学力や大学進学実績に関する他校との比較に収斂してしまう。これでは、成績の低い生徒、勉強に興味を持たない生徒に対する教育活動が過小評価されてしまう[119]。こうした状況が続けば、勉強に対する意欲が低い生徒は学校にとって不要な存在とされ、やがて、イギリスのように[120]、学校は優秀な生徒だけを入学させようとするだろう。こうした事態を避け、個々の学校の教育活動とその

結果をベースとした公平な評価を促すために、教育省は学校ランキングの公表を規制している。

第8節　まとめ

(1) 学校経営の結果の説明

　アカウンタビリティ政策は、学校が主に教育省と保護者に対して、学校経営の結果を説明することを、学校年次報告と3年毎の学校評価によって促進している。

　第一に、学校年次報告によって、学校経営の結果が保護者と教育省に説明される。学校年次報告の作成は、教頭あるいは主任教員が単独で担当する場合と、複数の教員と学校審議会保護者代表によって構成される委員会が担当する場合がある。保護者代表は、学校年次報告作成委員会に参加する場合、委員会で情報を得ることができる。さらに、作成された学校年次報告は学校審議会によって認可される必要があるため、学校年次報告をもとに学校経営の成果と課題が、学校審議会の構成員に対して説明される。学校年次報告は刊行後、全ての保護者に公表される。

　学校年次報告は教育省学校評価局と地方教育事務所長にも提出される。学校年次報告は、教育政策立案、校長の経営業績評価、ベンチマーク作成の資料となる。このように、教育行政に対しても、学校自己評価報告書にもとづいて、学校経営の結果が説明されている。

　第二に、3年毎の学校評価によって、学校経営の結果が保護者と教育省に説明される。3年毎の学校評価は、学校自己評価と外部評価から構成されている。学校自己評価は、教頭あるいは主任教員が単独で担当する場合と、複数の教員と学校審議会保護者代表によって構成される委員会が担当する場合がある。保護者代表は、学校自己評価委員会に参加する場合、委員会において情報を得ることができる。

　学校自己評価報告書作成の過程で、学校が、保護者・地域住民が参加する会議を開催して、保護者・地域住民の意見を集める場合もある。この会議は、

保護者・地域住民に対して説明する機会となる。学校自己評価報告書は学校審議会によって認可される必要がある。そのため、学校審議会において、学校自己評価報告書をもとに学校経営の成果と課題が、学校審議会構成員に対して説明される。

学校自己評価報告書は、教育省学校評価局および地方教育事務所長に提出され、教育政策立案、校長の経営業績評価、ベンチマーク作成の資料となる。このように、教育行政に対しても、学校自己評価報告書にもとづいて、学校経営の結果が説明される。

外部評価も、学校経営の結果の説明を促している。外部評価会議では、外部評価者と学校パネル（校長、教頭、教務主任、学校審議会会長）は、学校経営の目標と結果をめぐって議論する。この議論は、学校経営の成果と課題に関する分析が進展する過程である。保護者代表は、外部評価者の意見を参考に、学校の状況をより広い視野から検討できる。外部評価報告書は、教育省学校教育局長、教育省学校評価局長、地方教育事務所長にも送付されるため、教育行政が学校経営の状況を把握できる。

つまり、学校年次報告と3年毎の学校評価は、主に保護者と教育行政に対して、学校経営の結果を説明することを促している。説明という行為には一定の意義が認められるが、アカウンタビリティという観点からは十分ではない。自律的学校経営のアカウンタビリティは「校長が、学校経営の結果について保護者・教育行政に説明し、納得が得られない場合、責任をとること」を意味する。学校は、学校経営の結果を保護者・教育行政に説明するだけでは、アカウンタビリティを果たしたことにならない。説明しても納得が得られない場合、校長が結果責任をとるようなメカニズムが求められる。

(2) アカウンタビリティのメカニズム

チャーターは、校長、学校審議会会長、教育行政代表の同意・署名という契約的行為をもって3年間有効となる。チャーターが有効になった時点で、学校審議会会長と教育行政代表は、チャーターの実施を学校に委託したことになる。学校は契約的同意を得た以上、チャーターを実施し、保護者と教育

行政の納得が得られるような成果を出すことが求められる[121]。

　しかし、チャーターが契約的同意を得ているといっても、その実施を校長に対して法的に強制するわけではない。ビクトリア州教育法（Education Act）第15条L（b）は「チャーターは法律上強制し得る権利・資格・義務を発生させない」[122]と述べており、チャーターと民法上の契約概念を区別している。「法律上、契約とは、2者あるいは2者以上の当事者の間の同意である。それは法的に強制力を持つ権利・義務関係を示す。契約は職務を委託する人物と職務を実行する契約者の間で書かれる」[123]。一方、チャーターは、職務を委託する人物（保護者代表、教育行政代表）と職務を実行する契約者（校長）の間の同意であるが、相互に法的強制力を伴う権利・義務関係はない。このため、チャーターは「準契約（quasi-contracts）」[124]と呼ばれている。

　この背景として、教育活動の不確実性が指摘できる。例えば、授業では予想できない事態も発生する。教員は、教室における生徒の状況を考慮して、授業の進度を遅らせる場合もある。生徒の学力向上は、生徒の家庭環境等も影響するので、不確定な側面もある。たしかに、チャーターの目標を達成するために努力することは大事である。だが、学校の場合、子どもを相手にした実践（授業と学習）が中心であるため、学校経営計画の性質に柔軟性が求められる。したがって、チャーターは企業経営における契約とは異なり、いわゆる準契約に位置づけられている。

　仮に、チャーターが、学校と保護者・教育行政の間に権利・義務関係を発生させる場合は、どのようになるだろうか。チャーターの数値目標は絶対的に扱われるだろう。校長は目標を達成するために、ドリルやテストの反復使用を教員に指示するかもしれない。これでは、教員の柔軟な実践を妨げ、生徒への教育的配慮（例えば、動機付けと学習）を看過し、学校組織の官僚制化を招いてしまう。レバシック（Levacic）は「計画は広くも狭くもとらえられる。狭い意味での計画は、予測と組織管理によって目的と手段を緊密にして、成員の行動を制約する。この計画概念では、予想できない事態に対処できないので、計画の実施が失敗する可能性が高い」[125]と述べている。学校経営計画も、狭い意味の計画にもとづくと、実施段階で失敗するだろう。

では、法的強制力のないチャーターは、どのように実施が担保されるのだろうか。学校がチャーター実施の責任を負うようなメカニズムを構築する必要がある。ビクトリア州では、学校評価と校長人事を軸に、チャーターの実施を誘導し、アカウンタビリティを実現しようとしている。この基本枠組は、次の2つの観点から説明できる（図4-2）。

第一に、学校がチャーターを実施した結果は、3年毎の学校評価の対象となる。まず、校長・教頭・教員代表と保護者代表は3年間のチャーター実施に対する学校自己評価を行う。次に、教育省と契約関係を持つ外部評価者が学校自己評価の妥当性を検討する。そして学校パネル（校長、教頭、教務主任、学校審議会会長）の意見を考慮して、新しいチャーター作成の勧告を作成する。つまり、チャーター実施の結果は、保護者代表と外部評価者が関与する評価の対象となっている。3年毎の学校評価の勧告は新しいチャーター作成の際、必ず組み込まれなければならない。このように保護者代表と外部評価者は、学校評価を通してチャーター実施の結果を検証し、学校経営の成果と課題を解明する。

第二に、チャーター実施の結果は、校長の任期更新に影響している。校長は最長5年間の任期制である。学校審議会会長は、校長の任期更新に関わって、校長のパフォーマンスに関する意見を地方教育事務所長に述べられる。学校審議会会長が現職者の任期更新に否定的な見解を提出した場合、地方教育事務所長は、状況を分析した上で、現職者の任期更新を認めないこともある。このように、学校審議会と地方教育事務所は、チャーター実施の結果というパフォーマンスを検証し、校長の結果責任を問うことができる。

自律的学校経営では規制が大幅に緩和されているため、校長・教頭・教員、つまり教育専門家が裁量をもってチャーターを実施できる。しかし、学校が、保護者や教育行政の期待にかなった成果を収めるのか、疑問が残される。そこで、学校評価と校長人事において学校経営の結果が検証される。これは事後の評価（a posteriori evaluation）と呼ばれるものである[126]。つまり、自律的学校経営におけるアカウンタビリティのメカニズムは、第一に、保護者代表と外部評価者が学校評価に関与してチャーター実施の結果を検証すること、

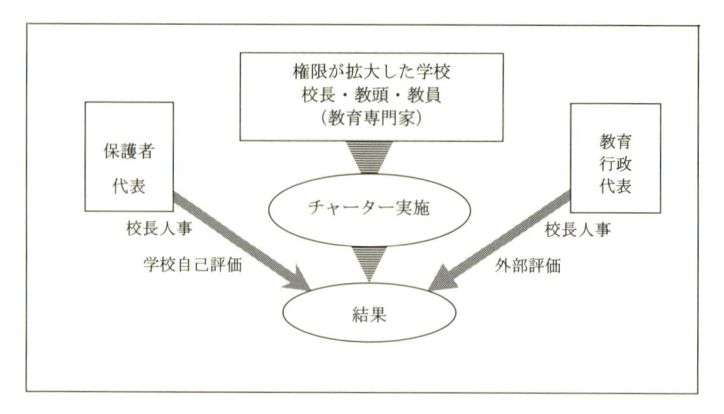

図4-2 自律的学校経営におけるアカウンタビリティのメカニズム

第二に、学校審議会会長（保護者代表）と地方教育事務所長（教育行政代表）が校長の任期更新に関与し、学校経営の結果に納得できない場合、校長の責任を問うことによって構成されていると指摘できる。

注

1　Department of Education, *An Accountability Framework*, 1997. Department of Education, "Office of Review", http://www.sofweb.vic.edu.au/ofreview/index.htm, Accessed September 30, 1998.
2　大住荘四郎『ニュー・パブリックマネジメント』日本評論社、1999年、181頁。
3　Cotter, R., "Exploring Concepts and Applications of Benchmarking", *Leading and Managing*, Vol.3, No.1, 1997, p.1, p.3. McGaw, B., "Benchmarking for accountability or improvement", *Unicorn*, Vol.21, No.3.
4　Department of Education, *How good is our school?*, 1998, p.7.
5　*Ibid.*, p.7.
6　Department of Education, "Benchmark Booklets", http://www.sofweb.vic.edu.au/ofreview/bench.htm, Accessed September 30, 1998.
7　Department of Education, *School Management, Benchmarks 96*, 1997, pp.3-4.
8　Department of Education, *How good is our school?*, *op.cit.*, p.8.
9　*Ibid.*, p.7.
10　Department of Education, *Year Prep-10 Curriculum and Standards Framework, Benchmarks 96*, 1997, p.8.
11　Department of Education, *An Accountability Framework, op.cit.*, p.9.
12　Department of Education, *Developing a School Charter*, 1997, p.11.
13　*Ibid.*, p.13.
14　*Ibid.*, p.17.

第4章　アカウンタビリティ政策　163

15　*Ibid.*, p.18.
16　*Ibid.*, p.19.
17　*Ibid.*, p.17.
18　*Ibid.*, p.22.
19　*Ibid.*, p.17.
20　*Ibid.*, p.25.
21　*Ibid.*, p.31.
22　チャーター作成過程の記述は次の文献を参照した。Gurr, D., *From Supervision to Quality Assurance: The Case of the State of Victoria (Australia)*, International Institute for Educational Planning, UNESCO, 1999, p.37.
23　「学校はチャーターの原案を作る際、地方教育事務所と連携する。これによって、新しいチャーターに3年毎の学校評価の結果が組み込まれること、そして学校と教育省が同意できることを担保する」(Department of Education, "News and FAQs", http://www.sofweb.vic.edu.au/ofreview/charter_q.htm, Accessed September 30, 1998)。インタビュー記録(3)、K氏、ビクトリア州教育省北部地方教育事務所アカウンタビリティ主事、J氏、ビクトリア州教育省北部地方教育事務所地方校長コンサルタント、V氏、ビクトリア州教育省北部地方教育事務所地方校長コンサルタント、テーマ：アカウンタビリティに関する地方教育事務所の役割、1998年10月29日、巻末資料283－285頁。
24　書式に関する指針は教育省刊行の『チャーターの作成』(Developing a School Charter) に掲載されている (Department of Education, *Developing a School Charter*, 1997)。
25　Department of Education, *Annual Report 1997-98*, 1998, p.18.
26　Department of Education, "News and FAQs", http://www.sofweb.vic.edu.au/ofreview/charter_q.htm, Accessed September 30, 1998.
27　Department of Education, *Developing a School Charter, op.cit.*, p.33.
28　*Ibid.*, p.40.
29　Victorian Primary Principals Association, Victorian Association of State Secondary Principals, Directorate of School Education, The University of Melbourne, *A Cooperative Research Project, Leading Victoria's Schools of the Future, The First Report, Base-Line Survey of Principals in 1993*, 1993, pp.1-4.
30　Department of Education, *Developing a School Charter, op.cit.*, p.11.
31　Department of Education, *An Accountability Framework, op.cit.*, p.11.
32　*Ibid.*, p.12.
33　Department of Education, *Guidelines for Annual Reports*, 1997, p.6.
34　*Ibid.*, p.3.
35　*Ibid.*, p.36. 会計検査官とは、教育省が契約した28の公認会計事務所、経営コンサルタントの職員である (Department of Education, *Victorian Schools News*, Vol.5, Issue 20, December 4, 1997, p.16)。
36　*Ibid.*, p.6.

37　*Ibid.*, p.11, pp.25-27.
38　*Ibid.*, p.17, pp.19-23, pp.25-27.
39　*Ibid.*, pp.28-31.
40　*Ibid.*, pp.32-35.
41　*Ibid.*, p.36.
42　*Ibid.*, p.37.
43　*Ibid.*, p.7.
44　Gurr, D., *op.cit.*, pp.66-70.
45　Department of Education, *Guidelines for Annual Reports, op.cit.*, p.8.
46　学校年次報告の作成過程については次の文献を参照した。Gurr, D., *op.cit.*, p.46.
47　Department of Education, *Guidelines for Annual Reports, op.cit.*, p.6.
48　*Ibid.*, p.40.
49　前掲インタビュー記録（3）、巻末資料 285 頁。
50　Department of Education, *Guidelines for Annual Reports, op.cit.*, p.40.
51　*Ibid.*, p.8.
52　Department of Education, *Triennial School Review, Guidelines for School-Self Assessment*, 1997, p.5.
53　Department of Education, *An Accountability Framework, op.cit.*, p.14.
54　Department of Education, *Triennial School Review, Guidelines for School-Self Assessment, op.cit.*, p.5.
55　*Ibid.*, p.6.
56　*Ibid.*, p.3.
57　*Ibid.*, p.21, 23, 25, 27, pp.29-32.
58　*Ibid.*, p.42-43.
59　*Ibid.*, pp.20-45.
60　データは統計処理された後、生徒の学力データ、生徒の学力に直接的に影響した要素、生徒の学力の前提条件に分類される（Department of Education, *Triennial School Review, Guidelines for School-Self Assessment*, 1997, p.15）。
61　Department of Education, *Triennial School Review, Guidelines for School-Self Assessment, op.cit.*, p.9.
62　*Ibid.*, p.8, 14.
63　*Ibid.*, p.6.
64　*Ibid.*, p.22.
65　学校自己評価の過程については次の文献を参照した。Gurr, D., *op.cit.*, p.60. なお、学校自己評価の過程は、学校年次報告の作成過程とほぼ同じである。
66　Department of Education, "News and FAQs", http://www.sofweb.vic.edu.au/ofreview/review_q.htm, Accessed September 30, 1998.
67　Department of Education, *Triennial School Review, Guidelines for School-Self Assessment, op.cit.*, p.46.
68　Department of Education, *School Review, Guidelines for Independent Verification of*

School-Self Assessments, 1997, pp.6-7.
69　Department of Education, "News and FAQs", http://www.sofweb.vic.edu.au/ofreview/review_q.htm, Accessed September 30, 1998.
70　Department of Education, *School Review, Guidelines for Independent Verification of School-Self Assessments, op.cit*, pp.11-12. Department of Education, "News and FAQs", http://www.sofweb.vic.edu.au/ofreview/audit_q.htm, Accessed September 30, 1998.
71　Department of Education, *School Review, Guidelines for Independent Verification of School-Self Assessments, op.cit*, pp.11-12.
72　*Ibid*., p.6.
73　*Ibid*., p.15.
74　*Ibid*., p.14.
75　*Ibid*., p.6, pp.16-18.
76　外部評価契約者の担当地域は、教育省学校評価局が設定するが、地方教育行政の単位と一致していない（Department of Education, *School Review, Guidelines for Independent Verification of School-Self Assessments*, 1997, p.6, pp.16-18. Department of Education, *Annual Report 1997 98*, 1998, p.17）。
77　Department of Education, *Becoming a School Reviewer*, 1998.
78　*Ibid*..
79　認定講習は参加者が費用を自己負担する（Department of Education, *Becoming a School Reviewer*, 1998）。
80　Department of Education, *Becoming a School Reviewer, op.cit*..
81　インタビュー記録（2）、D氏、外部評価者、元ビクトリア州教育省学校教育局長、テーマ：外部評価者の役割、1998年10月27日、巻末資料272－273頁。
82　Department of Education, *School Review, Guidelines for Independent Verification of School-Self Assessments, op.cit*., pp.7-8.
83　*Ibid*., p.7.
84　*Ibid*., p.8.
85　前掲インタビュー記録（2）、巻末資料276頁。
86　外部評価の実態の資料として、このレジュメを提供された。
87　同上インタビュー記録（2）、巻末資料272頁。
88　"An Explanatory Letter on School Review for Principals", Unpublished Paper, December 9, 1998.
89　前掲インタビュー記録（2）、巻末資料274頁。
90　Department of Education, *School Review, Guidelines for Independent Verification of School-Self Assessments, op.cit*., pp.9-10.
91　*Ibid*., p.9.
92　"An Expanatory Letter on School Review for Principals", *op.cit*..
93　前掲インタビュー記録（2）、巻末資料275頁。
94　Department of Education, *School Review, Guidelines for Independent Verification of School-Self Assessments, op.cit*., p.11.

95 前掲インタビュー記録 (2)、巻末資料 277 − 278 頁。
96 この報告には約 1 時間かかる (インタビュー記録 (2)、D 氏、外部評価者、元ビクトリア州教育省学校教育局長、テーマ：外部評価者の役割、1998 年 10 月 27 日、巻末資料 278 頁)。
97 Department of Education, *School Review, Guidelines for Independent Verification of School-Self Assessments, op.cit.*, p.11.
98 "An Expanatory Letter on School Review for Principals", *op.cit.*.
99 Department of Education, *School Review, Guidelines for Independent Verification of School-Self Assessments, op.cit.*, p.12.
100 *Ibid.*, p.6.
101 前掲インタビュー記録 (3)、巻末資料 285 頁。
102 Caldwell, B. J., *Administrative and Regulatory Mechanisms affecting School Autonomy in Australia*, Department of Employment, Education, Training and Youth Affairs, 1998, p.4.
103 Allan, P., Director of Schools, Office of Schools, Department of Education, "Executive Memorandum, Amendment to Schools of the Future Reference Guide, Section 4.1.1.6 Student Placement", September 10, 1998, pp.1-2.
104 *Ibid.*, p.2.
105 *Ibid.*, p.2.
106 The University High School, "Enrolment Information", http:www.unihigh.vic.edu.au/about/enrol.html, Accessed November 4, 1998.
107 Allan, P., *op.cit.*, p.2.
108 *Ibid.*, p.3. メルボルン中等学校 (Melbourne High School) (男子校) とマクロバートソン中等学校 (MacRobertson High School) (女子校) が 9 学年から 12 学年までの生徒を対象にハイレベルな教育を行っている (Allan, P., Director of Schools, Office of Schools, Department of Education, "Executive Memorandum, Amendment to Schools of the Future Reference Guide, Section 4.1.1.6 Student Placement", September 10, 1998, pp.3-4)。
109 Blake, M. and Fary, B., "Accountability and the Vexed Issue of Reporting on School Achievement ? A Joint Policy Statement from the three Principals' Associations", 1998, pp.1-2.
110 このような姿勢は 1999 年の自由党・国民党から労働党への政権交代後も引き継がれている。2000 年にビクトリア州教育大臣に対して提出された報告書「公教育ー次の世代へー」(Public Education: The Next Generation) は「政府は学校の成果を議会と市民に報告すべきだが、生徒の成果に関するデータの使用法と濫用可能性に懸念を持つ。(中略) 問題はデータを公表するかどうかより、むしろどのように収集し、解釈し、説明するかである。その結果、各学校と州全体の成果および学校に配分された資源に関する豊かな全体像を提供するかどうかが問われる」(Department of Education, Employment and Training, *Public Education: The Next Generation, Report of the Ministerial Working Party*, 2000, p.61) と述べ、学校の成果

に関するデータの取り扱いに慎重な姿勢を見せている。この点の詳細については次の拙論を参照。「オーストラリアの教育改革にみる国家－ビクトリア州労働党政権の教育政策の分析を通して」篠原清昭編著『ポストモダンの教育改革と国家』教育開発研究所、2003年、146－154頁。

111 Caldwell, B. J. and Hayward, D. K., *The Future of Schools*, Falmer, 1998, p.15.

112 Gough J. and Taylor, T., "Crashing Through: Don Hayward and Change in the Victorian School System", *Journal of the Australian College of Education*, Vol.22, No.2, 1996, pp.72-73.

113 Caldwell, B. J. and Hayward, D. K., *op.cit.*, p.15.

114 *Herald Sun*, December 16, 1998. *The Age*, December 8, 2000.

115 「高等教育進学準備指標で上位のいくつかの学校が生徒数を増やしたという逸話はある」が、その影響はきわめて小さいとされている（Gurr, D., *From Supervision to Quality Assurance: The Case of the State of Victoria (Australia)*, International Institute for Educational Planning, UNESCO, 1999, p.93）。

116 Caldwell, B. J., An Email Message on Rankings of Schools in Victoria, November 30, 2001.

117 マスコミも学力ランキングに焦点付けた学校情報を提供していない。ビクトリア州の学校選択情報誌『子どものための学校選択－ビクトリア州－』（Choosing a School for your Child）では、公立学校、独立学校、私立学校の区分なくアルファベット順に記載され、学校の概要、教育課程、設備、スポーツ活動、課外活動、カウンセリング、在籍生徒数、授業料（独立学校と私立学校の場合）、校長氏名、住所、連絡先の各項目について簡潔な説明がされている。各学校の大学別進学者数を一括して示した表は示されていない（Breit, L. (ed), *Choosing a School for your Child*, No.14, 2001-2002, Universal Magazines, 2001）。もう一つの学校選択情報誌『良い学校のガイド』（Good Schools Guide）からも同様の傾向が見出せる（The Age, *Good Schools Guide, 2002, Victoria*, Hobsons Australia Pty Ltd, 2001）。このように公立学校をめぐる市場は限定的である（McGuire, L., "Service Delivery Agreements: Experimenting with Casemix Funding and "Schools of the Future"", Alford, J. and O'Neil, D. (ed), *The Contract State: Public Management and the Kennett Government*, Deakin University Press, 1994, p.96）。

118 Caldwell, B. J. and Hayward, D. K., *op.cit.*, p.91.

119 Blake, M. and Fary, B., op.cit., pp.1-2. Department of Education, Employment and Training, *Public Education: The Next Generation, Report of the Ministerial Working Party*, 2000, p.61.

120 イギリスにおいて「フイッティは、リーグ・テーブルなどの結果によって評価される状況に対応して、人気のある学校は『上澄みをすくう』傾向になることを指摘する。その場合、人気のある学校は、高い能力で、教育熱心な親を持つ、中産階級の子どもをより多く入学させようとするが、こうした学校によって好まれる生徒は、『優秀な』『才能のある』『意欲のある』『熱意のある』生徒であり、イギリスの場合、より特定的には中産階級の子ども、女子、さらに（理科系科目

に強いと考えられる)南アジア系の子どもである。こうした生徒は、学力のテスト点数を増やすための『資産』とみなされる一方、『できが悪い』『特別なニーズを持つ』(特に問題行動を持つ)生徒、労働者階級の家庭の子ども、男子は、余り望まれない生徒とみなされ、人気のある学校はできる限りこうした生徒の入学を避けようとすることになる」(望田研吾「現代における公立学校改革の原理と展望」日本比較教育学会『比較教育学研究』第28号、2002年、9頁)。

121 Beare, H., *Managing Schools with Charters: The opportunity for an outcomes-based approach to schooling*, Department of Education, 1995, p.6.

122 State of Victoria, *Education Act 1958*, 1995, p.31.

123 James, J., *Contract Management in Australia*, Haper Educational, 1995, p.9.

124 Rae, K., "The plucking still of the flaxbush", *Restructuring and Quality*, Routledge, 1997, p.117.

125 Levacic, R., "Managing for efficiency and effectiveness: developments and progress in the English school system 1988-98", Centre for Applied Educational Research: Research Seminars 1999, Needs-Based Funding, Learning Outcomes and New Patterns in the Governance of Public Education, The University of Melbourne, February 4, 1999, p.8.

126 Neave, G., "On the cultivation of quality, efficiency and enterprise: an overview of recent trends in higher education in Western Europe, 1968-1988", *European Journal of Education*, 23 (1/2), 1988, pp.9-10.

第5章　事例研究

第1節　事例研究の方法

(1) 学校経営政策の影響－数量的調査－

　学校経営政策の影響に関する先行研究を整理し、事例研究の背景を明らかにする。学校経営政策が、学校にどのような影響を与えたのかについては、次の2つの研究が数量的に解明している。

　第一に、小学校校長会、中等学校校長会、教育省、メルボルン大学は、協力研究プロジェクトにおいて、校長の意識調査を実施した。全般的には、仕事の負担増と多忙化という問題があるものの[1]、自律的学校経営導入以前の制度よりも、現行制度の方が校長に圧倒的に支持されていると結論づけている[2]。具体的には、学校への権限委譲に関して、肯定的な意見が出されている。同時に、学校はアカウンタブルになったと認識されている（**表5-1**）。チャーターと学校年次報告に対しても肯定的な意見が出されている（**表5-2**）。チャーターと学校評価は、いずれもアカウンタビリティ政策において示されたものである。つまり、学校への権限委譲とアカウンタビリティ政策は、学校に肯定的な影響を与えている。

　第二に、メルボルン大学のガーは、外部評価の学校パネル構成員に対して意識調査を行った[3]。学校パネルの構成員は、校長、教頭、教務主任、学校審議会保護者代表である。この意識調査では、外部評価に対する肯定的な意見が出されている[4]（**表5-3**）。

表 5-1　学校への権限委譲とアカウンタビリティに対する校長の意識

質問	1	2	3	4	5	平均値
学校経営の自律性は高まったか。	4	10	20	**50**	17	3.7
学校は、より良い財務運営を行えるようになったか。	2	11	29	**44**	14	3.6
学校は、より良い人事運営を行えるようになったか。	6	12	30	**44**	9	3.4
学校は、学校改善と生徒の到達度について、コミュニティに対してアカウンタブルになったか。	3	8	30	**46**	13	3.6
学校のアカウンタビリティとリスポンシビリティは増加したか。	2	3	13	49	**34**	4.1

注：同意の程度を1（最小）－5（最大）から選択して回答する。平均値は回答（1－5）の平均である。太字は最大値。1997年に829校の公立学校長に対して実施した質問紙調査（回収率60.8％）である。単位は％。数値は原文のママ。

出典：Victorian Primary Principals Association, Victorian Association of State Secondary Principals, Department of Education, The University of Melbourne, *Assessing the Impact, The Final Report of the Cooperative Research Project, Leading Victoria's Schools of the Future*, 1998, p.28, 32.

表 5-2　チャーター、学校年次報告に対する校長の意識

質問	1	2	3	4	5	平均値
チャーターによって、学校の方向性がより明確に示されるようになったか。	2	6	22	**47**	22	3.8
チャーターによって、3年間の各学習領域の教育課程編成が改善されたか。	2	6	28	**54**	10	3.7
学校年次報告によって、学校経営の自己評価が改善されたか。	3	7	29	**47**	13	3.6
学校年次報告によって、チャーターの目標と重点領域の達成度が、学校審議会に毎年報告されているか。	3	11	25	**48**	13	3.6

注：同意の程度を1（最小）－5（最大）から選択して回答する。平均値は回答（1－5）の平均である。太字は最大値。1997年に829校の公立学校長に対して実施した質問紙調査（回収率60.8％）である。単位は％。数値は原文のママ。

出典：Victorian Primary Principals Association, Victorian Association of State Secondary Principals, Department of Education, The University of Melbourne, *Assessing the Impact, The Final Report of the Cooperative Research Project, Leading Victoria's Schools of the Future*, 1998, p.32, p.40, p.52.

表 5-3　外部評価に対する学校パネルの意識

質問	1	2	3	4	5	6	平均値	わからない
外部評価者は、学校パネル構成員と共に、建設的かつ専門的に職務を遂行したか	0.1	0.4	0.7	3.6	18.6	**76.5**	5.7	0.7
外部評価者は、明快にコミュニケーションをとり、学校パネルが示した情報を把握したか。	0.1	0.2	0.7	2.8	15.9	**80.2**	5.7	0.8
外部評価の勧告は、チャーター作成の良いガイドとなるか。	0.3	0.6	0.4	3.7	23.3	**71.7**	5.6	1.4
学校評価は、学校にとって、とても有用だったか	0.5	0.7	1.5	9.2	29.0	**59.2**	5.4	0.9

注：同意の程度を 1（最小）－ 6（最大）から選択して回答する。平均値は回答（1－6）の平均である。太字は最大値。1997 年と 1998 年に 1,650 校の外部評価会議構成員に対して実施した質問紙調査（回収率 56.8％）である。上記の数値は 1998 年調査の結果である。単位は％。
出典：Gurr, D., *School Review Evaluation*, Paper presented for the Office of Review, 1999, pp.18-19.

(2) 事例研究の視点

　以上のように、学校経営政策の影響は概して肯定的に捉えられ、政策の効果が強調されている。だが、先行研究は、いずれも大規模な数量的調査であるため、個別の学校の事例を検討していない[5]。その結果、政策の問題点が十分解明されていないと指摘できる。そこで、第 5 章では事例研究を行い、学校経営政策の効果と問題点を解明する。

　事例研究では、学校の現状を記述した上で、学校への権限委譲、学校評価、校長の任期更新に関する効果と問題点を分析する（本章第 2 節～第 6 節）。学校への権限委譲を扱う理由は、学校への権限委譲が、自律的学校経営が成立する要件として不可欠だからである。このことは、自律的学校経営の概念が「教育課程編成、人事運営、財務運営等に関する権限が大幅に委譲された学校経営」であることからも明らかである。学校評価と校長の任期更新に論及する理由は、第 4 章で述べたように、学校評価と校長の任期更新が、アカウンタビリティのメカニズムの鍵的要素になっているからである[6]。

　最後に、学校経営政策の効果に関する考察を行う（本章第 7 節）。第一に、1993 年の「未来の学校」の実施によって、学校経営がどのような効果があっ

たのかを明らかにする。「未来の学校」の実施前（1992年以前）と実施後（1993年以後）の学校経営の状況を対比し、政策が学校に与えた効果を明確にする。第二に、政策効果が生じるために、学校経営にどのような条件が必要なのかについて考察する。教育政策を実施しても、すべての学校で全く同一の効果が得られることはあり得ない。学校の置かれた環境、教職員の考え方と力量等が異なるからである。そこで、事例研究をふまえて、政策効果が生じるために必要な学校経営の条件を明らかにする。

(3) 調査の方法

本研究では、序章第4節（3）で述べた問題意識に基づき、生徒の経済的・言語的背景が不利な状況にある公立小学校を事例として選定する[7]。事例校選定の際、学校群ベンチマーク（'Like' School Benchmark）を参照した。学校群ベンチマークは、生徒の経済的・言語的背景を考慮した学校評価の基準である。教育省は、保護者の収入と生徒の英語力が学校の成果に影響していることを踏まえて、学校群ベンチマークを策定した。

ベンチマークとは、公立学校の生徒の学力や教員のモラール等に関する平均値、最高値、最低値を示した成果の基準である。ベンチマークは、州全体ベンチマークと学校群ベンチマークに分けられる。州全体ベンチマークは、州全体の公立学校のデータをもとに平均値、最高値、最低値を算出している。一方、学校群ベンチマークは、生徒の経済的・言語的背景が類似している学校を1つの群にまとめている。そして各群の公立学校のデータをもとに平均値、最高値、最低値を算出している。

学校群は1から9まである。最も対照的なのが学校群1と9である。学校群1は、教育助成金の交付を受けている保護者の割合が28%以下、英語以外の言語を家庭で使用する生徒の割合が4%以下の学校のグループである。一方、学校群9は教育助成金の交付を受けている保護者の割合が43%より多く、英語以外の言語を家庭で使用する生徒の割合が22%より多い学校のグループである[8]。本研究では、生徒の経済的・言語的背景が最も不利な状況にある学校群9の学校を事例とする。

学校群 9 の公立小学校を選定するに当たって、まず、州都メルボルンに位置する学校とした。その理由は、筆者が 1998 年 9 月から 1999 年 7 月にメルボルン大学教育学部客員研究員として在外研究を行っており、メルボルンの学校への訪問調査が距離的に可能だったからである。次に、地方教育行政の単位を選定した。メルボルンの地方教育行政は、東部、南部、西部、北部の 4 つの地方に区分されている。学校群 9 の学校は西部地方と北部地方の一部に多く位置しているが、メルボルン北部地方に属する学校を事例とした。その第一の理由は、筆者が 1996 年と 1998 年にメルボルン北部地方教育事務所を訪問し、継続的に調査していたためである。第二の理由は、筆者が 1998 年にメルボルン北部地方を中心に外部評価に関するデータ収集を行っていたためである。

筆者はメルボルン北部地方教育事務所から公立学校の連絡先一覧を提供された[9]。この一覧の中から学校群 9 の小学校を抽出した。そして、複数の学校に問い合わせたところ、A 小学校の校長から調査の許可が得られた。以上のことから、A 小学校を事例に選定し、1999 年に訪問調査を行った[10]。

1999 年 2 月 23 日に学校を訪問し、校長の H 氏に面会した。資料を収集し、自律的学校経営というテーマで、インタビューを実施した。1999 年 4 月 27 日に学校を訪問し、校長の H 氏と学校審議会会長(保護者)の S 氏に面会した。資料を収集し、学校審議会・校長任期制というテーマで、インタビューを実施した。さらに、1999 年 4 月 27 日には、A 小学校の学校審議会に参加した。学校審議会では配布資料と議事録を収集するとともに、学校審議会の進行状況を観察した。本格的な参与観察ではなく、学校経営の状況を知るための補足的手段として、学校審議会に参加・観察した。

序章第 6 節で述べたように、本研究では一次資料を中心的に使用した。とはいえ、インタビュー調査から得られたデータも、一次資料だけでは解明し難い点を検討するために使用した。インタビュー記録の原稿は本書の巻末に資料として掲載した。

第2節　事例校の概要

A小学校は1972年に開校した[11]。この小学校はメルボルン都心部から北東へ電車で約40分の郊外にあり、多民族地域である。移民者の出身地はマケドニア、トルコ、ベトナム、サモア、ニュージーランドである[12]。公営住宅が多く経済的には低層である。教育助成金受給中の保護者を持つ生徒の割合が約60％、英語以外の言語を家庭で使用する生徒の割合が43％で、学校群9に分類される[13]。学校群9とは、教育助成金受給中の保護者の割合が43％より多く、英語以外の言語を家庭で使用する生徒の割合が22％より多い学校を一括した分類である。全校生徒にしめるアングロサクソンの生徒は2％である。生徒の多くは経済的・言語的に不利な状況にある。

A小学校では1994年に最初のチャーターが策定された。その後、1995年と1996年に学校年次報告が刊行された。1997年に3年毎の学校評価が実施され、その勧告を受けて1997年にチャーターが策定された。この事例研究では、1994年のチャーター策定から1997年の新しいチャーター策定までを主要な対象としている。

1997年のチャーターにおいて学校の理念は次のように述べられている。「学校の理念は、生涯にわたって学習する能力を生徒が習得する機会を与えることである。子どもが将来成功するかどうかに、学校は大きな影響を与える。子どもが知識と技能を確実に習得できるように教育する。子どもが立派な市民になれるように支援する」[14]。

1999年の校長、教頭、教員の合計人数は29.2人で、その内訳は校長1人、教頭1人、教員27.2人である[15]。事務職員は4人で、生徒数は509.4人である[16]。生徒の転入学・転校が多い[17]。職務分担と組織編制は次の通りである[18]。

教育課程編成に関しては、教育課程委員会が、教育課程原案を審議・決定する。教育課程委員会の構成員は教頭、保護者代表、教員代表である[19]。ただし、教務主任および各学習領域の責任者の教員は教育課程原案を事前に準備しなければならない。教員が準備した教育課程原案が教育課程委員会に提

案され、審議・決定される。

　校長・教頭の採用人事は公募制である。学校審議会が設置する選考会議が応募者の選考を行い、人事原案を作成する[20]。そして、学校審議会が人事原案を審議した上で、採用候補者を決定し、教育省に推薦する。採用候補者は最長5年間の任期で教育省によって採用される[21]。校長・教頭の任期更新に関しては、学校審議会が意見を地方教育事務所長に述べることができる。最終的には、地方教育事務所長が慎重に検討した上で、校長・教頭の任期更新の是非を判断する。

　教員人事は公募制であり、校長が実質的権限を持っている[22]。学校は必要な教員を公募できる。校長は教員人事の選考会議を設置する。選考会議は教員人事原案を作成する。校長は原案を参考に採用候補者を決定し、教育省に推薦する。採用候補者は、終身雇用または任期制のいずれかの身分で、教育省に採用される。

　財務については、校長、教頭、事務職員、保護者が構成員の財務委員会が権限を持っている[23]。その他の委員会として、校外教育委員会、渉外委員会、販売委員会、寄付金等管理委員会、設備委員会、制服委員会がある[24]。いずれの委員会も教員と保護者から構成されている。学校年次報告と学校自己評価については、学校審議会が評価業務を行っている[25]。外部評価については、外部評価者が評価業務を行っている。1997年の外部評価では、前公立小学校校長が外部評価者であった[26]。

　学校審議会の構成は校長1人、教頭1人、教員3人、保護者9人である[27]。学校審議会は毎月1回開催されている[28]。教育課程、人事、財務等に関する報告事項は、各責任者によって学校審議会に定期的に報告されている[29]。審議事項は、学校審議会で認可を受けなければならない[30]。校長、教頭、主任教員が参加する運営会議は、2週間に1回開催される[31]。運営会議では、学校経営の日常の業務に関する方針と計画の原案を審議・決定する。校長、教頭、全教員が参加する職員会議は毎週月曜日に開催される[32]。

第3節　学校への権限委譲

(1) 教育課程編成の権限委譲

1997年のチャーターにおける教育課程目標は、「1. 教育課程政策の枠内で幅広く系統的な教育課程を編成し、生徒の多様な必要性と意欲に対応する。2. 英語の生徒の学力をとくに会話と聴取理解に関して向上する。3. 算数の教育課程と教授法を改善して生徒の計算能力を向上する。4. 保健体育の学力を向上する。5. 理科と技術の教育課程を実施・評価し質の高い教育を行う。6. 技術に対する生徒の理解と能力を向上する。7. イタリア語を継続実施する。8. 教育課程政策にもとづいて成績評価方法を改善し、生徒と保護者に適切に報告する」[33]である。

重点領域は、チャーターが有効な3年間、学校全体で継続して取り組む領域である。重点領域として「英語の学力向上、保健体育の教育課程の充実と学力向上、技術の学力向上」[34]が設定された。保健体育を重視している理由は、生徒が運動を行わず、健康状態も良くない傾向にあるからである[35]。

教育課程は、英語、算数、理科・技術、芸術、社会と環境、保健体育、英語以外の言語の各領域から構成されている[36]。これは教育課程政策が設定した主要学習領域と一致している[37]。各領域の授業時数配分の割合は**表5-4**の通りである。

学校は授業時数配分の裁量を持っている。授業時数配分の特色は英語に多くの時数が配分されていることである。この小学校では英語力が十分でない移民の生徒が多い。そのような生徒に十分な語学力を習得させるために、英語に多くの授業時数が配分された。実際に、教育課程目標と重点領域で、英語が重視されている。準備学年から1学年では全体の40%の時間が英語に配分されており、低学年の識字教育を重視している。2学年では全体の36%、3学年と4学年では全体の28%の時間、5学年と6学年では全体の32%の時間を英語に配分しており、2学年から6学年でも英語に最も多くの時間が配分されている[38]。

この他の特色は次の通りである。理科と技術が統合され、理科・技術とい

表 5-4　授業時数配分

学年	英語	算数	理科・技術	社会と環境	芸術	保健体育	英語以外の言語
準備	40	18	8	12	8	14	0
1	40	18	8	12	8	14	0
2	36	20	8	12	12	12	0
3	28	20	13	8	8	12	8
4	28	20	13	8	8	12	8
5	32	20	10	8	8	12	8
6	32	20	10	8	8	12	8

注：授業時数は1週間あたりの授業時数である。数値は1997年時点の各学年の全授業時数を分母とした各領域授業時数の配分割合。単位は％。数値は原文のママ。
出典：A Primary School, *1997 Self-Assessment Report*, 1997, p.8.

う領域が設定されている。英語以外の言語ではイタリア語を教えている。移民の生徒に対する英語教育としてESLの補習も実施されている[39]。このように、教育課程政策との整合性を保ちながら、学校の特色ある教育課程を編成している。

1997年の学校年次報告によると、A小学校における教育課程編成の課題は、統合的アプローチの開発であると指摘されている[40]。この小学校では、生徒の学習意欲とニーズが多様である。そこで、まず、教育課程政策で定められた8領域をカバーした系統的な教育課程を編成し、全生徒が習得すべき内容を網羅する必要があった。次に、移民の子どもが多いため、英語を重視する必要があり、英語の授業時数を多くした。ところが、英語の授業時数を増加すると、8領域の設定が困難になる。この問題に対応するために、理科と技術を統合して、表5-4のような授業時数配分とした。つまり、理科と技術の領域統合によって、学校レベルの教育課程の領域設定は7領域となったが、教育内容上は政策が定めた8領域をカバーしている。これが統合的アプローチである。今後は、より効果的な教育課程編成の在り方を求めて、理科と技術の領域統合とは異なる創意・工夫が可能かどうか検討する必要があるとされている。

学校への教育課程編成の権限委譲の効果は、生徒のニーズに応じた授業時

数配分と領域設定が可能になる点である。この学校では、英語力が十分でない移民の生徒が多く、英語の教育ニーズが高いため、英語に多くの授業時数が配分されている。この他に、理科・技術という領域を設定することやイタリア語を教えることも、学校裁量で決定できる。学校への教育課程編成の権限委譲の問題点は、A小学校の事例からは特に見られなかった。

(2) 人事の権限委譲

ここでは、教員人事権限の学校への委譲に関して論じる。任期制、終身雇用のいずれの場合にせよ、教員は学校の公募によって選考される。つまり、教員人事は学校を単位とした公募制である。これは、教員人事の一定の権限が学校に委譲されていることを意味する。さらに、任期制の教員の場合、校長は教員を解雇することもできるので、任期制の教員が多ければ多いほど、教員人事の権限が学校（校長）に委譲されていると考えられる。

A小学校における1999年の教員の合計人数は27.2人である。このうち任期制教員は全員1級教員（任期制）で合計9人である[41]。任期制教員は2年契約が一般的である[42]。つまり、校長は任期制の9人の教員に対して人事権限を持っている。任期制の教員は全教員の33％に相当する。1997年の段階で、任期制で採用された教員数はビクトリア州全教員の13％であることを考えれば[43]、A小学校における任期制教員の人数は比較的多い。

校長は人事権限の活用について、「学校の必要性にもとづいて教員を選考します。私達は、子どもの特性を理解できる学級担任の教員を望みます。上級教員については識字教育に関する力量をもった人を求めています」[44]と述べている。そして校長は、教員の任期制について長所と短所の両方があると考えている[45]。長所は、学校の必要性に合致した教員を確保できる点である。一方、短所は、任期制によって、教職が若い人々の間で人気がなくなってきており、近い将来の教員不足が予測されることである[46]。1年間あるいは2年間の契約を継続すると教員の生活が安定しないし、教員としてのアイデンティティを持ちにくいという問題点もある。

学校への教員人事権限の委譲は、教員の公募制・任期制によって実質化さ

れている。公募制の効果は、学校の必要性に合致した教員を学校ベースで選考できることである。学校は、任期制教員を一度学校に勤めさせてみて、有能でなければ、または必要性がなくなれば、解雇できるという利便性を持つ。

一方、公募制の問題点は、学校によっては、公募を出しても適任な教員を確保できないことである。州全体を見れば、公募制の結果、遠隔地、あるいは都心部の経済的に低層の地域で、公募を出しても教員が見つからない傾向が出ている[47]。つまり、教員確保に関する学校間の公平性が損なわれている。A小学校の場合、そのような問題は生じていない。だが、この小学校も都心部の経済的に低層な地域に位置するため、将来、適任者が見つからない事態が生じないとは言いきれない。

任期制も問題を孕んでいる。任期制の結果、教職の人気が低下しており、その結果、教員の質も低下する可能性がある。教員の生活が安定せず、教員としてのアイデンティティが確保されなければ、教員の持続的な職能成長にも悪影響を及ぼしかねない。究極的には、優秀な教員が確保できないばかりか、教員不足が生じ得るという問題点がある[48]。

(3) 財務の権限委譲

1999年、教育省はA小学校に対して学校包括予算2,111,217ドルを配分した。この金額は、**表5-5**の通り、基本予算、障がい児教育費、特別学習費、ESL費、重点計画費を合計したものである。このうち、重点計画費は、英語以外の言語と識字教育を実施する予算として、学校が教育省に申請して配分された[49]。

学校包括予算の合計額2,111,217ドルは、学校会計における収入となる。ただし、学校包括予算は、銀行振込収入と現金収入に区分される[50]。銀行振込収入は、教職員給与の支出に使用できるものと管理職・教員の1週間以内の休暇費用（Relief Funding Formula）に使用できるものに分けられる。前者は、費目分類上、「給与」、後者は「休暇費用」と呼ばれる。一方、現金収入は、給与以外の出費、すなわち教材開発、研修、清掃等の費用に支出される。これは「給与以外」と呼ばれる。学校は、2,111,217ドルの範囲で、「給与」「休

表 5-5　学校包括予算

基本予算	1,752,942.71	障がい児教育費	62,605.96	特別学習費	91,228.00
ESL 費	66,879.00	重点計画費	137,556.30	合計	**2,111,217**

注：数値は 1999 年時点。
出典：A Primary School, "School Global Budget 1999", 1999, pp.4-5.

表 5-6　学校会計における収入と予算

	給与	休暇費用	給与以外	合計
収入	1,847,177	33,665	230,375	**2,111,217**
予算	1,800,016	0	230,375	**2,030,391**
収支見込	47,162	33,665	0	**80,826**

注：数値は 1999 年時点。
出典：A Primary School, "School Global Budget Management Report: Summary, 1999".

暇費用」「給与以外」という費目を立てて、収入、支出予算、収支見込を示す必要がある。

　A 小学校の学校会計における収入、予算、収支見込は**表 5-6** の通りである。「給与」予算の収入が 1,847,177 ドル、予算が 1,800,016 ドル、収支見込が 47,162 ドルである。「休暇費用」の収入が 33,665 ドル、予算が 0 ドル、収支見込が 33,665 ドルである。「給与以外」の予算の収入と支出の両方が同じく 230,375 ドルで、収支見込が 0 ドルである。収支見込の合計は 80,826 ドルの黒字になっている。

　以下では、学校会計において最も大きな金額を占める教員給与収支に焦点を当てて、学校財務を検討する。**表 5-7** は 1999 年の教職員の「給与」の収入と予算である。

　まず、表 5-7 の基本予算に焦点を当てて教員の予算配分を検討する。教育省は学校に対して、校長、教頭 1 人分、3 級教員 2 人分、2 級教員 5 人分、1 級教員 15.4 人分の給与の予算を配分した。だが実際には、3 級教員が 2 人、2 級教員が 4 人、1 級教員が 16.1 人という教員編制とした。このように専任教員の人数調整が可能な理由は、「給与」に関する予算の使途が学校の裁量に委ねられているからである。

表5-7 「給与」の収入と予算

予算種別	費目	収入		予算	
基本予算	校長	69,272 × 1.0	69,272	69,272 × 1.0	69,272
	教頭	57,925 × 1.0	57,925	57,925 × 1.0	57,925
	3級教員	53,851 × 2.0	107,702	53,851 × 2.0	107,702
	2級教員	51,731 × 5.0	258,655	51,731 × 4.0	206,924
	1級教員	45,400 × 15.40	699,160	45,400 × 16.1	730,940
	特別昇給・主任手当		35,464		27,000
	職員給与・大規模校費		94,239		82,469
障がい児教育費	統合教育教員費	45,400 × 0.1	4,540	45,400 × 0.1	4,540
	統合教育費		28,864		26,085
	障がい児教育費		26,847		26,847
特別学習費	特別学習費		48,678	45,400 × 1.0	45,400
ESL費	ESL費		66,879	49,755 × 1.3	64,682
重点計画費	識字教育費		35,200	49,755 × 1.0	49,755
	読み方補習費		53,750	49,755 × 1.0	49,755
	英語以外の言語教員費	45,400 × 0.7	31,780	45,400 × 0.7	31,780
	英語以外の言語教育費		6,425		0
年金・税金費	税金支払い		92,275		92,275
	労働保険		3,648		3,648
	年金費		125,874		125,874
	合計		1,847,177	29.2人	1,800,016
差額（収入−支出）					47,162

注：収入と予算に示された校長、教頭、1級教員の1人当り給与は職階別平均給与である。統合教育費と障がい児教育費の「1人当り給与×人数」は原文に記載されていない。合計欄の29.2人は校長、教頭、教員の合計人数を意味する。数値は1999年時点。

出典：A Primary School, "Staffing Worksheet for 1999", 1999.

次に、表5-7の障がい児教育費、特別学習費、ESL費、重点計画費の欄に示した通り、ESL担当教員1.3人、識字担当教員1人、読み方補習担当教員1人、英語以外の言語担当教員0.7人、統合教育担当教員0.1人が配置されている。つまり、学校は必要な人数分の各専門分野の教員を配置できる。これが可能な理由は、「給与」に関する予算の使途が学校の裁量に委ねられているからである。

予算編成に関する学校の権限は拡大されていると指摘できる。学校は財務運営にあたって、「給与」、「休暇費用」、「給与以外」という費目を立てて、収入、支出予算、収支見込を設定している。これらのうち、「給与」の収入を使用して、教員の人数を調整・決定する裁量を学校は持っている。一方、「給与以外」の収入を使用して、教材開発、研修、清掃等に関する予算を編成する裁量を学校は持っている。

学校の収入となる学校包括予算は、基本的に「給与」に支出されることを意図した銀行振込収入と「給与以外」の使途に支出される現金収入に区分されている。この点に着目すれば、学校は完全に自由に予算を編成できるわけではない。しかし、「給与」と「給与以外」の収入区分は、学校の予算編成を拘束しているというよりも、学校の予算編成に関するガイドラインを示していると考えられる。すなわち、学校包括予算のうち、「給与」に関する収入が人件費の目安となっており、同様に、「給与以外」に関する予算が、教材開発、研修、清掃等の総費用の目安となっている。

学校の予算編成裁量を拡大するといっても、例えば、極端に教員数が少ない学校の存在を認めてしまうようでは、生徒の学習成果にマイナスの影響を与えかねない。学校の裁量を拡大しながら、同時に、バランスを欠いた予算編成を回避するために、「給与」と「給与以外」の収入区分が設けられている。

さらに、生徒対教員比率に関する規定も学校の予算編成を誘導している。ビクトリア州では、各学校の在籍生徒数にもとづいて、標準教育職員の合計人数を算出する[51]。それは、教育省が妥当と考える学校別の常勤教員数である。小学校の場合、生徒21人につき1人の標準教育職員を算出する。中等学校の場合、まず各学校に4人の標準教育職員を認め、さらに生徒16人に

つき1人の標準教育職員を算出する。学校は、このような生徒対教員比率に関する規定を目安としながら、教員の人数を調整・決定できる。逆に、教育行政の立場から見れば、学校包括予算の導入によって各学校における予算編成の裁量を認めながら、適正な生徒対教員比率も財政的に誘導している。

学校会計における収支の黒字は、学校の判断によって、次年度以降に支出されるか、校内で貯蓄される[52]。これに関して、A小学校の校長は、「教員を雇用するか、貯蓄して設備を整えるかは学校が決定できます」[53]。「教職員の入れ替え等を通して、学校会計収支の黒字を蓄積して、新しい音楽センターを発注しようとしています」[54]と説明している。なお、学校における会計帳簿は、会計検査プログラムの監査対象になっている。

学校への財務権限委譲の効果は、学校は、教育ニーズにもとづいて、教員の人数を調整・決定できることである。学校は、教材開発、研修、清掃等に関しても、必要性に応じて、機動的に予算を編成・執行する裁量を持っている。学校への財務権限委譲の問題点は、A小学校の事例からは特に見られなかった。

学校への権限委譲について、総合的に、校長は「財務・予算の裁量拡大が大きな影響を学校経営に与えました。そして教員人事の権限拡大も大きな影響を与えました。これら2つが大きな点だと思います。この学校は未だ完全な人事権限を持っているわけではないけれど、以前に比べればずっと良くなっています」[55]と述べている。

第4節　学校評価

(1) 学校評価の仕組み

アカウンタビリティ政策は、各学校における「チャーター→学校年次報告（1年目）→学校年次報告（2年目）→3年毎の学校評価（3年目）→新しいチャーター」というサイクルの展開を意図している。各学校において、チャーターの実施結果が、毎年、学校年次報告によって自己評価される。そして3年間のチャーター実施の結果が、3年毎の学校評価によって評価される。3年毎

の学校評価では、まず学校自己評価が行われ、次に外部評価が行われる。外部評価において、外部評価者は学校自己評価報告書の妥当性を検討し、さらに学校自己評価報告書の内容を改善して、外部評価報告書を作成する。外部評価報告書では新しいチャーター作成の勧告が示される。外部評価の勧告は、新しいチャーターの作成にあたって、必ず活用されなければならない。このように、チャーター実施の結果が評価対象となり、外部評価によって自己評価の結果も改善され、外部評価の勧告が新しいチャーターに反映される仕組みになっている。

　本節では、以上の仕組みをふまえて、A小学校において、学校評価の実施によってチャーターが改善されたかどうかを記述する。そのために、まず1994年のチャーターと1997年のチャーターを比較する。1994年のチャーターはA小学校において最初に策定され、1997年のチャーターは、3年毎の学校評価の実施を経て策定されたものである。2つのチャーターの共通点と差異点を明らかにし、学校評価の実施の以前と以後で、チャーターがどのように変容しているかを考察する。チャーターには、教育課程、教育環境、人事運営、財務・設備運営の各目標が設定されているが、ここでは、教育課程目標に焦点を当てて検討する。その理由は、生徒の学習成果に対する教育課程目標の影響力が強く、政策において教育課程目標が最も重視されているからである[56]。

　次に、1997年の3年毎の学校評価を、学校自己評価と外部評価の順に検討する。そして3年毎の学校評価において、外部評価によって学校自己評価の結果が改善されたかどうかを検討する。さらに、外部評価の勧告が1997年のチャーターの内容に活用されたかどうかを検討する。その上で、学校評価の効果と問題点について考察する。

(2) チャーター

　A小学校は、1994年に最初のチャーターを策定した。このチャーターは1994年から1996年まで有効である。教育課程目標は「1.教育課程政策の枠内で幅広く系統的な教育課程を編成し、生徒の多様な必要性と意欲に対応す

表 5-8　1994 年のチャーターの教育課程目標と重点領域

○教育課程目標
1. 教育課程政策の枠内で幅広く系統的な教育課程を編成し、生徒の多様な必要性と意欲に対応する。
2. 生徒の学習を継続して改善するために、革新的な教育課程を編成・実施し続ける。
○重点領域
1. 理科と技術の質の高い教育課程の編成、2. 全領域の成績評価方法の改善と保護者に対する充分な報告の実施、3. イタリア語の導入、4. 生活指導の充実、5. 教員研修と職務評価の確立と実施。

出典：A Primary School, *Charter 1994-1996*, 1993, p.5, pp.7-11.

ること。2. 生徒の学習を継続して改善するために、革新的な教育課程を編成・実施し続けること」[57]である。重点領域は理科と技術の質の高い教育課程の編成、全領域の成績評価方法の改善と保護者に対する十分な報告の実施、イタリア語の導入、生活指導の充実、教員研修と職務評価の確立と実施の 5 つである[58]（表 5-8）。

　1997 年には、1997 年から 2000 年まで有効なチャーターを策定した。このチャーターは 1997 年 1 月から 1999 年 12 月までの有効期間になる予定であった。だが、チャーターの策定が 1997 年の 9 月 30 日と 9 ヶ月遅れたため、2000 年まで有効なものとした[59]。したがって実際に有効な期間 3 年と 3 ヶ月間である。

　1997 年のチャーターの教育課程目標は「1. 教育課程政策の枠内で幅広く系統的な教育課程を編成し、生徒の多様な必要性と意欲に対応する。2. 英語の生徒の学力をとくに会話と聴取理解に関して向上する。3. 算数の教育課程と教授法を改善して生徒の計算能力を向上する。4. 保健体育の学力を向上すること。5. 理科と技術の教育課程を実施・評価し質の高い教育を行う。6. 技術に対する生徒の理解と能力を向上する。7. イタリア語を継続実施する。8. 教育課程政策にもとづいて成績評価方法を改善し、生徒と保護者に適切に報告する」[60]である。1994 年のチャーターにおける目標の「教育課程政策の枠内で幅広く系統的な教育課程を編成し、生徒の多様な必要性と意欲に対応する」が、1997 年のチャーターでも再び策定された。これに加えて新しい目標も策定されている。重点領域は、英語の学力向上、保健体育の教育課程

表5-9　1997年のチャーターの教育課程目標と重点領域

○教育課程目標
1. 教育課程政策の枠内で幅広く系統的な教育課程を編成し、生徒の多様な必要性と意欲に対応する。
2. 英語の生徒の学力をとくに会話と聴取理解に関して向上する。
3. 算数の教育課程と教授法を改善して生徒の計算能力を向上する。
4. 保健体育の学力を向上する。
5. 理科と技術の教育課程を実施・評価し質の高い教育を行う。
6. 技術に対する生徒の理解と能力を向上する。
7. イタリア語を継続実施する。
8. 教育課程政策にもとづいて成績評価方法を改善し、生徒と保護者に適切に報告する。
○重点領域
1. 英語の学力向上、2. 保健体育の教育課程の充実と学力向上、3. 技術の学力向上。

出典：A Primary School, *School Charter 1997-2000*, 1997, pp.5-8, pp.9-16.

の充実と学力向上、技術の学力向上である[61]（**表5-9**）。

1994年のチャーターと1997年のチャーターを比較すると次の点が明らかになる。まず、教育課程目標の数と質が異なる。1994年の教育課程目標は、全体教育課程を生徒の多様な必要性と意欲に対応すること、革新的な教育課程を編成・実施し続けることの2つであった。一方、1997年のチャーターでは目標数が8つに増加している。全体教育課程、英語、算数、保健体育、理科、技術、イタリア語、成績評価方法の目標が策定された。

次に、重点領域は、1994年のチャーターでは、理科と技術の教育課程の改善、成績評価方法の改善、イタリア語の導入、生活指導の充実、教員研修と職務評価の確立の5つである。1997年のチャーターでは、重点領域が3つに削減された。それらは英語、保健体育、技術の学力向上を意図している。1997年には学力向上に焦点づけた重点領域が策定された。

(3) 3年毎の学校評価

1994年のチャーターと1997年のチャーターの差異が生じた要因を明らかにするために、1997年の3年毎の学校評価を学校自己評価と外部評価の順に検討する。

学校自己評価では、英語の学力、算数の学力、技術教育に関して検討し、次のような勧告を示した[62]（**表 5-10**）。

第一に、1996年の英語の学力データによると、英語の会話と聴取理解がベンチマークの州平均値より約0.5低い[63]。一方、英語の読み方と書き方はベンチマークの州平均値より若干劣るだけである。全校生徒の43％の生徒が家庭で英語を話さず、経済的にも貧しい生徒が多いという状況を考慮すると、このような学力水準には意義が認められる[64]。

だが、一層の改善が必要であるとの考えから[65]、学校自己評価では、「1. 識字向上計画を教育課程目標と重点領域に策定する」「2. 低学年での識字教育を予算配分が可能な限り継続する」「3. 教育課程において英語の会話と聴取

表 5-10　1997年の3年毎の学校評価

○学校自己評価
1. 識字向上計画を教育課程目標と重点領域に策定する。
2. 低学年での識字教育を予算配分が可能な限り継続する。
3. 教育課程において英語の会話と聴取理解に重点をおく。
4. 低学力の生徒に焦点づけた識字教育計画を調査・開発する。
5. 識字において教育課程政策の基準に達していない生徒を特定し、彼らの識字力を向上するための計画を策定する。
6. 算数の計算に関する指導改善と学力向上をチャーターの目標に策定する。
7. 教員は算数の教育課程に関する研修に参加する。
8. 技術の相互学習プロジェクトを重点領域に策定する。
9. 英語と算数に多くの授業時数を配分するために、理科と技術の合科を継続する。
10. 保健体育の教育計画を新しい重点領域に策定する。
○外部評価
1. 1994年のチャーターの教育課程目標の基本的考え方を維持する。
2. 識字に関する重点領域は、英語の生徒の学力をとくに会話と聴取理解に関して向上する、という内容を策定する。さらに識字に関する重点領域と整合性を持った教育課程目標を策定する。
3. 算数の教育課程と教授法を改善して生徒の計算能力を向上する、という教育課程目標を策定する。
4. 保健体育に関する重点領域は、生徒の保健体育の学力を向上する、という内容を策定する。これと整合性を持った教育課程目標を策定する。
5. 技術に関する重点領域は、技術教育を行い、生徒の技術に対する理解と能力を向上する、という内容を策定する。さらに技術に関する重点領域と整合性を持った教育課程目標を策定する。

出典：A Primary School, *Self-Assessment Report*, 1997, pp.7-9, Dickson, P., *Verification Report*, 1997, pp.5-7.

理解に重点をおく」「4. 低学力の生徒に焦点づけた識字教育計画を調査・開発する」「5. 識字において教育課程政策の基準に達していない生徒を特定し、彼らの識字力を向上するための計画を策定する」ことを勧告した。

第二に、1996年の算数の「計算」と「測定」の学力はベンチマークの州平均値にきわめて近い[66]。だが、一層の改善が必要であるとの考えから[67]、学校自己評価では「6. 算数の計算に関する指導改善と学力向上をチャーターの目標に策定する」「7. 教員は算数の教育課程に関する研修に参加する」ことを勧告した。

第三に、技術の学習に関する条件整備は、過去3年間に3学年から6学年の全教室にコンピューターを設置し、大きな進歩を遂げた。教員はコンピューター教育の研修を受けてきており、技術の相互学習プロジェクト（Interactive Learning Technology Project）という研究指定も教育省から受けている。これらの成果を土台に、技術教育を発展させるために、「8. 技術の相互学習プロジェクトを重点領域に策定する」ことを勧告した。

第四に、経済的に低層の移民の生徒が多く、基礎学力が十分ではないため、英語と算数を引き続き重視することが適切との見解が示された[68]。英語と算数を重視するためには、教育課程編成の工夫が必要である。そこで「9. 英語と算数に多くの授業時数を配分するために、理科と技術の合科を継続する」ことを勧告した。また、生徒の健康状況を改善するために、保健体育に比較的多くの授業時数を配分しているが、保健体育を一層充実するために、「10. 保健体育の教育計画を新しい重点領域に策定する」ことを勧告した。

このように学校自己評価は合計で10の勧告を示したが、同年に実施された外部評価は、学校自己評価結果の妥当性を検討した上で、次のような勧告を示した（表5-10）。

第一に、教育課程の基本方針を示すために、「1.1994年のチャーターの教育課程目標の基本的考え方を維持する」ことを勧告した[69]。

第二に、英語と算数の学力データを検討し、多くの生徒が家庭で英語を話さず、経済的にも貧しい生徒が多いという状況を考慮すると、現在の学力水準は意義が認められると指摘した[70]。だが、生徒の学力向上に努力すること

が望ましいと述べた[71]。そして「2.識字に関する重点領域は、英語の生徒の学力をとくに会話と聴取理解に関して向上する、という内容を策定する。さらに識字に関する重点領域と整合性を持った教育課程目標を策定する」「3.算数の教育課程と教授法を改善して生徒の計算能力を向上する、という教育課程目標を策定する」という勧告を示した[72]。

第三に、学校自己評価の「9.英語と算数に多くの授業時数を配分するために、理科と技術の合科を継続する」という勧告が、理科と技術の合科に対して消極的な表現をしていた。しかし外部評価会議において、学校側は「家庭にコンピューターを持っていない生徒を多く抱えるこの学校で、質の高い技術教育を実施してきた意義は大きい」[73]との見解を示した。しかも教員と保護者が次のチャーターで技術教育を重視することを希望している[74]。そこで外部評価では「5.技術に関する重点領域は、技術教育を行い、生徒の技術に対する理解と能力を向上する、という内容を策定する。さらに技術に関する重点領域と整合性を持った教育課程目標を策定する」という勧告を示した。こうして、技術に積極的な意味を持たせるとともに、生徒の学力向上を明確化した。

第四に、外部評価者は、生徒が運動を校外ほとんど行っていないという説明を学校側から受けたため[75]、保健体育を重視することを了解した。だが、外部評価者は、保健体育の内容が遊びやゲームになることを避ける必要があると考えた[76]。そして、生徒の健康、体力、および保健の知識を向上することが適切であると考え、保健体育の学力向上を提案した[77]。そこで、学校自己評価の「10.保健体育の教育計画を新しい重点領域に策定する」という勧告を、外部評価では「4.保健体育に関する重点領域は、生徒の保健体育の学力を向上する、という内容を策定する。これと整合性を持った教育課程目標を策定する」との勧告に修正して、生徒の学力向上を明確化した。

(4) 外部評価の勧告と新しいチャーター

外部評価の勧告は1997年のチャーターの策定に活用された。まず、「1.1994年のチャーターの教育課程目標の基本的考え方を維持する」という勧告を

受けて、1994年のチャーターの「1.教育課程政策の枠内で幅広く系統的な教育課程を編成し、生徒の多様な必要性と意欲に対応する」という目標を、1997年のチャーターでも再び策定した。

次に、外部評価の「3.算数の教育課程と教授法を改善して生徒の計算能力を向上する、という教育課程目標を策定する」との勧告を受けて、1997年のチャーターでは「3.算数の教育課程と教授法を改善して生徒の計算能力を向上する」という目標を設定した。

外部評価は、英語、保健体育、技術について、「2.識字に関する重点領域は、英語の生徒の学力をとくに会話と聴取理解に関して向上する、という内容を策定する。さらに識字に関する重点領域と整合性を持った教育課程目標を策定する」「4.保健体育に関する重点領域は、生徒の保健体育の学力を向上する、という内容にする。これと整合性を持った教育課程目標を策定する」「5.技術に関する重点領域は、技術教育を行い、生徒の技術に対する理解と能力を向上する、という内容を策定する。さらに技術に関する重点領域と整合性を持った教育課程目標を策定する」という勧告を示した。

これらの勧告を受けて、チャーターの教育課程目標に「2.英語の生徒の学力をとくに会話と聴取理解に関して向上する」「4.保健体育の学力を向上する」「5.理科と技術の教育課程を実施・評価し質の高い教育を行う」「6.技術に対する生徒の理解と能力を向上する」ことが策定された。重点領域として「1.英語の学力向上、2.保健体育の教育課程の充実と学力向上、3.技術の学力向上」が策定された。

つまり、教育課程の基本方針の下、英語、算数、保健体育、理科と技術の学力向上、イタリア語の継続実施、成績評価方法改善を扱った教育課程目標になった。重点領域では、英語、保健体育、技術の生徒の学力向上という意図を明確にした。このように、外部評価の勧告は新しいチャーターの策定に活用されている。

(5) 学校評価の効果と問題点

学校評価の効果は、チャーター実施の結果を自己評価し、外部評価の確認

を受けた上で、新しい学校経営の方向性を示すことである。学校自己評価は、チャーター実施の結果を点検する。そして、外部評価は学校自己評価の勧告を確認し、改善している。外部評価の勧告は新しいチャーターに反映されている。つまり、チャーター実施の反省点をふまえて、新しいチャーターが策定される仕組みになっている。

外部評価の役割が、学校自己評価報告書の妥当性の確認および改善とされていることも、注目に値する。外部評価会議において外部評価者と学校パネルの間で意見が交換され、学校自己評価報告書の改善すべき点が明らかにされる。その上で外部評価報告書が作成される。つまり、学校は外部評価を通して、学校自己評価報告書を改善するための助言が得られる。これは学校にとって効果であろう。学校評価の問題点は、A小学校の事例では特に見られなかった。

第5節　校長の任期更新

「未来の学校」が実施される以前の1992年まで年功序列が残っており、校長になるには、一定の年齢と経験が求められた[78]。1993年以降、校長の任期制と公募制の導入によって、校長人事における学校審議会の権限が強化された。新採用の校長候補者は、学校審議会が設置した校長の選考会議において決定される。選考会議の構成員は、学校審議会会長、保護者代表、教育行政代表、他校の校長であるが、「選考会議における保護者代表と教育行政代表の発言権は、実際には半分ずつ」[79]である。このように新しい校長人事制度が導入された結果、若い校長が採用されるようになった。そして、校長職への動機づけが若い教員に与えられた。例えば、教頭の経験がなくても、校長代行を経て、校長に採用される場合もある。

A小学校の校長と教頭も、5年間の任期制である。H氏は1993年に校長代行としてA小学校に着任した[80]。1995年に正式に校長となり、1999年末まで5年間の任期で採用された[81]。そして1999年末に任期を更新し、引き続き校長として5年任期で採用された[82]。筆者は、任期更新の年度に相当す

る1999年4月に、H校長と学校審議会会長（保護者）のS氏にインタビューを行った。校長任期更新の一次資料は、個人の人事に関わるため、入手が極めて困難である。そこで、以下では、インタビューの結果にもとづいて論を進める。

校長は任期制について肯定的にとらえている。すなわち、5年間の校長任期制が、良い学校経営を行うインセンティブになっていると考えている[83]。校長の任期制によって「学校審議会会長と学校審議会に対するアカウンタビリティは確実に高まっています。なぜなら昔の制度では、ひとたび仕事を得れば、それを失うことはないからです」[84]と述べている。換言すれば、仕事を怠ければ職を失う可能性があることが、校長の学校経営に対する緊張関係を担保している。

一方、校長は、1992年までの校長の終身在職制については、批判的である。その理由は、終身在職制では、学校経営が停滞する可能性があるからである。この点について、「昔の制度では、最初の3年から4年は良い仕事をするだろうけれど、少し怠けて、のんびりやるか、となるかもしれません」[85]と述べている。

学校審議会会長（保護者）のS氏は、校長の5年任期制について、次のように述べている。「とても良い制度だと思います。なぜなら古い制度では、もし校長が良くない場合、仕事が行き詰るでしょう。しかし現在の制度では、校長が役割を発揮して必要とされ、良い校長になって契約が更新されるかは、校長次第なのです」[86]。さらに、校長は学校審議会と共に働くことが求められると指摘している[87]。

校長任期更新の効果は、アカウンタビリティに対する校長の意識を高め、校長の学校経営に対する緊張関係を担保していることである。学校審議会会長（保護者）も、校長の任期制によって、校長のより良い仕事を期待できると考えている。校長の任期更新時に、学校経営の結果責任を問うことができるので、校長の任期制はアカウンタビリティのメカニズムの根幹であろう。校長の任期更新の問題点は、A小学校の事例では特に見られなかった。

第6節　自律的学校経営の実態

　A小学校における教育課程編成、人事運営、財務運営の裁量は、**表5-11**の通りである。

　学校は、教育課程編成の裁量を持つため、英語に多くの授業時数を配分し、理科・技術という領域を設定することが可能であった。また、学校の判断で、英語以外の言語としてイタリア語を選定した。学校への教育課程編成の権限委譲の効果は、生徒のニーズに応じた授業時数配分と領域設定が可能になることである。

　学校の人事裁量も拡大している。校長・教頭は任期制・公募制である。教員も公募制であり、任期制が部分的に導入されている。全教員27.2人中9人が2年間の任期制である。つまり、全教員のうち33％の教員が任期制である。学校は、予算編成の裁量を持つため、教員の人数を調整し、職階を決定できる。

　教員公募制の効果は、学校の必要性に合致した教員を学校ベースで選考できることである。公募制の問題点は、学校によっては、公募を出しても適任

表5-11　教育課程編成、人事運営、財務運営の権限委譲と学校経営

権限		学校名（群）	A小学校（学校群9）
教育課程		領域数	8
		授業時数配分の特徴	「英語」に多く配分
		英語以外の言語	「イタリア語」
		特色	「理科・技術」を設置 「ESL」の補習の実施 「保健体育」の重視
人事		校長・教頭の任期	5年間
		任期制教員の任期	2年間
		任期制教員の割合	33％（9人）
財務		裁量を活用した教員給与運営の特徴	各職階の教員数を調整 特別昇給・主任手当を決定

な教員を確保できないことである。任期制の効果は、任期制教員が有能でなければ、学校が解雇できることである。一方、任期制の問題点は、教職の人気の低下を招くことである。教員の生活が安定しないため、持続的な職能成長にも悪影響を及ぼしかねない。

　学校は、教材開発、研修、設備、清掃等に関する予算編成の裁量も持っている。学校への財務権限委譲の効果は、学校がニーズにもとづいて、教員の人数を調整・決定できることである。教材開発、研修、設備、清掃等に関する支出も、必要性に応じて、機動的に予算を編成・執行できる。

　A小学校では、学校自己評価がチャーター実施の結果を評価し、外部評価が学校自己評価の勧告を改善している。外部評価の勧告は新しいチャーターに反映されている。保護者代表と外部評価者は学校評価の過程に関与し、チャーター実施の結果を検証している。学校評価の効果は、チャーター実施の結果を自己評価し、外部評価の確認を受けた上で、新しい学校経営の方向性を示すことである。外部評価の勧告は、新しいチャーターに反映されている。外部評価は、学校自己評価報告書の妥当性を確認し、改善するという効果がある。

　校長は5年間の任期制であり、任期更新時に、学校審議会または地方教育行政は、校長の結果責任を問うことができる。このように、チャーター実施の結果が事後的に評価されている。もし、保護者代表または教育行政代表の納得が得られない場合は、校長の結果責任が問われる。学校評価と校長任期更新によって構成されるアカウンタビリティのメカニズムは、事例校において成立している。校長任期更新の効果は、アカウンタビリティに対する校長の意識を高めて、校長の学校経営に対する緊張関係を担保していることである。

第7節　学校経営政策の効果と問題点

(1) 学校経営政策の効果と問題点

　学校経営政策「未来の学校」の実施によって、学校経営にどのような効果

がもたらされたのかを考察する。そのために、「未来の学校」の実施前（1982年〜1992年）と実施後（1993年〜1999年）の学校経営の状況を比較する。

このように時期を区分した理由は次の通りである。1982年〜1992年は労働党政権の時代である。当時、「大臣書簡」（Ministerial Papers）にもとづく教育改革が実施された（第1章第3節（1））。「大臣書簡」とは1983年〜1984年に教育大臣が策定した教育改革の基本政策の総称である[88]。その後、1992年の州議会選挙を経て、1992年〜1999年は自由党・国民党連立政権の時代となった。1993年以降、「未来の学校」にもとづいて教育改革が実施された。これらの時期の特徴を**表5-12**において比較し、「未来の学校」が学校経営に与えた効果を明らかにする。

表5-12における比較をふまえて、「未来の学校」が学校経営に与えた効果を指摘すると次の通りになる。

第一に、学校の意思決定において校長のリーダーシップが発揮されやすくなった。学校審議会において教員代表の人数が半数から3分の1に変更され、代わりに保護者代表の人数が3分の2に増やされた。このため、教員代表は多数決で組合の意向を反映させられなくなった。校長は自らのビジョンにもとづいて、保護者代表のニーズを考慮しつつ、教員代表と協議して、学校の方針を決められるようになった。A小学校でも、学校審議会の構成員は変化された[89]。もちろん、A小学校では、学校審議会の保護者代表は建設的な態度で協力している[90]。このため、校長のリーダーシップが発揮されるようになったと指摘できる。

第二に、教育課程政策が8つの主要学習領域と到達水準を設定したため、学校の教育課程のバランスがとられるようになった。さらに、学力調査プロジェクトの実施によって、学校が客観的な学力データを把握できるようになった。「未来の学校」実施前は、学校間で教育課程が過度に多様であった。中には、「はいまわる経験主義」に陥ってしまう教育課程も見られた[91]。これに対して、「未来の学校」実施後の教育課程は、子どもの学習活動を成果に結びつけることが意図された。A小学校では、生徒の学力向上を重視した教育課程目標を設定するようになった（本章第4節（2））。さらに、各主要学

表5-12 「未来の学校」実施前と実施後の学校経営の比較

時期区分 分野	「未来の学校」の実施前（1983年～1992年）	「未来の学校」の実施後（1993年～1999年）
学校審議会	教員代表の人数は、学校審議会の全構成員の半数である。学校審議会における教員組合の影響力が大きい。教員組合主導の意思決定になりやすい。	教育省被雇用者（教員等）代表の人数は、学校審議会の全構成員を母数として、3分の1までである。校長のリーダーシップが発揮されやすい。
教育課程	教育課程政策が領域と到達水準を設定していないため、学校が完全な自由裁量を持つ。教育課程は急進的進歩主義的になる傾向がある。	教育課程政策が設定した領域と到達水準の範囲内で、学校は領域、教科、授業時数を設定する。学習成果が得られるような教育課程を編成する。
学力調査	学力調査は一切行っていない。州・各学校の客観的な学力データは存在しない。	学力調査プロジェクトを実施している。州・各学校の客観的な学力データが示される。
人事	教育省が校長・教頭・教員の人事を行う。校長・教頭・教員は終身雇用である。学校は人事に関する権限を持たない。	学校が校長・教頭・教員の人事を行う。校長・教頭は任期制。教員は終身または任期制の雇用である。学校は校長・教頭・教員を公募・選考できる。
財務	学校予算は費目・使途の制約がある。学校はニーズに応じた予算を編成できない。	学校予算は費目・使途の制約がない。学校はニーズに応じた予算を編成できる。
学校経営計画	教育省は学校経営計画のフォーマットを提示していない。学校経営計画の策定は義務化されていない。	教育省は学校経営計画のフォーマットを提示している。3年間の学校経営計画（チャーター）の策定が義務化されている。
学校評価	学校自己評価の実施は義務化されていない。外部評価は存在しない。評価基準は設定されていない。	学校自己評価、外部評価は義務化されている。評価基準としてベンチマークが設定されている。

注：次の文献をもとに筆者が作成した。Creed, P., "Betwixt and Between Change: A Victorian Game", Harman, G., Beare, H. and Berkeley, G. F. (ed), *Restructuring School Management*, The Australian College of Education, 1991. Steering Committee for the Review of Commonwealth/State Service Provision (SCRCSSP), *Report on Government Services 1999*, AusInfo, 1999. Pascoe, S. and Pascoe, R., *Education Reform in Victoria, Australia: 1992-1997, A Case Study*, The World Bank, 1998.

習領域の教育課程検討会も開催され[92]、教育課程の質の確保に努めている。

　第三に、人事・財務の学校裁量が拡大したため、学校の教育活動に対応した教員人事が可能になった。1994年までに教育省に採用された教員は、勤務校を異動しない限り、終身雇用であった。だが、1995年以降は学校が教員の公募と選考を行える。専門分野、雇用形態（終身または任期制）等の公募条件も学校が決められる。このような新しい制度を活用して、A小学校では、学校包括予算の範囲内で教員数を調整している（本章第3節（3））。

　第四に、チャーターと学校評価が導入された。チャーターは、3年間の学校経営計画を示している。学校評価、すなわち自己評価と外部評価は、学校経営の成果と課題を検証し、改善方策を示している。「未来の学校」実施前は、学校経営計画の策定と学校評価の実施が義務化されていなかった。そのため、1992年のA小学校では、学校評価は実施されていない[93]。1993年の「未来の学校」実施後は、チャーターと学校評価は、生徒の学習成果に焦点付けた「計画－実施－評価」の展開に寄与している。そして、ベンチマークが学校評価の指標として活用されている（本章第4節）。

　ただし、学校の人事裁量の拡大と任期制教員の導入に関して、問題点も指摘できる。第一に、学校が教員の公募を出しても、適任の教員を確保できない可能性がある。A小学校では、これまでのところ、そのような事態は起こっていない。だが、この小学校は経済的に低層の地域に位置するため、教員の確保に関する将来の見通しは不透明である。第二に、校長に対するインタビューによると、教員の任期制は教職の人気の低下を招いている。任期制では、教員の生活が安定せず、持続的な職能成長にも悪影響を及ぼしかねないからである。その結果、教員志望者の減少が予測され、教員不足に陥る可能性もある。

　つまり、「未来の学校」実施後は、学校の裁量が拡大されている。そして、校長のリーダーシップの下、「計画－実施－評価」のサイクルを展開し、教育の質を高めている。だが、学校の人事裁量拡大と任期制教員の導入に関する問題点も指摘できる。

(2) 政策効果と学校経営の条件

　「未来の学校」の実施後の校長の意識調査によると、多数の校長が自律的学校経営の導入を支持している[94]。だが、これは全体的な傾向であり、個々の学校では教育政策の効果に違いがあると考えられる。少なくとも州内の全学校で一律に効果があったとは言えないだろう。では、政策実施によって効果が得られた学校には、どのような条件が存在するのだろうか。本研究で対象としたA小学校では、一定の政策効果が認められた。そこで、事例校の検討を通して、政策効果が生じるために必要な学校経営の条件を考察する。

　第一に、意欲と能力が高い校長を確保することである。自律的学校経営は裁量が大きいため、校長は経営リソースを有効に活用し、組織マネジメントを展開する必要がある。1980代は、校長人事は年功序列にもとづいていた。だが、「未来の学校」実施後は、校長人事制度が変更され、年功主義から実力主義への移行が図られた。

　この点について、A小学校校長のH氏は次のように述べている。「『未来の学校』以降、若い校長が採用されるようになりました。校長になろうという動機づけを若い教員に与えました。以前は、年齢が求められました。校長になるために、時間を待たなければなりませんでした。私は、教頭の経験を持たずに本校の校長に採用されました。私は3級教員でした。本校の校長になったとき、最初は校長代行でした。以前は、こうしたことは起こりませんでした。昔だったら、年功序列等によって校長にならねばならなかったのです」[95]と述べている。その後、1999年末にH氏は意欲と能力が評価され、校長の任期更新に成功している。このように、事例校では意欲と能力が高い校長が確保されている。

　第二に、教育課程と教員の質を確保することである。すべての公立学校はチャーターにおいて目標を明確化しなければならない。だが、チャーターの目標を子どもの学習活動・成果に結びつけるためには、教育課程の質が求められてくる。同時に、教育課程を効果的に実施できるような優れた教員も必要である。

　A小学校の教育課程について、校長は「識字教育への重点化が独自性です。

私達は、識字教育が州内で広まる前から、重点を置いてきました。読解力の向上にも6年間取り組んできます。たいていの学校は最近2〜3年間しか取り組んでいません。本校はこの地域の子どもたちのニーズを特定して、教育活動を行っています。そして保健体育、生活指導にも力を入れています」と述べている。同校の教員はチャーターと教育課程の実施にコミットしている[96]。さらに、教員の力量を高めるために、教員の職務評価の結果を参考に校内研修を企画・実施している[97]。

　第三に、保護者が教育に関心と意欲を持っていることが重要である。学校に入学する以前に、子どもは家庭で育ってきている。学校に通学するようになっても、平日、子どもは放課後から朝まで家庭で過ごし、休日は一日家庭で過ごす。したがって、家庭でどのような生活習慣と学習習慣を身につけているかが、学校での学習活動と成果に大きな影響を与える。学校教育の在り方は重要であるが、実際には家庭教育の影響も大きいのである。さらに、学校の教育活動は保護者の理解と協力によって成り立っているため、保護者が学校に対して建設的な姿勢を持っているかが重要である。家庭教育の重要性や学校への協力について、学校が保護者に働きかけることも期待される。だが、その働きかけが有効になるためには、保護者が教育に関心と意欲を持っていることが必要である。

　A小学校は経済的に貧しい地域に位置しているが、保護者は教育に対する関心と意欲を持っている。この理由について校長は次のように述べている。「なぜなら彼らは移民だからです。努力するけれども、たくさんのお金を稼げない。でもたいていは良い家庭で、しっかりしていて、子どもの最善の教育を求めます。自分たちよりも良い教育を受けてほしいと考えています」。保護者の多くは移民であり、出身地はマケドニア、トルコ、ベトナム、サモア、ニュージーランドである。保護者はオーストラリアで子どもを成功させたいと思っているため、教育を重視しており、学校に協力的である。

　つまり、意欲と能力が高い校長を確保すること、教育課程と教員の質を確保すること、保護者が教育に関心と意欲を持っていることが、政策効果が生じるための学校の条件である。校長、教員、保護者という学校教育に関わる

人々の在り方が条件となった。このことは「教育は人なり」という言葉を想起させる。どのような制度や組織をつくっても、教育が人間同士の相互作用によって成り立つ以上、現場で実践に関わる人々の資質・力量が大きな影響を及ぼすのである。したがって、自律的学校経営を導入しても、政策効果を高めるためには、教職員の力量向上が不可欠であろう。

さらに、保護者の教育に対する関心と意欲が低い学校に対して、教育行政がどのような支援体制を提供できるかが、問われてくる。保護者が教育に関心と意欲を持たない場合、学校の内発的な努力に期待するだけでなく、教育行政が学校のニーズに合った様々な支援を提供することが求められる。この点は「未来の学校」において必ずしも十分ではなかった。今後の政策課題として指摘できよう。

注

1 Victorian Primary Principals Association, Victorian Association of State Secondary Principals, Department of Education, The University of Melbourne, *Assessing the Impact, The Final Report of the Cooperative Research Project, Leading Victoria's Schools of the Future*, 1998, pp.12-13.

2 *Ibid.*, p.16.

3 ガーが実施した調査を参照する理由は、協力研究プロジェクトが外部評価に関する調査を行っていないためである。

4 Gurr, D., *School Review Evaluation*, Paper presented for the Office of Review, 1999, p.27. なお、同調査の校長と学校審議会会長の回答の平均値は近似している（Gurr, D., *School Review Evaluation*, Paper presented for the Office of Review, 1999, pp.27-28）。

5 ビクトリア州における自律的学校経営の事例研究として、ウィー（Wee）の研究がある。これは学校組織のリーダーシップ研究であり、アカウンタビリティのメカニズムの運用等を研究したものではない（Wee, J., *Improved Student Learning and Leadership in Self-Managed Schools*, Doctor of Education Thesis, The University of Melbourne, 1999）。

6 本研究は、自律的学校経営のアカウンタビリティのメカニズムの解明を主題としているため、主題に関わる政策の影響に焦点を当てることとした。

7 事例校として通常学校（regular school）を分析対象とした。特別支援学校、言語教育のみを行う言語学校は分析対象としなかった。なお、1998年の段階で通常学校が州全体の公立学校の中で92.4％と多数を占めている（Department of Education, *Annual Report 1997-98*, 1998, p.6.）。

8 教育助成金とは教育省が保護者に対して支払う教育費補助金である。原語は Education Maintenance Allowance で EMA と呼ばれている。EMA は小学校生徒1人につき保護者に年間127ドル、中等学校生徒1人につき保護者に年間254ドルを支給する。支給条件は次の三つに該当することである。(1) 16歳以下の小学校生徒か中等学校生徒の保護者・保護者であること、(2) 年金支給者高速道路割引カード保有者、健康保険優遇カード保有者（世帯の収入が一定水準を下回った場合に発行される。）、退役軍人年金支給カード保有者、養子の保護者のいずれかに該当すること、(3) 学校に EMA 申請書を提出すること（Minister for Education and Training, "Attachment: General Information for parents about the Education Maintenance Allowance 2002", 2002, p.2)。

9 Northern Metropolitan Region, Department of Education, *Directory*, 1998, 1998.

10 「影響の評価は、プログラムが仕上げまたは落ち着いた段階で、効果が出るのに十分な時間が経過している時に着手されるのが理想的である」(Owen, J., *Program Evaluation*, Sage, 1999, p.263)。ビクトリア州の学校経営政策「未来の学校」の策定と実施開始は1993年である。1999年の時点で影響を検討するのに適度な時間が経過されていると判断した。

11 A Primary School, *Self-Assessment Report*, 1997, p.3.

12 インタビュー記録 (4)、H氏、A小学校校長、テーマ：自律的学校経営、1999年2月23日、巻末資料289頁。

13 Dickson, P., *Verification Report*, 1997, p.1.

14 A Primary School, *School Charter 1997-2000*, 1997, p.3.

15 A Primary School, "Staffing Worksheet for 1999", 1999.

16 A Primary School, "Staff List 1999", 1999. オーストラリアでは専任教員であっても、一部に週5日勤務しない教員がいる。教員が専任の身分のまま週5日未満の勤務を校長に申請し、校長に認められれば出勤日が少なくなる。あるいは校長が一部の教員の勤務日数を削減して、支出を削減する場合もある。例えば、週3日の勤務の場合、週5日勤務している専任教員の5分の3の給与が支払われる。そして、この教員を0.6人として表現する。したがって週5日勤務の専任教員が10人、週3日勤務の専任教員が1人勤務している学校の専任教員数は10.6人と表記される。一方、学校の生徒数についても0.5人のような表記があり得る。生徒が年度当初に転校予定の届出をしている場合、このような表記になる。オーストラリアの年度開始は1月であるが、年度開始から半年後に転校予定の生徒が1人いる場合、その生徒を0.5人と表記する。

17 前掲インタビュー記録 (4)、巻末資料289頁。

18 A Primary School, "School Council Meeting Agenda", April 27, 1999, p.3.

19 *Ibid.*, p.3.

20 Directorate of School Education, *Principal Class Selection Guidelines*, 1995, p.3. インタビュー記録 (5)、H氏、A小学校校長、S氏、A小学校学校審議会会長・保護者代表、テーマ：学校審議会・校長任期制、1999年4月27日、巻末資料299頁。

21 同上インタビュー記録 (5)、巻末資料298頁。

22　前掲インタビュー記録（4）、巻末資料293頁。
23　A Primary School, "School Council Meeting Agenda", *op.cit.*, p.3.
24　*Ibid.*, p.3.
25　A Primary School, *Charter 1994-1996*, 1993, p.19. A Primary School, *2004 School Charter*, 2004, p.20.
26　Dickson, P., *op.cit.*, p.1.
27　A Primary School, "School Council Meeting Agenda", *op.cit.*, p.3.
28　*Ibid.*, pp.3-4.
29　*Ibid.*, p.4.
30　*Ibid.*, p.3.
31　前掲インタビュー記録（4）、巻末資料291頁。
32　同上インタビュー記録（4）、巻末資料291頁。
33　A Primary School, *School Charter 1997-2000, op.cit.*, pp.9-16.
34　*Ibid.*, pp.9-16.
35　前掲インタビュー記録（4）、巻末資料290頁。
36　A Primary School, *Self-Assessment Report, op.cit.* p.3, p.8.
37　教育課程政策は、芸術（The Arts）、英語（English）、保健体育（Health and Physical Education）、英語以外の言語（Languages other than English）、算数・数学（Mathematics）、理科（Science）、社会と環境の学習（Studies of Society and Environment）、技術（Technology）の8つの主要学習領域（key learning areas）から構成されている。
38　準備学年－2学年の英語の授業では「低学年識字プログラム」（Early Years Literacy Program）を実施するとともに、習熟度が遅い生徒を対象として「読み方補習」（Reading Recovery）も実施している（A Primary School, "School Council Meeting Agenda", April 27, 1999, p.11）。
39　Dickson, P., *op.cit.*, p.2.
40　A Primary School, *Self-Assessment Report, op.cit.*, p.9.
41　A Primary School, "Staff List 1999", *op.cit.*.
42　前掲インタビュー記録（4）、巻末資料293頁。
43　Department of Education, *Annual Report 1997-98*, 1998, p.21.
44　前掲インタビュー記録（4）、巻末資料294頁。
45　同上インタビュー記録（4）、巻末資料293頁。
46　同上インタビュー記録（4）、巻末資料293頁。
47　Teacher Supply and Demand Reference Group, Department of Education and Training, *Teacher Supply and Demand Report*, 2002, p.iii.
48　*Ibid.*, pp.25-26.
49　A Primary School, *School Global Budget 1999*, 1999, p.5.
50　銀行振込に関する費目の収支が確実に黒字と見込まれる場合は、教育省の許可を得た上で、銀行振込収入の一部を現金収入に転用してもよい（Department of Education, Employment and Training, *Guide to the 2001 School Global Budget*, 2000,

第 5 章　事例研究　203

p.24)。
51　Benbow, W., Manager, School Funding Unit, Department of Education, "An Explanatory Letter of Staffing Formula", November 24, 1998.
52　Department of Education, *Guide to the 1999 School Global Budget*, 1998, p.14 (ad).
53　前掲インタビュー記録 (4)、巻末資料 295 頁。
54　同上インタビュー記録 (4)、巻末資料 295 頁。
55　前掲インタビュー記録 (4)、巻末資料 296 頁。
56　Department of Education, *Developing a School Charter*, 1997, p.10.
57　A Primary School, *Charter 1994-1996, op.cit.*, p.5.
58　*Ibid.*, pp.7-11.
59　A Primary School, *1997 Annual Report*, 1998, Introduction, p.2.
60　A Primary School, *School Charter 1997-2000, op.cit.*, pp.5-8.
61　*Ibid.*, pp.9-16.
62　A Primary School, *Self-Assessment Report, op.cit.*, pp.4-9.
63　*Ibid.*, p.7.
64　*Ibid.*, p.7.
65　*Ibid.*, p.7.
66　*Ibid.*, p.7.
67　*Ibid.*, p.7.
68　*Ibid.*, p.9.
69　Dickson, P., *op.cit.*, p.5.
70　*Ibid.*, p.5.
71　*Ibid.*, p.5.
72　*Ibid.*, pp.5-6.
73　*Ibid.*, p.7.
74　*Ibid.*, p.7.
75　*Ibid.*, p.6.
76　*Ibid.*, p.7.
77　*Ibid.*, p.7.
78　前掲インタビュー記録 (5)、巻末資料 298 頁。
79　同上インタビュー記録 (5)、巻末資料 300 頁。
80　同上インタビュー記録 (5)、巻末資料 298 頁。
81　前掲インタビュー記録 (4)、巻末資料 298 頁。
82　Conte, M., *Verification Report*, 2000, p.1.
83　前掲インタビュー記録 (5)、巻末資料 299 頁。
84　同上インタビュー記録 (5)、巻末資料 299 頁。
85　同上インタビュー記録 (5)、巻末資料 299 頁。
86　同上インタビュー記録 (5)、巻末資料 299 頁。
87　同上インタビュー記録 (5)、巻末資料 299 頁。
88　Creed, P., "Betwixt and Between Change: A Victorian Game", Harman, G., Beare,

H. and Berkeley, G., *Restructuring School Management*, The Australian College of Education, 1991, p.239.
89 前掲インタビュー記録（5)、巻末資料 297 頁。
90 同上インタビュー記録（5)、巻末資料 297 頁。
91 Barcan, A., "The School Curriculum and the National Economy", D'Cruz, J. V. and Langford, P. E.（ed）, Issues in Australian Education, Longman Cheshire, 1990, p.22, p.32. Barcan, A., *Two Centuries of Education in New South Wales*, New South Wales University Press, 1988, p.283, p.290.
92 A Primary School, *School Council Annual General Meeting 1995, Curriculum Reports*, 1995, 1995.
93 A Primary School, *School Council Meeting Held 10th March, 1992*, 1992.
94 Victorian Primary Principals Association, Victorian Association of State Secondary Principals, Department of Education, The University of Melbourne, *op.cit.*, p.16.
95 前掲インタビュー記録（5)、巻末資料 298 頁。
96 前掲インタビュー記録（4)、巻末資料 292 頁。
97 同上インタビュー記録（4)、巻末資料 294 頁。

終章　自律的学校経営における
　　　　アカウンタビリティのメカニズム

　オーストラリア・ビクトリア州では、教育課程編成、人事運営、財務運営等に関する権限が学校に委譲された。自律的学校経営では規制が大幅に緩和されているため、校長・教頭・教員、つまり教育専門家が裁量をもってチャーターを実施できる。しかし、学校が創造性を発揮して質の高い教育活動を展開し、保護者や教育行政の期待にかなった成果を収めるのか、疑問が残される。

　学校審議会は、保護者代表の参加を認めた学校の意思決定機関である。これは職員会議の上位に位置する。学校審議会に保護者代表が参加することによって、学校経営に一定の緊張感が与えられるかもしれない。学校と家庭の連携も促進されるだろう。だが、教育専門家の方が職務上、保護者代表よりも多くの知見と情報を持っており、優位な立場にある。学校審議会を設置しても、教育専門家が前例主義を志向し、学校の改善や変革を拒む危険性は否定できない。

　こうした事態を回避するために、自律的学校経営にはアカウンタビリティが求められる。ブッシュが「拡大した自律性は、学校とカレッジのリーダーによって享受されるだろうが、アカウンタビリティの一層の重視によって調和されてきた。それが自由の代価である」[1]と述べているように、本来、学校の裁量拡大とアカウンタビリティは一体である。とはいえ、アカウンタビリティは自然に発生するものではない。したがって、自律的学校経営のアカウンタビリティを実現するために、何らかのメカニズムが必要になってくる。

　本研究は、オーストラリア・ビクトリア州の学校経営政策の分析を通して、

自律的学校経営（Self-Managing School）におけるアカウンタビリティのメカニズムを解明することを目的とした。この目的を達成するために、次の研究課題を設定した。(1) 自律的学校経営論に着目し、その生成・発展と政策への影響について解明する。(2) 学校経営政策の分析を通して、自律的学校経営におけるアカウンタビリティのメカニズムを、①校長の結果責任の追及者、②校長の結果責任の範囲、③学校経営結果の評価、④校長の責任のとり方の観点から解明する。(3) 事例研究を行い、学校経営政策の効果と問題点を解明する。以下、第1節から第3節では、これらの研究課題について論じる。第4節で考察を行い、第5節で日本への示唆について論じる。第6節では本研究の成果と今後の課題について述べる。

第1節　自律的学校経営論の生成・発展と政策への影響

　コールドウェルとスピンクスの自律的学校経営論では、学校審議会への保護者代表の参加、チャーターの導入、学校評価の実施等を含めた学校経営サイクルが提案された。自律的学校経営論が政策に結びついた直接の要因は、学校経営政策の形成過程にあると考えられる。その契機は、ヘイウォード教育大臣が教育改革のアイデアをコールドウェルとスピンクスの共著『自律的学校経営をリードする』から得たことである。実際、コールドウェルは「未来の学校」特別委員会の委員として、学校経営政策の原案作成に関与している。さらに、コールドウェルは学校財務政策の形成を主導しており、その影響力の大きさがうかがわれる。

　このように、自律的学校経営論は学校経営政策に大きな影響を与えている。だが、細かく見れば、自律的学校経営論と学校経営政策の間には相違点がある。学校経営政策とその実施状況の間にも違いがある。政策のすべてが当初の予定どおり実施されたわけではないからである。つまり、理論、政策、実施の間には共通性と相違性がある。この点の相互関係は次の通りである（**表6-1**）。

　自律的学校経営論は、教育課程編成、人事、財務に関する学校への権限委

表6-1 理論、政策、実施の相互関係

分野	理論	政策	実施
教育課程	学校に権限委譲	8領域の教育課程政策の策定教育課程政策の性質は指針、授業時数配分と教科設定は学校の裁量学力調査プロジェクトの導入	政策どおり実施
人事	学校に権限委譲	校長・教頭公募制の導入任期制校長・教頭の100％導入教員公募制の導入任期制教員を州内全教員の30％まで増加	任期制教員は州内全教員の13％にとどまる（1997年）その他は政策どおり実施
財務	学校に権限委譲	学校包括予算の導入。学校の財務裁量の大幅拡大	政策どおり実施
チャーター	3年間〜5年間の学校経営計画教育行政と学校審議会の同意が必要	3年間の学校経営計画校長、学校審議会代表、教育行政代表の同意と署名が必要	政策どおり実施
学校評価	毎年の自己評価3年毎の外部評価	学校年次報告（自己評価）3年毎の学校評価（学校自己評価と外部評価）	政策どおり実施

譲を提案した。学校への権限委譲という方向性は、政策に反映された。だが、自律的学校経営論では、学校に委譲する権限の具体的な範囲は示されていなかったため、政策において具体的な制度設計を行うこととなった。学校への権限委譲に関する政策は、州全体の教員に占める任期制教員の割合以外は、当初の予定どおり実施された。

チャーターは、自律的学校経営論では、3年間〜5年間の学校経営計画を意味し、教育行政と学校審議会の同意が必要とされていた。この基本的な考えは政策に反映されたが、細部において相違点がある。すなわち、政策において、チャーターは3年間の学校経営計画を意味し、校長、学校審議会代表、教育行政代表の同意と署名が必要とされた。

学校評価は、自律的学校経営では、毎年の自己評価と3年毎の外部評価の実施が提案された。政策では、チャーター実施1年目と2年目の学校年次報告（自己評価）と3年毎の学校評価（学校自己評価と外部評価）が導入された。このように理論と政策の間には相違点がある。とはいえ、自律的学校経営論

は政策形成の基盤であることは間違いない。

　自律的学校経営論が政策の基盤とされた理由は、自律的学校経営論が現代の学校経営と教育行政に対する処方箋を提供していることであろう。具体的には次の2点が指摘できる。

　第一に、自律的学校経営論が学校経営の政策と実践の指針となり得る点である。自律的学校経営論は、ロズベリー地区ハイスクールの経営実践が体系化され、発展したものであり、ニュージーランドの教育改革からも示唆を得ている。自律的学校経営論は現実の政策と実践に有用になるように構成されている。ここに、自律的学校経営論が教育関係者の関心を引いた理由がある。

　これまで、国や州による程度の差こそあれ、オーストラリア、ニュージーランド、イギリス、アメリカ、カナダ等で学校への権限委譲が実施されてきた[2]。しかし、権限が委譲された学校において経営サイクルをどのように展開するのか、保護者代表がどのように参加してアカウンタビリティを実現するのかという問いに対する総合的な解答は、必ずしも明示されてこなかった。こうした状況を鑑みれば、ビクトリア州で自律的学校経営論が着目され、新しい学校経営政策の基礎理論として採用されたことの理由が理解できる。

　第二に、自律的学校経営論が、中央・地方教育行政の再編縮小と教育支出の抑制・削減を可能にしている点である。教育行政から学校に権限を委譲すれば、教育行政の職務権限は少なくなる。学校への権限委譲を基本とする自律的学校経営の導入は、教育行政の再編縮小と教育支出の抑制・削減を可能にするのである。今日、主要先進国では国家財政の赤字の増加に伴って、行政機能の見直しと効率化が必要とされている。そのため抜本的な行政改革を実施する必要があるが、教育行政も例外ではない。

　ビクトリア州でも、1992年までは「教育省－地方教育事務所－学校援助センター－公立学校」という教育行政構造であったが、「未来の学校」実施以降、「教育省－地方教育事務所－公立学校」という二層構造に再編縮小された。このように、自律的学校経営論は国家財政の危機に対応可能なため、政策の基礎理論として採用されたと考えられる。

第2節　自律的学校経営におけるアカウンタビリティのメカニズム

　ビクトリア州のアカウンタビリティ政策は、ベンチマーク、チャーター、学校年次報告、3年毎の学校評価から構成されている。チャーターは3年間の学校経営計画である。学校年次報告は、チャーター実施1年目と2年目の自己評価である。3年毎の学校評価は、チャーター実施3年目に行う自己評価と外部評価である。外部評価者は校長経験者、教育行政管理職経験者、学校経営研究者が中心で、教育省学校評価局の委託を受けて採用される。学校評価の領域は、チャーターに掲げられた目標と重点領域である。なお、リーグ・テーブルは作成・公表されていない。これは、主要教科の学力や大学進学実績を一元的尺度とした学校ランキングの形成を回避するためである。

　チャーターは、校長、学校審議会会長、教育行政代表の同意・署名という契約的行為をもって、3年間有効となる。チャーターが有効になった時点で、学校審議会会長と教育行政代表はチャーターの実施を学校に委託したことになる。学校は契約的同意を得た以上、チャーターを実施し、成果を出すことが期待される。だが、学校がチャーターを必ず実施するとは限らない。そこで、学校がチャーター実施の責任を負うようなメカニズムを構築する必要がある。ビクトリア州では、学校評価と校長人事を軸にチャーターの実施を誘導し、アカウンタビリティを実現しようとした。

　第一に、学校がチャーターを実施した結果は、3年毎の学校評価の対象となる。まず、校長・教頭・教員と保護者は3年間のチャーター実施に対する学校自己評価を行う。次に、教育省と契約関係を持つ外部評価者が学校自己評価の妥当性を検討する。そして、学校と保護者代表の意見を考慮して、新しいチャーター作成の勧告を作成する。つまり、チャーター実施の結果は、保護者代表と外部評価者が関与する評価の対象となっている。3年毎の学校評価の勧告は新しいチャーター作成の際、必ず組み込まれなければならない。このように保護者代表と外部評価者は、学校評価を通してチャーター実施の結果を検証し、学校経営の成果と課題を解明する。

　第二に、チャーター実施の結果は、校長の任期更新に影響している。校長

は最長5年間の任期制である。学校審議会会長は、校長の任期更新に関わって、校長のパフォーマンスに関する意見を地方教育事務所長に述べる。学校審議会会長が、現職者の任期更新に否定的な意見を提出した場合、地方教育事務所長が現職者の任期更新を認めないこともある。このように、学校審議会と地方教育事務所は、校長のパフォーマンス、言い換えれば、チャーター実施の結果を検証し、校長の結果責任を問うことができる。

　自律的学校経営におけるアカウンタビリティのメカニズムの基本枠組は以上の通りである。以下では、アカウンタビリティのメカニズムについて、①校長の結果責任の追及者、②校長の結果責任の範囲、③学校経営結果の評価、④校長の責任のとり方の観点から考察を進める。

(1) 校長の結果責任の追及者

　プリンシパル―エイジェント理論を手がかりに、自律的学校経営における校長の結果責任の追及者について考察する。プリンシパル―エイジェント理論では、依頼者（プリンシパル）と実施者（エイジェント）が契約を結び、実施者は同意・契約事項にもとづいて行動することが期待される[3]。実施者が依頼者の最善の利益を追求するとは限らないため、実施者の行動と結果が契約事項にはずれた場合、依頼者は実施者の結果責任を追及できる。ビクトリア州の教育行政は、教育課程編成、人事、財務等に関する権限を学校に委譲する代わりに、校長を学校経営の責任者に位置づけた。自律的学校経営の場合、学校経営計画の実施者（エイジェント）は校長である[4]。

　それでは、学校経営の結果に納得できない時に、誰が校長の結果責任を追及できるのだろうか。この問いに答えるために、学校における教育の依頼者（プリンシパル）について検討する必要がある。各学校における教育の依頼者は、子どもを通学させている保護者である。だが、1校あたりの保護者の人数は多く、それぞれ考え方や利害が異なる。そのため、各々の保護者が自由に校長の責任を追及すると、学校経営が混乱する可能性がある。一方、教育行政は、教育課程編成、人事、財務等に関する権限を学校に委譲した。そして、教育行政は学校経営過程を管理するのではなく、学校の自律的な経営実

践に期待している。この点に着目すれば、教育行政は校長の結果責任を問う資格があると考えられる。だが、中央教育行政、地方教育行政のいずれが校長の責任を追及するのかという疑問が残される。

これらの点について、ビクトリア州では、次のように制度化している。第一に、学校審議会会長（保護者代表）は、学校審議会の協議を経て、校長のパフォーマンスに関する意見を地方教育事務所長に文書で提出できる。このように、学校審議会会長は、校長の結果責任を追及できるため、その影響力は少なくない。学校審議会会長は、選挙で選ばれた保護者代表であり、校長と協力しながら学校審議会の運営に携わっているため、校長の責任を追及する資格が与えられている。

第二に、地方教育事務所長は、学校審議会会長から校長のパフォーマンスに問題があるという意見が出された場合、慎重に検討した上で、校長の任期更新の可否を判断する。その結果、現職校長の任期更新が認められないこともある。これは、校長の結果責任が問われるケースである。中央教育行政ではなく、地方教育行政が校長の任期更新の可否を決定できる理由は、地方教育行政の方が学校現場の事情を掌握しているからである。一方、学校審議会会長ではなく、地方教育事務所長が最終的に任期更新の是非を決定できる理由は、校長の任期更新に関する決定の妥当性を担保することである。学校審議会会長から校長のパフォーマンスに問題があるという意見が出された場合、地方教育事務所長は様々な情報を集め、段階を経て慎重に検討する（第3章第2節（1））。ここで慎重に検討するとは、学校審議会会長の判断が妥当であるかどうかも含めて、大局的・専門的な見地から検討することを意味する。

保護者は子どもが受ける教育の質に関して学校と利害関係を持ち、教育行政は学校教育の質と水準を維持する役割を持つ。いずれも立場は異なるが、自律的学校経営のアカウンタビリティをめぐる当事者であることは共通している。ビクトリア州では、学校審議会会長（保護者代表）と地方教育事務所長が校長の結果責任を追及できる。ただし、地方教育事務所長が、校長の結果責任の追及に関する最終的な決定を行うことになっている。このように、

学校審議会会長と地方教育事務所長に、校長の経営責任追及の権限を認めることによって、教育専門家の権限濫用を回避している。

(2) 校長の結果責任の範囲

　前述のように、プリンシパル–エイジェント理論では、依頼者（プリンシパル）と実施者（エイジェント）は契約を結ぶことが想定されている。依頼者は、契約の履行を実施者に期待する。したがって、実施者の結果責任の範囲は、基本的に契約によって示される。そもそも、アカウンタビリティを成立させるためには、契約が不可欠であろう。契約なしには、責任の範囲が曖昧になってしまい、結果として、依頼者が実施者の責任を追及することが困難になってしまうからである。

　ビクトリア州では、1993年以降、チャーターの策定が各学校に義務付けられた。チャーターは、校長、学校審議会会長（保護者代表）、教育行政代表の同意・署名によって有効になる3年間の学校経営計画である。プリンシパル–エイジェント理論にもとづけば、チャーターは、依頼者（学校審議会会長、教育行政代表）と実施者（校長）の間の公的な同意事項である。

　チャーターは、学校プロファイル、学校目標、重点領域、実践方針、生徒のルール、アカウンタビリティ計画から構成されている（第4章、図4-1）。学校プロファイルでは、最初に、学校が追求する価値（文化、信念、エートス、期待）が示される。次に、学校種別・規模・地域性が説明される。そして、教育課程の概要（教育課程と設備の特徴、学力の改善計画等を含めてもよい）が示され、最後に学校の将来展望が描かれる。

　学校目標は、教育課程、教育環境、スタッフマネジメント、財務・設備運営の各目標から構成される。各目標には改善分野も付記される。改善分野には目標の具体像が説明されている。このうち教育課程目標は、授業と生徒の学習に大きな影響を与えるため、最も重視されている。

　つまり、チャーターでは「教育成果の観点から好ましい未来が特定され、望ましい変化のための理論的根拠が確立される。さらに、実行されるべき活動と遵守されるべき時間枠の観点から、好ましい未来への道程の輪郭が描か

れる」[5]。このようなチャーターに示された計画を実施することが校長の責務である。学校評価の領域もチャーターの構成と一致している。チャーター実施の観点から校長のパフォーマンスに問題がある場合は、任期更新の際に校長の責任が問われる。したがって、校長の結果責任の範囲はチャーターによって示されると考えられる。もちろん、実際には、校長の任期更新の際には、チャーター実施過程におけるリーダーシップ、コミュニケーション、教育課題の分析・解決等の力量も問われるだろう。ただし、そうした力量も、際限なく問われるのではなく、チャーターの実施と結果に関わって問われると考えられる。

　以上に述べたように、校長の結果責任の範囲は基本的にチャーターによって示されるが、チャーターは一種の契約であるとも言われている[6]。この点に着目すると、チャーターの契約的な性質についても考察しておく必要がある。チャーターの各目標を逐一クリアーすることが、校長の契約上の責任になるのだろうか。校長は、チャーターを実施し、成果を出す責任を持つとしても、会社の経営者のように契約履行の義務を負うのだろうか。この問いに答えるために、以下では、チャーターの契約概念について検討し、校長の結果責任追及の性質について考察する。

　「契約の本質的な要素は、当事者間の合意である」[7]と言われる。この意味ではチャーターは契約である。だが、チャーターは準契約と呼ばれている。なぜなら、ビクトリア州教育法第15条L（b）が「チャーターは法律上強制し得る権利・資格・義務を発生させない」[8]と述べており、チャーターと法律上の契約概念を区別しているからである。「法律上、契約とは、2者あるいは2者以上の当事者の間の同意である。それは法的に強制力を持つ権利・義務関係を示す。契約は職務を委託する人物と職務を実行する契約者の間で書かれる」[9]。つまり、チャーターは、職務を委託する人物（学校審議会会長、教育行政代表）と職務を実行する契約者（校長）の間の同意であるが、相互に法的強制力を持つ権利・義務関係はない。

　このように、チャーターは緩やかな性質を持っている。準契約と呼ばれる所以である。チャーターが準契約であるため、校長の結果責任は大局的な見

地から柔軟に検討されるだろう。仮に、チャーターが厳格な契約である場合、チャーターの目標と結果は逐一対応関係を検証され、1つでも達成できなければ、校長の結果責任が追及されることになる。こうした単純な責任追及の仕方は、学校の性質にそぐわないと考えられる。

学校教育は、地域社会や家庭の状況等、様々な要因の影響を受けながら、「教師と生徒が一緒になって産出するもの（作り上げていくもの）」[10]である。だからこそ、教えるという行為は複雑で不確実性が高い。「ある教室で効果的であったプログラムが、別の教室で有効に機能する保証はどこにもない」[11]のである。したがって、チャーター実施の結果責任は、様々な要因を検討し、教育活動の複雑性と不確実性を考慮した上で、柔軟に問われる必要がある。

(3) 学校経営結果の評価

自律的学校経営における校長の結果責任の追及は、校長の職業上の身分に関わるため、評価に基づく必要がある。前述のように、自律的学校経営のアカウンタビリティのメカニズムは、学校評価と校長人事から構成されている。これらは、いずれも学校経営結果を評価するものである。以下では、学校評価と校長人事の順に検討する。

第一に、学校がチャーターを実施した結果は、学校評価の対象となる。ビクトリア州の学校評価は、学校年次報告と3年毎の学校評価から構成されている。学校年次報告は、チャーター実施1年目と2年目の校内自己評価である。3年毎の学校評価は、チャーター実施3年目に行う自己評価と外部評価である。外部評価は、学校自己評価報告書の妥当性を検討し、必要に応じて改善する。そして、新しいチャーター策定の勧告を提示する。学校評価の報告書は、自己評価と外部評価のいずれも、データに基づいて校長のパフォーマンスを明らかにしている。

自己評価と外部評価の関係は、自己評価が基盤になっていると指摘できる。ニーヴは「理論的には評価過程の3つの様式が存在する。すなわち、(a) 内部の自己評価、(b) 自己評価の外部への報告、(c) 自己評価の検査である」[12]と述べている。これらのうち、ビクトリア州の外部評価は「(c) 自己評価の

終章　自律的学校経営におけるアカウンタビリティのメカニズム　215

検査」に相当する。外部評価者は、学校自己評価報告書を分析、改善することによって、評価の質を高めようとしている。

　外部評価者は学校に対する勧告を提示するが、この勧告は外部評価会議において協議される。外部評価会議の議長は通常、校長である。外部評価会議では、外部評価者と学校パネル（校長、教頭、教務主任、学校審議会会長）が意見を交換し、勧告についての同意をとる。外部評価者は、会議で出された意見を考慮して、外部評価報告書の原案を作成する。つまり、外部評価の勧告は、外部評価者が単独で作成するのではなく、学校パネルとの協議を経て作成される[13]。

　自己評価は、教頭あるいは主任教員が単独で担当する場合と、複数の教員と学校審議会保護者代表によって構成される委員会が担当する場合がある。外部評価は、教育省学校評価局の審査に合格した外部評価者が担当する。外部評価者には研究者、退職校長等の専門家が採用されている。外部評価者は、専門性、中立性を持たなければならないと規則で定められている（第4章第6節(2)）。つまり、自己評価は学校の主体的な評価に位置づけられる。外部評価は専門的・中立的観点から自己評価の妥当性を検証している。

　学校評価を効果的に行うためには、基準が必要である[14]。教育省学校評価局は、学校評価の基準としてベンチマークを策定している。ベンチマークは、生徒の学力、教員のモラール、教員と保護者の意見等に関する平均値、最高値、最低値を示している。学校の成果は、生徒の家庭の状況や地域環境のように、学校がコントロールできない要因の影響を受けていると指摘されている[15]。そこで、教育省は学校群ベンチマークを策定した。学校群ベンチマークは、生徒の経済的・言語的背景を考慮した到達水準である。すなわち、生徒の経済的・言語的背景が類似している学校を1つのグループにまとめて、9つの学校群を形成し、学校評価基準を設定している（第4章表4-1）。教育課程政策と中等教育修了資格試験（中等学校の場合）も、学校評価の基準として使用されている。このように、学校評価の基準も整備されている。

　第二に、チャーター実施の結果は、校長の任期更新に影響を与えている。校長は最長5年間の任期制である。校長の任期更新は、アカウンタビリティ

のメカニズムの中核である。なぜなら、地方教育事務所は、学校審議会の意見を踏まえて、校長の任期更新を認めず、校長を解任する権限を持っているからである。校長の解任は、校長の結果責任（アカウンタビリティ）の追及を意味する。

学校審議会会長は、校長の任期更新に関わって、校長のパフォーマンスに関する意見を地方教育事務所長に述べられる。学校審議会会長は、校長のパフォーマンスが十分ではないと考えた場合、学校審議会における協議を経て、任期更新を認めないという意見を述べられる。学校審議会会長にこのような権限が認められていることは、学校審議会会長と校長の間に一定の緊張関係を作り上げている。

学校審議会会長が現職者の任期更新に否定的な見解を提出した場合、地方教育事務所長は慎重に検討した上で、現職者の任期更新を認めないこともある。これが、校長の結果責任が問われるケースである。つまり、校長のアカウンタビリティを問うためには、学校審議会会長の意見提示、地方教育事務所長による最終判断という2つの段階をクリアーする必要がある。

校長の任期更新をめぐる学校審議会会長と地方教育事務所長の権限関係は注目に値する。学校審議会会長は、保護者の代表であり、学校審議会会長のための研修を受けている。さらに、校長・教頭選考基準という校長の能力の評価基準も設定されている（第3章表3-5）。だが、学校審議会会長が恣意的な判断を絶対に行わないという保障はない。そこで、地方教育行政は学校経営の経緯と問題点を専門的に調査し、学校教育の中立性も考慮した上で、校長の任期更新の是非を決定できる。地方教育行政は、必要に応じて、学校評価報告書等の文書の検討や聞き取り調査を行う。このように、校長のパフォーマンスは慎重に評価されている。

オーエンは、評価は雇用の判定のために使用され得ると述べているが[16]、完全に客観的な評価は存在しないとも指摘している[17]。重要なことは、完全に客観的な評価よりも、むしろ妥当性の高い評価を追求することであろう。ビクトリア州では、次の3つの仕組みによって、学校経営結果の評価における妥当性を高めようとしている。

第一に、学校評価によって、学校経営結果に関するデータが時系列的に蓄積されている。学校評価の報告書では、データが分析され、チャーター実施の成果と課題が指摘されている。学校評価のデータは、校長のパフォーマンスの1つの側面を説明しており、任期更新の是非の判断材料になる。データの蓄積は、学校経営の結果に関する恣意的な評価を回避するために重要である。

第二に、学校評価が自己評価と外部評価の2段階構成になっている。自己評価は、教頭あるいは主任教員が担当する場合と委員会を設置する場合がある。委員会の構成員は、複数の教員と学校審議会保護者代表である。外部評価は、教育省学校評価局の審査に合格した外部評価者が担当する。外部評価者には研究者、退職校長等の専門家が採用されている。教職員の専門的見解と保護者の意見を反映するために、教職員と保護者代表（委員会方式の場合）が自己評価を実施している。さらに、専門性・中立性担保の観点から、教育省学校評価局の審査に合格した外部評価者が外部評価を実施している。つまり、学校現場の当事者による主体的な自己評価結果を、外部評価者が専門的・中立的にチェックすることによって、学校評価の妥当性を高めている。

第三に、校長の任期更新の是非が、学校審議会の意見提示と地方教育行政の最終判断を経て、決定される。校長のアカウンタビリティを問うためには、任期更新時に、学校審議会会長の意見提示、地方教育事務所長による最終判断という2つの段階をクリアーする必要がある。保護者の代表性担保の観点から、学校審議会会長には、校長の任期更新に関する意見を提出する権限が認められている。同時に、専門性・中立性担保の観点から、地方教育行政には、校長の任期更新に関する最終決定を行う権限が認められている。つまり、学校現場の当事者による意見に対して、地方教育事務所長が専門的・中立的にチェックすることによって、校長任期更新に関する判定の妥当性を高めている。

このように、データを蓄積した上で、多面的な学校経営結果の評価を行い[18]、評価の妥当性を高めようとしている。評価の最終局面では、外部評価者や地方教育事務所長が主体となり、評価の専門性・中立性が確保される

ように配慮している。

(4) 校長の責任のとり方

　コーガンは、アカウンタビリティを「役割を持つ個人が、行動についてアカウンタビリティの関係にある人々の満足を得られなかった場合、評価を受けサンクションを適用されることを免れない状態」[19]と定義している。コーガンが言うように、アカウンタビリティを現実化するためには、責任をとる場合に適用されるサンクションを明らかにしておく必要がある。

　ビクトリア州の自律的学校経営の場合、学校経営の結果に、保護者あるいは教育行政が納得できない時、校長は結果責任をとることになっている。学校審議会会長の問題提起を受けて、地方教育行政は、専門的・中立的立場から検討した上で、校長の任期更新を認めずに解任することができる。つまり、自律的学校経営のアカウンタビリティにおいて、任期更新時における校長の解任がサンクションなのである。ただし、校長は5年間任期制であるため、途中の解任は基本的にはありえない。学校経営の成果を出すためには、一定の期間が必要だからである。校長が随時に解任される可能性を否定し、5年間は校長に学校経営を任せることを保障している。

　実際には、パフォーマンスの問題を理由に、任期を更新できなかった校長の人数は極めて少ない。その背景として、校長の採用人事が厳しいことがあげられる。校長の採用人事は公募制である。各学校は選考会議を設置し、応募者の能力を書類選考、面接を通して判定する。選考会議は、採用人事の選考において、教育省が設定した校長・教頭選考基準を必ず使用しなければならない（第3章表3-5）。校長の採用人事は、年功序列や現職校長の推薦制ではなく公募制であるため、中核的教員や教頭が校長に採用される道が開かれている。このように、力量ある人物が校長に採用される仕組みになっており、そのことを背景として、校長の解任はきわめて少なくなっている。

　より重要なことは、安易に校長の任期更新の是非を問うべきではないという教育省の指針の存在である。教育省は、学校審議会構成員が、問題解決の方途を探らずに、校長・教頭に対する不満や懸念を蓄積させて、任期更新を

拒否することは不適切であると述べている[20]。学校レベルでの問題解決を推進するために、学校審議会会長と校長が定期的に協議することを推奨している。つまり、校長の任期更新制は慎重な運用が求められている。校長の任期更新の拒否は、いわば「伝家の宝刀」であり、校長に過度のプレッシャーを与えるものではない。むしろ、ビクトリア州の校長は、任期制を適度な緊張感を与えるものと受け止めている[21]。そして、地方教育行政による支援体制の下、より良い教育の実現に向けて職務に取り組んでいる[22]。

　学校経営のアカウンタビリティの在り方は慎重に検討される必要がある。アカウンタビリティを厳格に追及すればするほど、校長は追い詰められる。その結果、校長の考え方がバランスを欠くようになり、学校教育の質を歪めてしまう。イギリスでは、リーグ・テーブルにもとづく厳格なアカウンタビリティの追及を背景として、校長が不正を行った例が報告されている[23]。全国学力テストで勤務校の生徒が高い点をとれるように操作したのである。これは極端な例ではあるが、同様のことは、日本でも東京都足立区の学力テストをめぐって起こっている[24]。

　一方、学校経営のアカウンタビリティが全く追及されないことも問題であろう。校長が「ことなかれ主義」[25]に陥り、教育的リーダーシップを発揮しない場合は、アカウンタビリティが問われる必要がある。「校長の教育的リーダーシップの欠如は、職場を少数のグループとバラバラの個人に解体し、職員会議を教科や少数グループの利害の対立の場とし、教育に関わる意思決定を形式化し手続き化して、教育実践の創造へと向かう連帯をことごとく断ち切ってしまう」[26]。こうした事態を回避し、校長が教員集団の主体的実践を誘発し、子どもの豊かな学びを成立させるためには、やはりアカウンタビリティが求められる。

　したがって、「厳格なアカウンタビリティか、それともアカウンタビリティの不在か」という二項対立を越えなければならない。子どもの豊かな学びを成立させるために、どのような学校経営のアカウンタビリティが求められるのだろうか。

　第一に、一元的な学力尺度にもとづく学校間競争を抑制し、学校経営とア

表6-2 自律的学校経営におけるアカウンタビリティのメカニズム－構成要素－

①校長の結果責任の追及者	学校審議会会長（保護者代表）地方教育事務所長
②校長の結果責任の範囲	チャーター（緩やかな性質を持つ準契約）
③学校経営結果の評価	学校評価（1. 自己評価→ 2. 外部評価）校長の任期更新の判定（1. 学校審議会の意見提示→ 2. 地方教育行政の最終判断）
④校長の責任のとり方	任期更新時における校長の解任（ただし、解任は稀である。校長に適度な緊張感を与えて、リーダーシップの発揮を促す。地方教育行政による校長支援体制が整備されている。）

カウンタビリティの環境を適切なものとする必要がある。校長責任の過剰な告発を回避するために、ビクトリア州の教育行政は、リーグ・テーブルを作成・公表していない。第二に、地方教育行政による校長支援体制を整備し、自律的学校経営における校長の孤立化を未然に防ぐ必要がある[27]。ビクトリア州の地方教育行政には地区校長主事が配置され、校長の学校経営を支援している。第三に、校長に任期制を適用した場合、任期更新の拒否は、校長の職業上の身分に関わるため、きわめて慎重な運用が求められる。ビクトリア州では、校長の任期更新は、地方教育行政が専門的・中立的立場から検討することが不可欠とされており、安易な運用は認められていない。これらの要件をクリアーしたアカウンタビリティのメカニズムは、校長に適度な緊張感を付与し、校長の惰性を回避するとともに、教育的リーダーシップ発揮を促すものになるだろう。

以上、「①校長の結果責任の追及者、②校長の結果責任の範囲、③学校経営結果の評価、④校長の責任のとり方」の順に、自律的学校経営におけるアカウンタビリティのメカニズムの構成要素を検討してきた。明らかになった点を集約すると**表6-2**の通りになる。

第3節 学校経営政策の効果と問題点

ビクトリア州小学校校長会、中等学校校長会、教育省、メルボルン大学は、学校経営政策の影響に関して、公立学校の校長の意識調査を実施した。同調

査の報告書によると、仕事の負担増と多忙化という問題があるが、自律的学校経営導入以前の制度よりも、現行制度の方が校長に圧倒的に支持されている。学校への権限委譲、アカウンタビリティに関する、チャーター、学校年次報告に対しても肯定的な意見が出されている。ガーは外部評価の学校パネル構成員（校長、教頭、教務主任、学校審議会保護者代表）に対して意識調査を行った。この意識調査では、外部評価に対する肯定的な意見が出されている。このように州全体を対象とした数量的調査では、学校経営政策の効果が強調されている（第5章第1節（1））。

　本研究では、事例研究を行い、学校現場の実態をふまえて、学校経営政策の効果と問題点を明らかにすることにした。その際、学校への権限委譲、学校評価、校長任期制に焦点を当てた。その理由は、学校への権限委譲が自律的学校経営成立にとって不可欠であること、学校評価と校長任期制がアカウンタビリティのメカニズムの中軸になっていることである。

　事例研究の結果、学校への教育課程編成権限の委譲、学校への財務権限の委譲、学校評価、校長任期制に関する効果が認められたが、問題点は見られなかった。効果は次の通りである。第一に、教育課程編成の権限委譲によって、生徒のニーズに応じた授業時数配分と領域設定が可能になっている。第二に、財務権限の委譲によって、学校はニーズにもとづいて、教員の人数を調整・決定できる。教材開発、研修、設備、清掃等に関する支出も、必要性に応じて、機動的に予算を編成・執行できる。第三に、学校評価は、チャーター実施の結果を自己評価し、外部評価の確認を受けた上で、新しい学校経営の方向性を示している。外部評価の勧告は、新しいチャーターに反映されている。つまり、評価による課題の発見から計画の改善に向かうサイクルが成立している。第四に、校長は5年間の任期制であり、任期更新時に、学校審議会または地方教育行政は、校長の結果責任を問うことができる。事例校の校長は、校長任期制がアカウンタビリティに対する校長の意識を高めていると考えている。

　一方、学校への人事権限委譲には、効果と問題点が並存していることが明らかになった。ビクトリア州では、教員は公募制であり、任期制が部分的に

導入されている。事例校の場合、全教員27.2人中9人が2年間の任期制である。校長へのインタビューによると、公募制の効果は、学校の必要性に合致した教員を学校ベースで選考できることである。その問題点は、学校によっては、公募を出しても適任な教員を確保できないことである。任期制の効果は、任期制教員が有能でなければ、学校が解雇できることである。その問題点は、教職の人気の低下を招くことである。任期制では、教員の生活が安定しないため、持続的な職能成長にも悪影響を及ぼしかねない。

以上のように、事例研究では、教育課程編成、財務の権限委譲、学校評価、校長の任期制に関する効果が認められた。これは、学校経営政策が肯定的な影響を与えているという意識調査の結果と合致している。一方で、学校への人事権限委譲は効果と問題点があることも明らかになった。

最後に、2つの考察を行った。第一に、「未来の学校」の実施前と実施後を比較したところ、「未来の学校」の実施後の学校経営の変化が明らかであった。まず、学校の裁量が拡大されている。次に、教員組合主導の学校経営から脱却し、校長のリーダーシップ発揮が可能になっている。さらに、「計画－実施－評価」のサイクルが展開されるようになり、教育の質を高めている。第二に、A小学校は政策効果が高い事例であったため、政策効果が生じるための学校経営の条件について考察した。その結果、意欲と能力が高い校長を確保すること、教育課程と教員の質を確保すること、保護者が教育に関心と意欲を持っていることが重要であることが明らかになった。教育は人間同士の相互作用によって成り立つため、学校に関わる人々の資質・力量が、教育改革の成果を実現するための鍵になっている。

第4節　考　察

(1) 現代教育改革をめぐる市場と契約

チャブ（Chubb）とモー（Moe）は、学校選択と学校間競争、つまり市場原理の導入こそが学校経営の改善を促進すると主張した[28]。だが市場は劇薬である。主要教科や上級学校進学実績を尺度とした学力ランキングが発表され、

学校間に児童・生徒獲得競争が生じると、主要教科に過度の高い価値が与えられてしまう。その結果、低学力の子をどれだけ伸ばしたか等の成果が矮小化され、上級学校進学実績が学校に対する社会的評価を決定し、学校選択の基準となる。しかも不人気校を生成・固定してしまう。市場は勝者の学校と敗者の学校をつくる。勝者だけを生む市場はない[29]。

ビクトリア州の学校経営政策は、リーグ・テーブルを導入しなかった。これは「未来の学校」を導入したヘイウォード教育大臣が、イギリスのサッチャー教育改革の行き過ぎを看取したためである[30]。そして、学力調査プロジェクトの各学校の結果を公表しない措置をとっている。各中等学校の中等教育修了資格試験の結果公表も抑制している。この理論的背景として、コールドウェルとスピンクスが『自律的学校経営をリードする』で行った議論が重要である。

「教育の質を見定められるように、学校のパフォーマンスに関する概括的・個別的情報は公開されるべきだという主張が存在する。このようなテストに対するアプローチは、視野が狭いため、特に小学校段階では、学びと教え（learning and teaching）で起こっていることを歪めてしまうだろう。そして、教育における高い価値を下げてしまう。テスト結果が公表され、学校とコミュニティの特性が考慮されない場合、学校間比較の妥当性をめぐって、当然、深刻な懸念が生じるだろう。公表されたテスト結果で学校を判断する人々は、学校の貢献、つまり『付加価値』（'value added'）という要素を測定しようとしない。全国または州のテストが、自律的学校経営の概念と調和するのかという論点が生じる。私たちは、テスト結果が、アカウンタビリティ・システムにおける多くの指標の中の１つに過ぎないことを指摘し、確信する」[31]。

とはいえ、ビクトリア州では保護者の公立学校の選択が認められている[32]。子どもは自宅に近い学校、つまり近隣指定校に入学する権利が与えられる。その上で、保護者が近隣指定校以外の学校を希望する場合は、他の公立学校を選択できる（第４章第７節）。州都メルボルンでは、公立の学力選抜中等学校が２校設けられている。公立学校と私立学校の間の競争も生じている[33]。したがって、ビクトリア州で学校間競争が皆無なわけではない。

だが、重要なことは、教育行政が意図的に学校教育に市場原理を導入するかどうかである。ビクトリア州の教育行政は学校間競争を扇動することなく、学校選択制度を慎重に運用している。仮に、教育行政が意図的に学校をランク付けし、学校間の競争を推進すれば問題が生じるだろう。すなわち、ウイッティーが論じるように、「一元的尺度上で人気のある学校とそうでない学校との差異を拡大し」[34]、学校教育は「市場の諸力の『自由な』相互作用によって多様に差異化するどころか、ますます階層化したシステムとなろうとする」[35]のである。

この問題に関して、望田研吾は「私的選択が無制限に行使される事態を避けるとともに、旧来の学校システムが持っていた官僚制と閉塞性にも陥らないようなシステムを作ることが緊急の課題となる」[36]と述べている。「現行公立学校制度の画一性、硬直性、閉鎖性」[37]が疑問視され、学校への権限委譲や学校選択が論点とされる現代教育改革において[38]、望田の指摘はきわめて重要である。では、どのようにすれば、そのような新しいシステムを構築できるのだろうか。この問いに答えなければ、バウチャー制度の導入等を主張する市場主義者に対して応酬することはできない[39]。

このような議論において、ビクトリア州の学校経営政策の研究は示唆的な知見を与えてくれる。準契約的な意味を持つチャーターは、実施段階において教育専門家に委託される。教育専門家は保護者・教育行政との信頼関係を保ちつつ、チャーターを実施し、教育活動を成立させる。チャーターの実施結果をめぐって課題が生じた時は、学校評価にもとづいて学校経営の方向性が修正される。「学校の権力化」[40]のような深刻な事態に陥った場合、学校審議会会長は、校長の任期更新について否定的な見解を申し出ることができる。その際、地方教育行政は状況を専門的に検討した上で、校長の任期更新の是非を判断する。つまり、自律的学校経営のアカウンタビリティのメカニズムは、保護者・教育行政（プリンシパル）と校長を代表とする教育専門家（エイジェント）のバランス・オブ・パワー（balance of power）の成立を意図したものである[41]。

ビクトリア州の学校経営政策は、学校裁量を大幅に拡大するとともに、

チャーター、学校評価、校長人事を軸に、保護者、教育行政、教育専門家の関係を変化させた。そして、学校選択と学校間競争よりも、むしろチャーターという準契約とその事後評価を基盤として、アカウンタビリティを成立させようとした（第4章第8節 (2)）。この点に着目すれば、「未来の学校」は、市場ではなく契約をコンセプトとした教育改革に位置づけられる[42]。このような自律的学校経営のアカウンタビリティのメカニズムは、特に公立義務教育学校への市場原理導入の弊害が懸念される日本において[43]、教育改革の理論と政策に示唆を与えるものである。

(2) 学校経営政策「未来の学校」の国際性

コールドウェルとスピンクスの自律的学校経営論は外国の教育改革を検討しながら形成されてきた。ビクトリア州学校経営政策は外国の教育政策を参考に形成されたが、後にタイの教育改革に影響を与えている。つまり、ビクトリア州の「未来の学校」は国際性を1つの特徴としている。以下では、「未来の学校」の国際的な性質を明らかにしたい。

第一に、「未来の学校」の源流は、カナダ・アルバータ州の学校財務権限委譲と接点を持っている。コールドウェルはオーストラリア人であるが、カナダ・アルバータ大学大学院に留学した。そして、アルバータ州の学校への財務権限委譲に関する研究を行い[44]、1977年に研究成果を博士論文にまとめている。1981年にオーストラリアに帰国した後も、学校裁量の拡大に関心を持ち続けた。そして、コールドウェルはスピンクスと共に『自律的学校経営』（1988年）と『自律的学校経営をリードする』（1992年）を刊行した。これらの図書はビクトリア州において影響力を発揮した。特に『自律的学校経営をリードする』は1993年の「未来の学校」に直接反映されている。つまり、ビクトリア州学校経営政策「未来の学校」は、コールドウェルの問題関心に焦点づければ、カナダ・アルバータ州の政策を源流としている。

第二に、「未来の学校」は、ニュージーランドで開発されたチャーターの概念を導入している。コールドウェルとスピンクスは、1992年刊行の『自律的学校経営をリードする』において、ニュージーランドのチャーターに

着目し、チャーターの活用を提案した[45]。その理由は、ニュージーランドのチャーターは、自律的学校経営に不可欠な中期的な学校ビジョンと戦略を示しているからである。チャーターはビクトリア州の公立学校にも有効であると判断され、「未来の学校」で導入された[46]。

ただし、ニュージーランドのチャーターとビクトリア州のチャーターの間には相違がある。まず、ニュージーランドのチャーターは有効期限が設定されていないが、ビクトリア州のチャーターは3年間の期限付きである。この理由は、ビクトリア州では、変化の激しい現代社会では、学校経営計画を時代の変化に合わせて定期的に更新することが望ましいと考えられたからである。次に、ニュージーランドのチャーターよりも、ビクトリア州のチャーターの方が簡潔であり、目標を明確にしている[47]。この理由は、ビクトリア州では、チャーターは簡潔な方が学校関係者に理解されやすく、学校経営計画は目標を明確にした方が効果的と考えられたからである。このように相違点はあるが、「未来の学校」は、チャーターに関してニュージーランドの教育改革との関係を持っている。

第三に、「未来の学校」は、イギリスの学校財務政策を参照する一方で、リーグ・テーブルの導入を回避した。ビクトリア州の「未来の学校」は、イギリスと同様、学校への権限委譲を断行した。この背景として、イギリスとビクトリア州の両方が、教育行政の効率化を課題としていた点が指摘できる。しかも、学校財務に関して、ビクトリア州教育省は、イギリスの政策を参考にしている。ビクトリア州教育省職員はイギリスで学校財務の裁量拡大に関する調査を行い[48]、「未来の学校」の財務政策の在り方を検討している[49]。前述のように、イギリスでは市場原理にもとづく教育改革を断行したが、ビクトリア州では慎重な姿勢をとった[50]。つまり、「未来の学校」は、学校裁量の拡大に関してイギリスと共通しているが、リーグ・テーブルの扱いについては相反している。

第四に、「未来の学校」はタイの教育改革に影響を与えている。タイでは、1999年国家教育法にもとづいて、地方分権化、学校の自律性の確立が目指されている[51]。2003年文部省管理規則法は、国立の基礎教育機関に対する

法人格の付与を規定している。この目的は、学校の自律性を明確化し、教育の質を向上するためである。タイ文部副大臣のルン・ゲーオデーン（Rung Kaewdang）は、著書『法人としての学校』（2003年）でSBMが世界的な動向であることを指摘し、「特にオーストラリアと香港の事例は成功例として参考にできる」[52]と述べている。しかも、同書は、タイの基礎教育機関の法人化がコールドウェルによって提言されたものであると指摘している。

　実際、コールドウェル、スピンクス、マーシャル（Marshall）（ビクトリア州教育省）、マッキンゼー（McKenzie）（オーストラリア国立教育研究所）は、報告書「学校の自律性と財務」（School Autonomy and Financing）を作成し、2001年にタイ内閣府と国家教育委員会に提出している[53]。この報告書は、ビクトリア州の「未来の学校」にもとづいて、タイの学校経営改革の方向性を提言している[54]。ただし、ビクトリア州の政策を単純にタイに移入するのではなく、「教育機関への権限委譲の面でオーストラリアと比較した場合、教育機関管理者・教師・教育機関委員会・地域社会の協働をさらに進めるべきではないか」[55]と指摘している。とはいえ、「未来の学校」がタイの教育改革に影響を与えたことは間違いない。

　第五に、「未来の学校」を理論的に支えたコールドウェルの研究は、国際的に影響を与えている。イギリスのウイッティー、パワー、ハルピンは「コールドウェルとスピンクスは『自律的学校経営』『自律的学校経営をリードする』という2つの影響力ある図書を執筆した。これらの図書は、ほとんどの推奨文献リストに顕著にあげられている」[56]と述べ、1990年代におけるコールドウェルの影響力を指摘している。コールドウェルは、2004年に「教育変革のための国際ネットワーク」（International Networking for Educational Transformation）のグローバル担当副局長（Associate Director, Global）に就任した[57]。「教育変革のための国際ネットワーク」は、イギリスのスペシャリストスクール・アカデミートラスト（Specialist Schools and Academies Trust）の一部門である[58]。この組織は、学校変革に関するアイデアを国際的に開発・共有し、各国の学校変革を促進することを目的としている。イングランドのほとんどの中等学校を含めて、世界で3,000校以上がメンバー登録を行ってい

る[59]。このように、コールドウェルの活動は今日なお国際的である。

つまり、「未来の学校」とその理論的基盤である自律的学校経営論は、国際的に展開している。「未来の学校」の源流は、カナダ・アルバータ州の学校財務権限委譲に遡ることができる。「未来の学校」は、ニュージーランドのチャーターの考え方を導入している。さらに、イギリスの学校財務政策を参考にする一方で、リーグ・テーブルの導入を回避した。つまり、「未来の学校」は、カナダ、ニュージーランド、イギリスとの関係性を有している。そして、今日なお、コールドウェルは「教育変革のための国際ネットワーク」を舞台にリーダーシップを発揮している。

(3) アカウンタビリティの水準の高度化

コールドウェルとスピンクスは、近年の教育改革は「1. 自律的学校経営のシステム構築、2. 学習成果へのゆるぎない焦点化、3. 知識基盤社会のための学校の創造」[60]という順に展開すると述べている。ビクトリア州の学校経営政策「未来の学校」(1993年～1999年) は主に「1. 自律的学校経営のシステム構築」を意図していた。2003年以降のビクトリア州の教育政策の理念は、コールドウェルとスピンクスの予想通り、「2. 学習成果へのゆるぎない焦点化、3. 知識基盤社会のための学校の創造」にシフトしている[61]。ここでは、こうした状況をふまえて、アカウンタビリティの在り方を考察する。

本研究では、自律的学校経営のアカウンタビリティの概念を「校長が、学校経営の結果について保護者・教育行政に説明し、納得が得られない場合、責任をとること」と定義した。そして、校長の5年任期制に着目し、特に校長の任期更新の判定 (1. 学校審議会の意見提示 → 2. 地方教育行政の最終判断) がアカウンタビリティ追及の場面であることを明らかにした (本章表6-2)。

実際には、校長のパフォーマンスが原因で任期を更新できなかった事例は極めて少ない (第3章第2節 (1))。この背景として、教育行政が、校長の結果責任を安易に追及するべきではないとの立場をとっていることがあげられる。教育省は、学校審議会構成員が、問題解決の方途を探らずに、校長・教頭に対する不満や懸念を蓄積させて、任期更新を拒否することは不適切であ

終章　自律的学校経営におけるアカウンタビリティのメカニズム　229

ると文書で述べている[62]。とはいえ、州内の全ての校長が、少なくとも5年に一度は任期更新にチャレンジしなければならないことも事実である。このような制度設計が、校長の学校経営に一定の緊張感を与え、権限の濫用や教育の質の低下を回避している。

では、このようなメカニズムは、知識基盤社会のための学校を創造するための十分条件なのであろうか。たしかに、任期を更新した校長は、人事制度上の基準はクリアーしている（第3章表3-5）。だが、アカウンタビリティの水準という問題が残されている。どのようなアカウンタビリティのメカニズムを設けても、校長の力量が全体的に低ければ、相対的に低い水準で任期更新がクリアーされてしまう。つまり、アカウンタビリティのメカニズムにおける任期更新の水準は、州全体の校長の力量の影響を受けている。

もちろん、アカウンタビリティの水準の低下という事態は現在のところビクトリア州では見られない。むしろ、「未来の学校」以降、学校の裁量拡大と並行してマネジメント研修が実施され、校長の経営能力は進歩したと言われている[63]。しかし、だからと言って、現状のままでよいというわけでもないだろう。知識基盤社会への移行、社会情勢の高度化・複雑化、グローバル化が進む中、学校教育のイノベーションを進めるために、スクールリーダー[64]、特に校長の力量形成は不可欠である[65]。この課題に対応するためには、校長の力量向上を促すような評価システムを開発する必要がある。

ビクトリア州では、「未来の学校」によって経営業績評価が導入された（第3章第2節（3））。経営業績評価では、校長・教頭は自らの経営目標・計画の達成度に関して自己評価を行った上で、地方教育行政の最終的な評価を受ける。最終的な評価結果は賞与に反映される。これは賞与によって校長を動機付ける手法である。だが、校長は経営業績評価に対して不満を持っている（第3章、表3-7）。これでは、校長の力量向上を促すことはできない。経営業績評価が受容されなかった根本的理由は、校長を含めた広い意味での教師が、目先のお金のためではなく、公共的使命のために働いているからではないだろうか。

「教職における規範意識の基底をなすのが、『公共的使命』（public mission）

である。教職は、医療や福祉等の職業と同様、公共的サービスの領域に成立する職業であり、『公共的使命』を中核とする職業である。社会と文化と人間の未来に直接責任を負う教師の仕事は、なかでも『公共的使命』の大きい職業といってよいだろう。人々はよく教師が教職を選択し持続するのは、子どもが好きであったり教科内容が好きだからだろうと推測しがちだが、大半の教師が悩み苦悶しながらも教職生活をまっとうするのは、この職業がなにかしら人々の幸福に貢献する仕事であり、個人としての利害を越えて、社会と文化の建設に参加できる職業だからである」[66]。

ここに、校長評価システムを開発する鍵がある。まず、学校経営という公共的使命を達成するために必要な校長の力量を明示する必要がある。次に、校長の職能発達レベルを評価するシステムが求められる。このような観点は、ビクトリア州の学校経営政策「未来の学校」において明確ではなかった。

この点、イギリスの国立スクールリーダーシップカレッジ（National College for School Leadership）は注目に値する[67]。国立スクールリーダーシップカレッジは「現在と未来のスクールリーダーを成長させ支援する。そのことによって、スクールリーダーが学校の内側と学校を越えた範囲に肯定的なインパクトを与えられるようにする。そのような卓越したリーダーシップを通して、子どもたちの生活に変化を生じさせる」[68]。つまり、国立スクールリーダーシップカレッジは、子どもの生活への支援、学校内外のコミュニティの再生というスクールリーダーの公共的な仕事に貢献しようとしている。

2004年以降、イギリスの校長は国立スクールリーダーシップカレッジのプログラムを修了し、全国校長職専門資格（National Professional Qualification for Headship）を取得しなければならない。そのプログラムは「第一段階：これからのリーダー、第二段階：確立したリーダー、第三段階：校長職初期、第四段階：上級リーダー、第五段階：コンサルタント（顧問）リーダー」[69]に段階化されており、校長の力量形成を促している。つまり、校長に必要な力量を明らかにした上で、職能発達レベルを評価し、資格を与えるシステムになっている[70]。

現在、オーストラリア・ビクトリア州でも改革が進められている。2007

年にビクトリア州教育省は、スクールリーダーのための段階的学習フレームワーク（The Developmental Learning Framework for School Leaders）を策定した[71]。これは、スクールリーダーに求められる力量を5段階に分けて示している。そして、スクールリーダーが自己の実践を振り返り、長所と課題を特定し、研鑽を積むための指針を示している。ただし、ビクトリア州では校長資格が制度化されていないため、このフレームワークは指針に過ぎない。校長の力量を向上し、アカウンタビリティの水準を高度化するためには、イギリスのように校長資格を制度化する必要があるだろう。

第5節　日本への示唆

(1) 学校の権限拡大

　日本の現代教育改革の源流は、1980年代、中曽根内閣時代の臨時教育審議会にまでさかのぼることができる。より直接的な起点は、1998年の中央教育審議会答申「今後の地方教育行政の在り方について」であろう。同答申は、橋本内閣が推進した行政改革・地方分権化の潮流に乗って、学校の自主性・自律性を掲げ、教育政策の新たな息吹を感じさせた。

　だが、政策で学校の自律性が強調されるわりには、学校の権限拡大はそれほど進んでいない。たしかに、いくつかの自治体で、学校裁量予算や教員の公募制・FA制が導入された。だが、学校裁量予算の金額は、それほど大きくない。学校裁量予算や教員人事の学校裁量拡大に消極的な自治体もある。また、教育課程編成の学校裁量も十分拡大されたとは言えない。裁量拡大どころか、授業時数の確保に追われ、教務主任は日々苦しんでいる。

　2004年に地方教育行政の組織及び運営に関する法律の一部が改正され、教育委員会は、指定する学校に学校運営協議会を設置できるようになった。学校運営協議会を設置した学校はコミュニティ・スクールと呼ばれている。文部科学省は、コミュニティ・スクールにおける「校長裁量予算の導入や拡充、教育委員会への届出、承認事項の縮減等、学校の裁量の拡大に積極的に取り組む」[72]方向である。だが「市町村教育委員会の内申権、校長の意見具

申権には変更が生じない」[73]のであって、コミュニティ・スクールの権限拡大は十分とは言い難い。結局、日本の学校経営改革は、学校の自主性・自律性というフレーズを使うものの、現実には、教育行政が学校に対する上位機関として主要な権限を保持している。

　これに対して、オーストラリア・ビクトリア州の学校経営政策は、教育課程編成、人事、財務等に関する権限を学校に大幅に委譲している。授業時数配分と教科設定に関する裁量が学校に与えられるとともに、校長・教頭公募制、教員公募制、学校包括予算が導入された。学校裁量の拡大によって、生徒のニーズに応じた学校経営と教育活動が可能になっている。日本において上意下達の教育行政構造を転換するためには、ビクトリア州のように、学校に権限を大幅に委譲することが求められる。そうすることによって、文字通りの学校の自主性・自律性が成立するだろう。

　とはいえ、教員人事の権限委譲、いいかえれば、学校ごとの教員公募制については、慎重な制度設計が必要である。なぜなら、本研究から明らかになったように、完全な教員公募制では、適切な教員を確保できない学校も出てくるからである。したがって、日本で教員公募制を導入する場合、大阪府等が実施しているように[74]、各学校の教員公募数の上限を設定することが求められる。

　日本において、学校の権限拡大を教育の質の向上に結びつけるためには、校長、教頭、教員等の経営的力量を形成する必要もある。校長・教頭・教員が、拡大した権限を効果的に活用し、学校・学年経営の戦略的経営、リーダーシップ、校内研修のマネジメント等を展開することによって、教育の質を向上できるからである。日本でも、学校の権限を大幅に拡大した場合、行政研修の拡充はもとより、スクールリーダー教育を大学院レベルに高度化することが求められる。

(2) 学校経営計画

　日本では過去長い間、学校経営計画は抽象的であった。校長は「学校を経営する」と言っても、実際には教育行政機関の意向をうかがいながら、前例

主義的に運営せざるを得なかった。それゆえ、大抵の学校の場合は、変革志向の学校経営計画を策定してこなかった。

　近年になって、各自治体において学校経営計画の重要性が認識され、単年度の学校経営計画のフォーマットが制定されるようになってきた[75]。例えば、東京都では 2002 年 11 月に「都立学校におけるマネジメントサイクルの導入に向けて」を公表し[76]、2003 年度から学校経営計画の策定を都立学校に義務づけた。岡山県でも 2006 年度から、いわゆる SWOT 分析をもとにした学校経営計画のフォーマットが設定された。このような学校経営計画の推進は、それ自体が教育界にとって新しいものであり、一定の意義が認められる。

　オーストラリア・ビクトリア州では、チャーターが導入されている。チャーターとは、校長、学校審議会会長（保護者）、教育行政代表の同意・署名によって有効になる 3 年間の学校経営計画である。チャーターは、学校プロファイル、学校目標、重点領域、実践方針、生徒のルール、アカウンタビリティ計画から構成されている。学校目標は、教育課程、教育環境、スタッフマネジメント、財務・設備運営の各目標から構成されている。実践方針では、学校が主体的に教師の倫理綱領が策定できる。重点領域では、学校が重点的な教育活動を設定し、教師がコミットする方向性を提示できる。つまり、チャーターは学校経営の全領域をカバーしている。

　日本の学校経営計画とチャーターを比較すると、次のような知見が得られる。第一に、学校経営計画の領域と戦略について述べる。チャーターは財務面や教職員の実践方針を扱っており、学校経営の全領域を体系的にカバーしている（第 4 章図 4-1）。このような体系性は、概して日本の学校経営計画では見られない。さらに、チャーターは、日本の学校経営計画よりも、目標、基準、重点領域等を明確にしており、学校経営の戦略を明らかにしている。日本の学校経営計画も、チャーターを全く同じである必要はないが、領域を体系化し、戦略を提示する必要があるだろう。筆者は現職教員 3 名と共同で、チャーターのフォーマットを使用して、日本の学校経営計画を試作するという研究を行った[77]。その結果、「学校の理念と方向性を明確にできた」「学校経営の在り方について様々なアイデアを着想できた」等の効果が得られた。

したがって、チャーターは日本の学校経営計画を改善するための参考になると考えられる。

　第二に、学校経営計画の契約的意味合いについて述べる。日本の学校経営計画は、校内の運営委員会および職員会議における協議を経て、校長が決定する。チャーターは、校長、学校審議会会長、教育行政代表の同意と署名という契約的行為を経て、有効となる。チャーターが有効になった時点で、学校審議会会長と教育行政代表は、チャーターの実施を学校に委託したことになる。学校は契約的同意を得た以上、チャーターを実施し、保護者と教育行政の納得が得られるような成果を出すことが求められる。

　しかし、チャーターが契約的同意を得ているといっても、その実施を校長に対して法的に強制するわけではない。チャーターは、職務を委託する人物（保護者代表、教育行政代表）と職務を実行する契約者（校長）の間の同意であるが、相互に法的強制力を伴う権利・義務関係はない。つまり、チャーターは企業経営における契約とは異なり、柔軟性が認められた準契約に位置づけられている[78]。

　このような準契約の考え方が、日本の学校風土に馴染むかどうかは、なお検討の余地がある。藤原和博は、日本は情で結びつく社会から信頼と共感で結びつく信任社会に移行していると指摘している[79]。この議論は、東京の都心部を念頭に置いていることに注意を払う必要がある。地方では、まだ情で結びつく地域社会が残っている。とはいえ、信任社会が日本でも広がった場合、保護者からの信頼と共感を得るために、学校経営計画を当事者間の同意事項にする必要が出てくるのではないか。こうした問題意識に立つ時、チャーターは日本の学校経営計画の将来像を考えるためのヒントを示していると考えられる。

(3) 学校評価

　日本では、2002年4月1日施行の小・中学校設置基準制定および高等学校設置基準等改正によって、学校の自己評価と情報の積極的提供が規定された。その後、ほとんどの公立学校で自己評価が行われるようになり、いくつ

かの自治体では学校関係者評価も導入されてきた。

2006年、文部科学省は学校評価ガイドラインを策定し、学校評価に関する概念を整理した。文部科学省は、教職員が行う学校評価を「自己評価」、学校評議員、PTA役員（保護者）、地域住民等が行う学校評価を「学校関係者評価」、専門家（教育行政職員、退職校長、研究者等）が行う学校評価を「第三者評価」と呼んでいる[80]。これを受けて、現在、各自治体の教育委員会は、自己評価と学校関係者評価を推進している。2006年から文部科学省は、学校の第三者評価に関する実践研究を試行している。

以上の動向の下、いくつかの問題が生じている。第一に、学校評価の基準の不在である。一般に、評価という行為には基準が必要である。基準のない評価は主観的・恣意的になる可能性がある。これは、学校の第三者評価の場合も例外ではない。どんなに優れた専門家を評価者として集めても、基準がなければ、「この学校の成果は何と比較して良いのか」「どこまで達成することが望ましいのか」が分からない。当該学校に勤務している教職員が学校の自己評価を行う場合、基準がなければ、客観的な評価を行うことはきわめて難しい。

第二に、第三者評価と自己評価の位置関係が明確になっていない。第三者評価は、学校外部の専門家が客観的に学校を評価することを意味する。ところが、第三者評価は、自己評価結果の妥当性を高めることを目的としているのか、学校を独自に評価しようとするのかが、明らかにされていない。仮に、後者の場合、第三者評価において、自己評価結果は数あるデータの一つとみなされる。これでは、学校現場で子どもと向き合っている教職員の知見が尊重されないことになる。その結果、第三者評価は学校を統制する意味合いが強くなり、教職員の反発を招くだろう。教職員に受容されなければ、第三者評価の結果は教育活動の改善に結びつかない。教育活動の主体は教職員だからである。

オーストラリア・ビクトリア州と日本の学校評価を比較すると、**表6-3**のように概念の相違がある。この相違をふまえつつ、日本に対する示唆を考察する。第一に、日本でもベンチマークが必要であろう。ビクトリア州では学

表 6-3　学校評価概念の相違

日本	オーストラリア・ビクトリア州
○自己評価：教職員が行う学校評価。	○自己評価：教頭あるいは主任教員が単独で行う学校評価。複数の教員と学校審議会保護者代表がメンバーの委員会が行う学校評価。
○学校関係者評価：学校評議員、PTA役員（保護者）、地域住民等が行う学校評価。	
○第三者評価：専門家（教育行政職員、退職校長、研究者等）が行う学校評価。	○外部評価：専門家（元教育行政職員、退職校長、研究者等）が行う学校評価。

校評価の基準としてベンチマークが策定されている。ベンチマークを策定することによって、学校評価の妥当性を高めようとしている。しかも、州全体のベンチマークだけでなく、学校群ベンチマーク策定している。学校群とは、生徒の経済的・言語的背景が類似している学校をまとめたグループである。学校群ベンチマークは、各学校の経済的・言語的背景に適した学校評価基準を提供するために、策定されている。日本でも、学校の背景を考慮した評価基準の策定が必要と考えられる。

　第二に、ビクトリア州の外部評価（日本の第三者評価に相当）の役割は、学校自己評価報告書の妥当性の確認および改善とされている。この点は、日本の第三者評価と自己評価の関係を整理するために示唆的である。ビクトリア州では、外部評価会議において外部評価者と学校パネル（校長、教頭、教務主任、学校審議会会長）の間で意見が交換され、学校自己評価報告書の改善点を明らかにする。その上で、外部評価者は外部評価報告書を作成する。つまり、外部評価は、学校の意見を考慮し、学校自己評価報告書の改善を意図している。このような外部評価は自己評価をベースとしており、評価における学校の主体性を尊重しようとしている。日本でも、いずれ第三者評価と自己評価の位置関係が問題になってくるだろうが、学校の自主性・自律性と第三者評価を両立させるためには、自己評価をベースとする方式が適切であろう。

(4) アカウンタビリティ

　今日、社会の変化や子どものニーズに対応した学校教育が求められている。こうした状況の下、学校の教育の質を組織的に高めるためには、PDCAサイ

クルを展開するとともに、校内研修の実施等によって教員の専門的力量を向上する必要がある。そのためには、校長、教頭、主任のリーダーシップの発揮が期待される。ところが、実際には、前例主義、事なかれ主義の学校も存在する。そのような学校では、教員は学校全体の目標や課題をあまり意識せず、個々の授業や部活動で自己完結しようとする。

　藤原和博は校長の現状について、「中途半端な権限しかない校長だが、新米教師として初任地に赴任し『先生』と呼ばれるようになってから20年から30年。一通り主任を経験して教頭となり、その後校長任用試験を受けて、学校という世界ではいちばん偉い地位に就く。多くの校長はそれを『上がり』の立場として安住する。だから保守的になり、新しいことにチャレンジする気持ちが失せる」[81]と述べている。たしかに、激務の教頭職を乗り越えた校長は、定年退職まで無事勤め上げるために、現状維持を志向する傾向がある。それだけではない。教育委員会事務局の職員が、その経営手腕を問われずに、定年前に校長に着任することもある。このような校長人事の構造が、学校経営を沈滞させ、教育の質の向上を妨げている。

　このような状況を刷新するためには、学校経営のアカウンタビリティのメカニズムを整備する必要がある。そのことによって、学校経営を刷新できる。第一に、教育委員会は、アカウンタビリティの追及に耐えられるような、経営能力が高い人物を校長に登用せざるを得なくなる。第二に、アカウンタビリティのメカニズムの存在によって、校長の職務に緊張感が生じ、リーダーシップの発揮と学校の変革を促進できる。

　ビクトリア州では、チャーター実施の結果に、保護者代表あるいは教育行政代表が納得できない時、校長は責任を問われる。ビクトリア州の校長は5年間の任期制によって採用されているので、任期更新時がアカウンタビリティ追及の機会となる。日本において将来、学校の裁量が大幅に拡大した場合、結果責任という意味でのアカウンタビリティが問われることとなる。

　ただし、学校経営上の問題が発生する度に、校長が解任されるような仕組みは適切ではない。解任の不安に常に晒されるのでは、校長は精神的に追い詰められ、実力を発揮できなくなってしまう。しかも、失点を恐れるあまり、

新しい教育活動への挑戦を回避するかもしれない。したがって、ビクトリア州の教育省は、校長は安易に解任されるべきではないとの方針を明示している。地方教育行政は、校長と学校審議会会長に対して、学校レベルの問題解決を推奨し、必要な支援を提供している。そうすることによって、任期制は校長の学校経営に適度な緊張感を与え、校長のリーダーシップ発揮を促している。日本において、学校経営のアカウンタビリティの在り方を検討する場合、ビクトリア州のような慎重な制度設計が求められる。

第6節　研究の成果と今後の課題

(1) 研究の成果

　本研究は、オーストラリア・ビクトリア州を対象に、学校経営政策の分析を行い、自律的学校経営におけるアカウンタビリティのメカニズムを解明した。本研究の成果は次の通りである。

　第一に、本研究は、オーストラリアの学校経営の理論的背景、政策の全体像、事例を主に一次資料にもとづいて明らかにし、外国教育研究の新たな成果を示している。日本では、オーストラリアの教育に関する先行研究の蓄積が少ない[82]。その背景として、外国教育研究の対象として、英米とヨーロッパ諸国が伝統的に重視されてきたことがあげられる[83]。このような状況をふまえて、笹森健はオセアニア地域の教育研究の重要性を次のように指摘している。「オセアニア地域は歴史は浅く、かつほとんどが英連邦の傘下にあった。したがって、英国の影響が種々の面で残っている。しかし、独立後はそれぞれ独自の方向を模索し、特にオーストラリアとニュージーランドは着実に国力をつけてきた。国家は構成する国民のための教育制度を整備してきており、我が国から見た場合、研究すべき領域は多いといえる」[84]。その後、2000年代に入って、オーストラリアの教育を主題とした著作が3冊刊行される等、研究が少しずつ進展してきている[85]。とはいえ、オーストラリアの学校経営に関する研究に限定すると、筆者の論考を除くと皆無に等しい。本研究は、オーストラリアの学校経営を実証的に解明しており、日本における外国教育

終章　自律的学校経営におけるアカウンタビリティのメカニズム　239

研究の新たなフィールドを開拓している。

　第二に、本研究は、コールドウェルとスピンクスの自律的学校経営論を解明し、既存の教育経営研究に対して新たな知見を示している。日本では、コールドウェルとスピンクスの自律的学校経営論は、その影響力の大きさにもかかわらず、ほとんど紹介されてこなかった[86]。英語圏の先行研究では、コールドウェルとスピンクスの著作は注目されてきたが、部分的な引用が多く、断片的な紹介にとどまっている[87]。オーストラリアでは「未来の学校」に関する先行研究は多数存在するが、政策の理論的背景は十分論じられていない。本研究は、自律的学校経営論の生成・発展の過程を包括的に検討し、「未来の学校」の理論的背景を明らかにしている。本研究は、コールドウェルとスピンクスの理論の解明という点において、内外の教育経営研究の水準を越えるものである。

　第三に、本研究は、学校経営のアカウンタビリティをめぐる議論に一定の示唆を与えている。ビクトリア州では、学校審議会会長の問題提起を受けて、地方教育行政は、専門的・中立的立場から検討した上で、校長の任期更新を認めずに解任できる。ただし、教育省は、安易に校長の任期更新の是非を問うことは認めていない。むしろ、学校レベルの問題解決を期待し、支援している[88]。さらに、教育省は、地方教育行政による校長支援体制を整備するとともに、一元的学力尺度による学校間競争を抑制している。以上のような制度設計の下、ビクトリア州のアカウンタビリティのメカニズムは、校長に適度な緊張感を付与し、校長の惰性を回避するとともに、教育的リーダーシップの発揮を促している。日本においても、学校経営のアカウンタビリティを導入する場合、ビクトリア州のような慎重な制度設計が求められるだろう。つまり、子どもの豊かな学びを成立させるために、どのような学校経営のアカウンタビリティのメカニズムが適切かという問いが共有され、多角的に議論される必要があるのである。だが、日本の先行研究では、そのような問題意識は十分示されていない[89]。本研究は、アカウンタビリティをめぐる慎重な制度設計の重要性を示唆するものである。

　第四に、本研究は、「未来の学校」において、市場よりも契約が政策のア

イデアに活用されていることを指摘した。これまで日本では、政府の規制緩和・民営化路線への危機感から、学校教育への市場原理の導入が注目を集めてきた[90]。だが、アメリカのチャータースクールの研究を除いて、学校経営における契約の役割はあまり論じられていない。一方、本研究は、ビクトリア州のアカウンタビリティのメカニズムが、学校選択と学校間競争ではなく、チャーターという準契約とその事後評価を基盤としていることを明らかにした。すなわち、オーストラリア・ビクトリア州の教育改革は、市場原理の抑制という点で、イングランドやニュージーランドとは異なっている[91]。むしろ、各学校の教育活動の裁量を保障し、自己評価を尊重している点で、スコットランドやフィンランドに近い面も認められる[92]。つまり、ビクトリア州の「未来の学校」は、ニューパブリックマネジメント改革の一環であるにもかかわらず、市場原理に依拠していない。ニューパブリックマネジメント教育改革のすべてが、市場原理に依拠するのではなく、市場を緩やかに適用するアプローチもあり得るのである[93]。本研究は、ビクトリア州の学校経営政策の分析を通して、ニューパブリックマネジメント教育改革の多様性を示唆することができた。

　第五に、本研究は、A小学校の事例研究を通して、学校経営政策の効果とその条件を解明した。「未来の学校」の実施後は、事例校で、学校の裁量が拡大し、校長のリーダーシップ発揮が可能になった。さらに、学校経営のサイクルが展開し、教育の質が高まった。だが、事例校でこのような効果が生じるためには、校長と教員の能力が高いこと、質の高い教育課程を開発すること、保護者が教育に関心と意欲を持っていることが条件になっていた。逆に言えば、このような条件をクリアーできない学校では、政策効果が高まらない。したがって、自律的学校経営の導入を全ての学校で成功させるためには、校長と教員の力量向上、学校を基盤とした質の高い教育課程開発の促進、保護者の教育への関心と意欲の向上が必要であり、それを実現するための教育行政の支援体制の構築が求められる。これまで、日本の学校経営研究では、学校裁量拡大の必要性が提唱されてきた。だが、今後は、裁量が拡大した学校の効果を高めるための条件を特定することが求められるだろう。本研究は、

自律的学校経営の導入が効果をあげるための条件を明らかにしており、今後の学校経営研究に示唆を与えるものである。

(2) 今後の研究課題

最後に、今後の研究課題について述べる。第一の課題は、複数の学校を対象に事例研究を行い、アカウンタビリティをめぐる実態と課題を解明することである。本研究で明らかになったように、チャーターと学校評価はビクトリア州の校長によって肯定的に受け止められている。事例研究においても、校長は、自律的学校経営の導入とアカウンタビリティについて肯定的な見解を示した。だが、地域背景、生徒の特性、校長・教頭・教員の力量は、学校間で多様である。アカウンタビリティのメカニズムをめぐる課題も、学校間で相違があるだろう。本研究では政策分析に重点を置き、1つの事例を分析するにとどまった。今後は事例研究を積み重ねて、自律的学校経営のアカウンタビリティをめぐる実態と課題を明らかにしていきたい。

第二の課題は、近年のビクトリア州における学校経営改革について研究することである。ビクトリア州では、2003年に新しい教育政策として「公立学校のための青写真」（Blueprint for Government Schools）が策定された[94]。「公立学校のための青写真」は、アカウンタビリティ・フレームワークの改革を提案した。その理由は、学校の事務負担を軽減すること、学校のニーズに合わせた外部評価を導入することである[95]。その後、2005年に、従来のアカウンタビリティ・フレームワークが、学校アカウンタビリティ改善・フレームワーク（School Accountability and Improvement Framework）に変更された[96]。これに伴い、既存のチャーターは3年間の有効期限の終了後に、4年間の学校戦略プラン（School Strategic Plan）に順次変更されている[97]。新たな学校評価システムも導入されている[98]。本研究では「未来の学校」に着目し、自律的学校経営とアカウンタビリティの問題について論究してきた。今後は、「公立学校のための青写真」以降のビクトリア州の学校経営改革の研究を進めていきたい。

注

1 Bush, T., "Introduction: Setting the Scene", Bush, T., Bell, L., Bolam, R., Glatter, R., Ribbins, P. (ed), *Educational Management*, Paul Chapman Publishing Ltd, 1999, pp.1-2.
2 Caldwell, B. J., "School-based Management", *The International Encyclopedia of Education, Second Edition*, Volume 9, 1994, pp.5303-5305.
3 Moe, T., "The New Economics of Organization", *American Journal of Political Science*, Vol.28, No.4, 1984, pp.756-757.
4 もちろん、学校では、教頭が校長を補佐し、教員が役割を分担し、組織的に教育を実施している。だが、アカウンタビリティを実質化するためには、教育の専門家集団の中で誰が経営上の結果責任を負うのかを明確にしておく必要がある。
5 Caldwell, B. J. and Spinks, J. M., *Leading the Self-Managing School*, Falmer, 1992, p.35.
6 Beare, H., *Managing Schools with Charters: The opportunity for an outcomes-based approach to schooling*, Directorate of School Education, 1995, p.9. Macpherson, R. J. S, Educative Accountability, Pergamon, 1996, p.7.
7 半田吉信『契約法講義 第2版』信山社、2005年、43頁。
8 State of Victoria, *Education Act 1958*, 1995, p.31.
9 James, J., *Contract Management in Australia*, Haper Educational, 1995, p.9.
10 藤田英典「教育の市場性／非市場性」森田尚人他編『教育学年報5 教育と市場』世織書房、1996年、84頁。藤田英典は、学校教育の特質が、教育の公共性と共産性にあると述べている（藤田英典「教育の市場性／非市場性」森田尚人他編『教育学年報5 教育と市場』世織書房、1996年、82頁）。
11 佐藤学『教師というアポリア―反省的実践へ』世織書房、1997年、96頁。
12 Neave, G., "Accountability in Education", Husen, T. and Postlethwaite, T. N. (ed), *The International Encyclopedia of Education, Volume 1*, Pergamon, 1985, p.26.
13 校長が外部評価会議の議長になることによって、外部評価者の一方的な評価行動を抑制している。
14 Neave, G., *op.cit.*, p.24.
15 Hanushek, E. and Raymond, M., "Lessons about the Design of State Accountability Systems", Peterson, P. and West, M. (ed), *No Child Left Behind?*, Brookings, 2003, pp.147-148.
16 Owen, J., *Program Evaluation*, Sage, 1999. pp.36-37.
17 *Ibid.*, p.306.
18 Scriven, M., "Evaluation: Formaive, Summative, and Goal-free", Husen, T. and Postlethwaite, T. N. (ed), *The International Encyclopedia of Education, Second Edition, Volume 9*, Pergamon, 1994, pp.2099-2100. 根津朋実「カリキュラム評価の役割に関する理論的検討― Scriven, M. による構成的／総括的評価の検討を中心に―」日本カリキュラム学会『カリキュラム研究』第9号、2000年、70頁。
19 Kogan, M., *Education Accountability*, Hutchinson, 1986, p.25.

20 Department of Education, *Principal Class Arrangements*, 1998, p.2.
21 この点については、第5章第5節で論じた。筆者は2007年8月にビクトリア州の地方教育事務所長（2名）、校長（3名）に面会し、校長任期制に関する意見を尋ねたところ、同様の見解が示された。
22 「未来の学校」実施後に、校長の職務満足は高くなっている（Victorian Primary Principals Association, Victorian Association of State Secondary Principals, Department of Education, The University of Melbourne, *Assessing the Impact, The Final Report of the Cooperative Research Project, Leading Victoria's Schools of the Future*, 1998, pp.14-15）。
23 福田誠治『競争しても学力行き止まり－イギリス教育の失敗とフィンランドの成功－』朝日新聞社、2007年、43－44頁。
24 「東京都足立区が昨年実施した区独自の学力テストで、区立小の校長や教師が『得点操作』といえる不正を行っていたことが発覚した。同区は学校選択制の実施やホームページ上で学力テスト成績を公表するなど、教育現場に次々と『競争原理』を取り入れている」（「東京・足立のテスト不正、競争原理が拍車、区が率先して順位付け」『毎日新聞』2007年7月23日（朝刊））。
（http://mainichi.jp/life/edu/mori/archive/news/2007/20070723ddm004040202000c.html, Accessed February 15, 2008.）
25 日本教育学会課題研究委員会が小学校を対象に行ったアンケート調査（自由記述）では次のような回答が出されている。「ことなかれ主義」の学校の一例であろう。「改革の進まない学校－『ことなかれ主義』でよいのか－（中略）私は教科書と年間計画と見てくれを気にする学校に日々失望していった。いわゆる古い体質の学校である。管理職、教務、職員集団がいつも周りをうかがい、前に出ようとする者の足を引っ張り合い、地域、親からの文句さえ出なければよい学校、という体質がしみついている。新しい教育内容、方法、評価について全く踏み出そうとしない。みんながみんなでみんなと……一緒にいれば低レベルの教育活動でも怖くない、そんな学校である」（日本教育学会課題研究委員会、最近の学級崩壊現象の原因分析と教育的対応について（汐見稔幸代表）『学級・学校経営の今後のあり方を探るための調査の結果、最終報告－学級崩壊現象の克服に向けて－』2002年、73頁）。
26 佐藤学、前掲書、96頁。
27 浜田博文『「学校の自律性」と校長の新たな役割－アメリカの学校経営改革に学ぶ』一藝社、2007年、315頁。
28 Chubb, J. E. and Moe, T. M., *Politics, Markets, and America's Schools*, Brookings, 1990, pp.49-51, p.206. pp.225-226.
29 Whitty, G., Power, S. and Halpin, D., *Devolution and Choice in Education*, Open University Press, 1998, p.141.
30 Gough J. and Taylor, T., "Crashing Through: Don Hayward and Change in the Victorian School System", *Journal of the Australian College of Education*, Vol.22, No.2, 1996, pp.72-73.

31 Caldwell, B. J. and Spinks, J. M., *op.cit.*, p.142.
32 Caldwell, B. J., *Administrative and Regulatory Mechanisms affecting School Autonomy in Australia*, Department of Employment, Education, Training and Youth Affairs, 1998, p.4.
33 Centre for Educational Research and Innovation, OECD, *School: A Matter of Choice*, OECD, 1994, p.55, p.114. ビクトリア州の全学校数に占める私立学校の割合は、小学校で26％、中等学校で28％である（序章表0-2）。このうち多数を占めるカトリック学校は学費が安いため、公立学校との間で選択の対象になりやすい。
34 ジェフ・ウイッティー（堀尾輝久・久冨善之監訳）『教育改革の社会学－市場、公教育、シティズンシップ』東京大学出版会、2004年、120頁。
35 同上書、120頁。
36 望田研吾「現代における公立学校改革の原理と展望」日本比較教育学会『比較教育学研究』第28号、2002年、12頁。
37 黒崎勲『新しいタイプの公立学校－コミュニティ・スクール立案過程と選択による学校改革－』同時代社、2004年、144頁。
38 Whitty, G., Power, S. and Halpin, D., *op.cit.*, p.126.
39 渡邉美樹はバウチャー制度の導入を主張している。渡邉美樹『教育崩壊』ビジネス社、2006年、198－200頁。
40 「学校の"権力化"とは、教育関係において子ども・親に対して教師・学校の指導の支配的権能を事実上形成、主張し、教師・学校の規範、秩序を一方的に守ることを求め、そうした関係と秩序が子どもや親に一定の力、強制力となっている姿のことである」（小島弘道「現代の学校問題と教育裁量の課題」日本教育法学会『日本教育法学会年報』第22号、1993年、102頁）。
41 黒崎勲『学校選択と学校参加－アメリカ教育改革の実験に学ぶ－』東京大学出版会、1994年。黒崎勲『教育の政治経済学』東京都立大学出版会、2000年。Centre for Educational Research and Innovation, OECD, *School: A Matter of Choice*, OECD, 1994.
42 この背景として、オーストラリアのニューパブリックマネジメントの特徴が指摘できる。行政改革において、イギリスとニュージーランドでは市場原理が貫徹されているが、オーストラリア、カナダ、スウェーデン、オランダでは市場は緩やかに適用されている（大住荘四郎『NPMによる行政革命』日本評論社、2003年、12頁）。福田誠治はイギリスとフィンランドの教育改革を比較している（福田誠治『競争しても学力行き止まり－イギリス教育の失敗とフィンランドの成功－』朝日新聞社、2007年、142－143頁）。オーストラリアの教育改革は、フィンランドと共通する点もあるだろう。
43 市川昭午『教育の私事化と公教育の解体－義務教育と私学教育－』教育開発研究所、2006年、78－80頁。
44 この点の詳細は第1章第1節（1）で論じた。なお、1980年代のカナダ・アルバータ州では、学校が裁量予算を活用して、教員の専門性を向上するための研修を実施できるようにしている（Caldwell, B. J., "Toward a New Paradigm in the

Governance of Public Education: The Contribution of Effective Schools Research", Raynolds, D., Creemers, B. and Peters, T.(ed), *School Effectiveness and Improvement*, University of Wales College of Cardiff and RION Institute for Educational Research, 1989, p.313)。

45 この点の詳細は第 1 章第 2 節（2）で論じた。
46 Beare, H., *Managing Schools with Charters*, Directorate of School Education, 1995, p.3.
47 インタビュー記録（1）、ブライアン・コールドウェル博士、メルボルン大学教育学部教授、テーマ：オーストラリアの教育改革の背景と現状、1996 年 8 月 16 日、巻末資料 269 頁。
48 Education Committee, Victoria, *The School Global Budget in Victoria, Interim Report*, 1995, p.19.
49 *Ibid.*, p.20.
50 後に、ヘイウォード自身は、教育改革が教員に受容されるためには、リーグ・テーブルの導入は得策ではなかったと振り返っている（Caldwell, B. J. and Hayward, D. K., *The Future of Schools*, Falmer, 1998, p.91)。
51 森下稔「タイ：基礎教育機関の法人化と公私協働の可能性」日本比較教育学会『比較教育学研究』第 34 号、2007 年、141 頁。
52 同上論文、147 頁。
53 Caldwell, B. J., Spinks, J. M., Marshall, S. and McKenzie, P., *School Autonomy and Financing: Final Report*, Office of the National Education Commission and Office of the Prime Minister, Bangkok, Thailand, 2001, pp.3-4. マーシャルは、1994 年にビクトリア州教育省教育政策局政策企画副局長として、学校への財務権限委譲および学校予算配分方式の原則と方法の策定に関与している。その後も、ビクトリア州教育省に勤務している。マッキンゼーは、2007 年の時点で、オーストラリア国立教育研究所部長である。
54 *Ibid.*, pp.8-9.
55 森下稔、前掲論文、148 頁。
56 Whitty, G., Power, S. and Halpin, D., *Devolution and Choice in Education*, Open University Press, 1998, p.52.
57 2004 年、コールドウェルは「教育トランスフォーメーション」（Educational Transformations Pty Ltd）を設立し、その社長に就任した。「教育トランスフォーメーション」の活動として、コールドウェルは講演や研修を引き受け、自律的学校経営論を広めている（Caldwell, B. J., "Leadership for Radical Transformation in School Education", *The Leadership Challenge: Improving Learning in Schools, ACER Research Conference 2007*, Australian Council for Educational Research, 2007, p.55)。
58 この点については、「教育変革のための国際的ネットワーク」のホームページ（http://www.sst-inet.net/aboutus.aspx）を参照。
59 「教育変革のための国際的ネットワーク」の加盟国は、イギリス、オーストラリア、南アフリカ、チリ、オランダ、中国、アメリカ、ニュージーランド、モーリシャス、スウェーデンである。(http://www.sst-inet.net/aboutus/historyofinet.aspx)

60 Caldwell, B. J. and Spinks, J. M., *Beyond the Self-Managing School*, Falmer, 1998, p.11.
61 Department of Education and Training, *Blueprint for Government Schools: Future Directions for Education in the Victorian Government School System*, 2003（foreword）．
62 Department of Education, *Principal Class Arrangements*, 1998, p.2.
63 Pascoe, S. and Pascoe, R., *Education Reform in Victoria, Australia: 1992-1997*, A Case Study, The World Bank, 1998, p.12. 校長の公募に対する州全体の平均志願倍率は約7倍で推移しており、そのことが優秀な校長を採用する可能性を高めている（Gronn, P. and Lacey, K., "Cloning their own: Aspirant principals and the school-based selection game", Australian Journal of Education, Vol.50, No.2, 2006, p.105）。
64 大脇康弘はスクールリーダーの定義を次のように整理している。「日本におけるスクールリーダーの定義を整理すると、狭義、広義、最広義の三つがある。校長・教頭の学校管理職に限定する狭義、「学校づくりの中核を担う教職員」として省令主任や事務長を含む広義、これに教育行政職である教育長・指導主事を含む最広義の定義である」（大脇康弘「スクールリーダー教育のシステム構築に関する争点－認識枠組と制度的基盤を中心に－」『日本教育経営学会紀要』第47号、2005年、26頁。本研究ではスクールリーダーの概念を主に広義の定義で使用している。
65 小島弘道「政策提言－校長の資格・養成と大学院の役割－」小島弘道編著『校長の資格・養成と大学院の役割』東信堂、2004年、403－404頁。
66 佐藤学、前掲書、100頁。
67 小松郁夫「イギリスにおける学校管理職養成の政策とシステム」小島弘道編著『校長の資格・養成と大学院の役割』東信堂、2004年、311－312頁。
68 国立スクールリーダーシップカレッジのホームページより引用した（http://www.ncsl.org.uk/aboutus/index.cfm）。
69 舘林保江・小松郁夫「校長のリーダーシップと資格・研修制度の研究－イギリスのIPHとNCSL－」日本教育経営学会第46回大会発表資料、東北大学、2006年6月4日。
70 小松郁夫代表『学校組織マネジメントに関する指導（イギリス調査団）調査研究報告書』教員研修センター、2006年、60－62頁。
71 Department of Education, *The Developmental Learning Framework for School Leaders*, 2007, p.1.
72 文部科学省「地教行法の一部を改正する法律の施行について」文部科学省事務次官通知、2004年6月26日。
73 同上文献。
74 大阪府の府立学校の教員公募制では、1校当たり2名以内という上限が設定されている（岡山県教育委員会事務局「公募制・FA制等の取組事例について」岡山県教育委員会、新しい学校運営組織の在り方に関する調査研究会、第4回会議配布資料、2007年1月26日）。
75 大野裕己「学校経営計画」篠原清昭編著『スクールマネジメント』ミネルヴァ書房、2006年、92頁。

76　東京都教育委員会「都立学校におけるマネジメントサイクルの導入に向けて（学校経営計画策定検討委員会報告書）」2002年11月。
77　佐藤博志編著『オーストラリア教育改革に学ぶ―学校変革プランの方法と実際―』学文社、2007年。
78　この背景として、教育活動の不確実性が指摘できる。学校の場合、子どもを相手にした実践（授業と学習）が中心であり、不確実性が高いため、学校経営計画の性質に柔軟性が求められる。
79　藤原和博『公教育の未来』ベネッセ、2005年、279－280頁。
80　文部科学省「義務教育諸学校における学校評価ガイドライン」2006年、3頁。このガイドラインでは、学校評議員、PTA役員（保護者）、地域住民等が行う学校評価を、外部評価と呼んでいた。だが、2007年になって文部科学省は、外部評価の代わりに学校関係者評価という概念を主に使用するようになった。そこで、本研究では、学校評議員、PTA役員（保護者）、地域住民等が行う学校評価を、学校関係者評価と呼ぶことにする（文部科学省『平成19年度第三者評価試行関係資料』2007年）。
81　藤原和博『校長先生になろう！』日経BP社、2007年、61－62頁。
82　笹森健「比較教育学と地域研究（2）―オセアニア地域研究の立場から―」日本比較教育学会『比較教育学研究』第25号、1999年、62頁。
83　同上論文、62頁。
84　同上論文、63－64頁。
85　笹森健「オセアニア教育学会の歩みと課題」オセアニア教育学会『オセアニア教育研究』第13号、2007年、8頁。
86　大脇康弘は次の論文の注でコールドウェルとスピンクスの著作に言及している。大脇康弘「教育経営における学校の自律性の理念と現実」永岡順編著『教育経営学』教育開発研究所、1992年。
87　Whitty, G., Power, S. and Halpin, D., *op.cit.*, p.52.
88　教育省は、学校審議会構成員が、問題解決の方途を探らずに、校長・教頭に対する不満や懸念を蓄積させて、任期更新を拒否することは不適切であると述べている（Department of Education, *Principal Class Arrangements*, 1998, p.2）。
89　ただし、窪田眞二は次のような問題意識を提示している。「学校にしても、教員にしてもその活動や職務の中で、数値によって達成度や遂行度を表記できるものの非常に限られており、むしろそれらの活動や職務の本質的な部分には、数値的評価になじまないものが少なくないことは改めていうまでもない」（窪田眞二「評価システムを構築する上で不可避の論点」『日本教育経営学会紀要』第49号、2007年、143頁）。
90　佐貫浩・世取山洋介編『新自由主義教育改革―その理論・実態と対抗軸』大月書店、2008年。
91　石井拓児「ニュージーランドにおける新自由主義教育改革の展開とその特徴―新自由主義教育改革の今日的段階―」佐貫浩・世取山洋介編、同上書。久保田匡介「イギリスにおけるNPM教育改革の展開」佐貫浩・世取山洋介編、同上書。

92 福田誠治『競争しても学力行き止まり－イギリス教育の失敗とフィンランドの成功－』朝日新聞社、2007年、142 － 143頁、153 － 155頁。
93 ニューパブリックマネジメントの多様性は、行政学の分野で既に指摘されている。すなわち、イギリスとニュージーランドでは市場メカニズムが可能な限り拡大されている。一方、オーストラリア、カナダ、スウェーデン、オランダでは市場は緩やかに適用されている（大住莊四郎『NPMによる行政革命』日本評論社、2003年、12頁）。
94 Department of Education and Training, *Blueprint for Government Schools: Future Directions for Education in the Victorian Government School System, op.cit.*, p.1.
95 *Ibid.*, pp.4-5.
96 Department of Education and Training, *Accountability and Improvement Framework for Victorian Government Schools 2007*, 2006, p.2.
97 Department of Education and Training, *Guidelines for School Strategic Planning 2007*, 2006, p.4.
98 Department of Education and Training, *School Review Guidelines 2007*, 2006, p.3.

文献一覧

■英語文献

Adams, J. and Kirst, M., "New Demands and Concepts for Educational Accountability: Striving for Results in an Era of Excellence", Murphy, J. and Louis, K. (ed), *Handbook of Research on Educational Administration*, Jossey-Bass, 1999.

Ainley, J., Getty, C. and Fleming, M., *School Annual Reports: A Study of the 1994 Draft Guidelines for Annual Reports for Victorian Government Schools*, Australian Council for Educational Research, 1995.

Alford, J., O'Neill, D., McGuire, L., Considine, M., Muetzelfeldt, M. and Ernst, J., "The Contract State", Alford, J. and O'Neill, D. (ed), *The Contract State: Public Management and the Kennett Government*, Deakin University Press, 1994.

Allan, P., Director of Schools, Office of Schools, Department of Education, Victoria, "Executive Memorandum, Amendment to Schools of the Future Reference Guide, Section 4.1.1.6 Student Placement", September 10, 1998.

Angus, L., "Democratic Participation or Efficient Site Management: The Social and Political Location of the Self-Managing School", Smyth, J. (ed), *A Socially Critical View of the Self-Managing School*, Falmer, 1993.

Auditor-General of Victoria, *Report on Ministerial Portfolios*, 1997.

Auditor-General of Victoria, *Schools of the Future: Valuing Accountability*, 1997.

Australian Bureau of Statistics, *2000 Victorian Year Book*, 2000.

Australian Curriculum, Assessment and Certification Authorities, *Leaving Schools 1998*, Board of Studies NSW, 1998.

Barcan, A., *A History of Australian Education*, Oxford University Press, 1980.

Barcan, A., *Two Centuries of Education in New South Wales*, New South Wales University Press, 1988.

Barcan, A., "The School Curriculum and the National Economy", D'Cruz, J. V. and Langford, P. E. (ed), *Issues in Australian Education*, Longman Cheshire, 1990.

Beare, H., *Managing Schools with Charters: The opportunity for an outcomes-based approach to schooling*, Directorate of School Education, Victoria, 1995.

Benbow, W., Manager, School Funding Unit, Department of Education, Victoria, "An Explanatory Letter of Staffing Formula", November 24, 1998.

Blake, M. and Fary, B., "Accountability and the Vexed Issue of Reporting on School Achievement ? A Joint Policy Statement from the three Principals' Associations", 1998.

Board of Studies, Victoria, *Curriculum and Standards Framework, English*, 1995.

Board of Studies, Victoria, *Curriculum and Standards Framework, Studies of Society and Environment*, 1995.

Board of Studies, Victoria, *Guide to the Administering the Learning Assessment Project*, 1996.
Board of Studies, Victoria, *Annual Report 1996-97*, 1997.
Board of Studies, Victoria, *Statistical Information, VCE Assessment Program 1996*, 1997.
Board of Studies, Victoria, *Statistical Information, VCE Assessment Program 1997*, 1998.
Board of Studies, Victoria, *VCE Administrative Handbook 1999*, 1998.
Board of Studies, Victoria, *Annual Report 1997-98*, 1998.
Board of Studies, Victoria, *Guide to the VCE 1999*, 1999.
Board of Studies, Victoria, *VCE Examination Papers and GAT 1998*, Longman, 1999.
Brady, L., *Curriculum Development, Fourth Edition*, Prentice Hall, 1992.
Breit, L. (ed), *Choosing a School for your Child*, No.14, 2001-2002, Universal Magazines, 2001.
Broadhead, P., Cuckle, P., Hodgson, J. and Dunford, J., "Improving Primary Schools through School Development Planning", *Educational Management and Administration*, Vol.24 (3), 1996.
Bush, T., "Introduction: Setting the Scene", Bush, T., Bell, L., Bolam, R., Glatter, R., Ribbins, P. (ed), *Educational Management*, Paul Chapman Publishing Ltd, 1999.
Caldwell, B. J., *Decentralized School Budgeting in Alberta*, A Thesis submitted to the University of Alberta for Doctor of Philosophy, 1977.
Caldwell, B. J., *The Promise of Self-Management for Schools*, IEA Education Unit, 1987.
Caldwell, B. J., "Toward a New Paradigm in the Governance of Public Education: The Contribution of Effective Schools Research", Raynolds, D., Creemers, B. and Peters, T. (ed), *School Effectiveness and Improvement*, University of Wales College of Cardiff and RION Institute for Educational Research, 1989.
Caldwell, B. J., "Restructuring Education in Tasmania: A Turbulent End to a Decade of Tranquility", Harman, G., Beare, H. and Berkeley, G. F. (ed), *Restructuring School Management*, The Australian College of Education, 1991.
Caldwell, B. J., "School-based Management", Husen, T. and Postlethwaite, T. N. (ed), *The International Encyclopedia of Education, Second Edition*, Volume 9, Pergamon, 1994.
Caldwell, B. J., "Preconditions for Lasting School Reform", Paper for the Annual Conference of the Australian Council for Educational Administration, 1997.
Caldwell, B. J., *Administrative and Regulatory Mechanisms affecting School Autonomy in Australia*, Department of Employment, Education, Training and Youth Affairs, Commonwealth of Australia, 1998.
Caldwell, B. J., Re-imagining the Self-Managing School, Specialist Schools Trust, 2004.
Caldwell, B. J., "Achieving an Optimal Balance of Centralization and Decentralization in Education", Invited Research Paper for Summit on Education Reform in the APEC Region, Beijing, 12-14 January 2004.
Caldwell, B. J., "Principals Need a Way Forward", *The Age Education*, April 10, 2006.

Caldwell, B. J., "Leadership for Radical Transformation in School Education", *The Leadership Challenge: Improving Learning in Schools, ACER Research Conference 2007*, Australian Council for Educational Research, 2007.
Caldwell, B. J. and Hayward, D. K., *The Future of Schools*, Falmer, 1998.
Caldwell, B. J. and Hill, P. W., "Funding Models for Self-Managing Schools: The Case of Schools of the Future in Victoria", School Global Budget Research Project, Department of Education, December 31, 1996.
Caldwell, B. J. and Spinks, J. M., *The Self-Managing School*, Falmer, 1988.
Caldwell, B. J. and Spinks, J. M., *Leading the Self-Managing School*, Falmer, 1992.
Caldwell, B. J. and Spinks, J. M., *Beyond the Self-Managing School*, Falmer, 1998.
Caldwell, B. J., Spinks, J. M., Marshall, S. and McKenzie, P., *School Autonomy and Financing: Final Report*, Office of the National Education Commission and Office of the Prime Minister, Bangkok, Thailand, 2001.
Campbell-Evans, G., "A Values Perspective on School-Based Management", Dimmock, C., *School-Based Management and School Effectiveness*, Routledge, 1993.
Centre for Educational Research and Innovation, OECD, *School: A Matter of Choice*, OECD, 1994.
Chubb, J. E. and Moe, T. M., *Politics, Markets, and America's Schools*, Brookings, 1990.
Comte, M., *Verification Report*, 2000.
Connell, W. F., *Reshaping Australian Education 1960-1985*, Australian Council for Educational Research, 1993.
Considine, M. and Costar, B., *Trials in Power*, Melbourne University Press, 1992.
Cotter, R., "Exploring Concepts and Applications of Benchmarking", *Leading and Managing*, Vol.3, No.1, 1997.
Creed, P., "Betwixt and Between Change: A Victorian Game", Harman, G., Beare, H. and Berkeley, G. F. (ed), *Restructuring School Management*, The Australian College of Education, 1991.
Davies, B, "Introduction", Davies, B and Ellison, L. (ed), *School Leadership for the 21st Century*, Routledge, 1997.
Department of Education, Victoria, *Annual Report 1993-1994*, 1994.
Department of Education, Victoria, *Education Glance: Victoria, 1994*, 1994.
Department of Education, Victoria, *Guide to the 1996 School Global Budget*, 1996.
Department of Education, Victoria, *Professional Recognition Program for Teachers*, 1996.
Department of Education, Victoria, *School Management, Benchmarks 96*, 1997.
Department of Education, Victoria *Year Prep-10 Curriculum and Standards Framework, Benchmarks 96*, 1997.
Department of Education, Victoria, *School Review, Guidelines for Independent Verification of School-Self Assessments*, 1997.
Department of Education, Victoria, *Triennial School Review, Guidelines for School-Self Assessment*, 1997.

Department of Education, Victoria, *Victorian Schools News*, Vol.5, Issue 20, December 4, 1997.
Department of Education, Victoria, *An Accountability Framework*, 1997.
Department of Education, Victoria, *Developing a School Charter*, 1997.
Department of Education, Victoria, *Guide to the 1997 School Global Budget*, 1997.
Department of Education, Victoria, *Guidelines for Annual Reports*, 1997.
Department of Education, Victoria, *Annual Report 1997-98*, 1998.
Department of Education, Victoria, *Becoming a School Reviewer*, 1998.
Department of Education, Victoria, *Guide to the 1999 School Global Budget*, 1998.
Department of Education, Victoria, *How good is our school?*, 1998.
Department of Education, Victoria, *Making the Partnership Work, Part 1, Roles and Responsibilities*, 1998.
Department of Education, Victoria, *Making the Partnership Work, Part 2, Rules and Procedures*, 1998.
Department of Education, Victoria, *Management of School Global Budgets in 1998*, 1998.
Department of Education, Victoria, *Northern Metropolitan Region, Northern Metropolitan Region, Directory, 1998*, 1998.
Department of Education, Victoria, *Principal Class Arrangements*, 1998.
Department of Education, Victoria, *School Staffing Handbook*, 1998.
Department of Education, Employment and Training, Victoria, *Guide to the 2001 School Global Budget*, 2000.
Department of Education, Employment and Training, Victoria, *Public Education: The Next Generation, Report of the Ministerial Working Party*, 2000.
Department of Education, Employment and Training, Victoria, *Teacher Class Handbook*, 2001.
Department of Education and Training, Victoria, *Blueprint for Government Schools: Future Directions for Education in the Victorian Government School System*, 2003.
Department of Education and Training, Victoria, *Accountability and Improvement Framework for Victorian Government Schools 2007*, 2006.
Department of Education and Training, Victoria, *Guidelines for School Strategic Planning 2007*, 2006.
Department of Education and Training, Victoria, *School Review Guidelines 2007*, 2006.
Department of Education, Victoria, *The Developmental Learning Framework for School Leaders*, 2007.
Department of Education, Queensland, *The Development of School Councils in Australia: An Overview*, 1984.
Department of Education, Queensland, *School Planning and Accountability Framework*, 1997.
Department of Education, Tasmania, *Assisted School Self Review 1999*, 1999.
Dickson, P., *Verification Report*, 1997.

Directorate of School Education, Victoria, *Schools of the Future Preliminary Paper*, 1993.
Directorate of School Education, *Principal Class Selection Guidelines*, 1995.
Directorate of School Education, *School Financial Management, Internal Control*, 1995.
Directorate of School Education, Victoria, *Principal Class Selection Guidelines*, 1995.
Directorate of School Education, Victoria, *Schools of the Future Information Kit*, 1995.
Directorate of School Education, Victoria, *Selecting the Principal of the Future: Assistance for selection panels*, 1995.
Directorate of School Education, Victoria, "Personnel", *Schools of the Future Information Kit*, 1995.
Directorate of School Education, Victoria, *Principal Class Handbook*, 1996.
Directorate of School Education, North West Metropolitan Region, *Directory 1996*, 1996.
Education Committee, Victoria, *The School Global Budget in Victoria*, 1994.
Education Committee, Victoria, *The School Global Budget in Victoria, Interim Report*, 1995.
Education Committee, Victoria, *The School Global Budget in Victoria, Final Report*, 1996.
Gewirtz, S., *The Managerial School*, Routledge, 2002.
Ginsberg, R. and Berry, B., "The Capability for Enhancing Accountability", Macpherson, R. (ed), *The Politics of Accountability, Educative and International Perspectives*, Corwin Press, 1998.
Goertz, M. E. and Odden, A., "Preface", Goertz, M. E. and Odden, A. (ed), *School-Based Financing*, Corwin Press, 1999.
Gough J. and Taylor, T., "Crashing Through: Don Hayward and Change in the Victorian School System", *Journal of the Australian College of Education*, Vol.22, No.2, 1996.
Gronn, P. and Lacey, K., "Cloning their own: Aspirant principals and the school-based selection game", *Australian Journal of Education*, Vol.50, No.2, 2006.
Gurr, D., "Leading the Self-Managing Schools: A Model of the Principal Leadership Role in Secondary Schools", Australian Council for Educational Administration Conference, 1995.
Gurr, D., *From Supervision to Quality Assurance: The Case of the State of Victoria (Australia)*, International Institute for Educational Planning, UNESCO, 1999.
Gurr, D., *School Review Evaluation*, Paper presented for the Office of Review, 1999.
Guthrie, J. W. and Koppich, J. E., "Ready, A.I.M., Reform: Building a Model of Education Reform and 'High Politics'", Beare, H. and Boyd, W. L. (ed), *Restructuring Schools*, Falmer, 1993.
Hanushek, E. and Raymond, M., "Lessons about the Design of State Accountability Systems", Peterson, P. and West, M. (ed), *No Child Left Behind?*, Brookings, 2003.
Harman, G., Beare, H., Berkeley, G., "Conclusions: Where restructuring has taken to us, and where it is leading", Harman, G., Beare, H., Berkeley, G. (ed), *Restructuring School Management*, Australian College of Education, 1991.
Herald Sun, December 16, 1998.

Hill, P. T., Lake, R. J., Celio, M, B., *Charter Schools and Accountability in Public Education*, Brookings, 2002.

Hill, P. W., "Building Equity and Effectiveness into School-Based Funding Models: An Australian Case Study", Annual Summer Data Conference, National Centre for Educational Statistics, Washington, DC, July 24-26, 1996.

Ingvarson, L. and Chadbourne, R., "Self-Managing Schools and Professional Community: The Professional Recognition Program in Victoria, Australia", Annual Meeting of the American Educational Research Association Conference, 1997.

Interim Committee for the Australian Schools Commission, *Schools in Australia*, 1973.

James, J., *Contract Management in Australia*, Haper Educational, 1995.

Kogan, M., *Education Accountability*, Hutchinson, 1986.

A Primary School, *School Council Meeting Held 10th March, 1992*, 1992.

A Primary School, *Charter 1994-1996*, 1993.

A Primary School, *School Council Annual General Meeting 1995, Curriculum Reports, 1995*, 1995.

A Primary School, *Self-Assessment Report*, 1997.

A Primary School, *School Charter 1997-2000*, 1997.

A Primary School, *1997 Annual Report*, 1998.

A Primary School, *School Global Budget 1999*, 1999.

A Primary School, "School Council Meeting Agenda", April 27, 1999.

A Primary School, "Staff List 1999", 1999.

A Primary School, "Staffing Worksheet for 1999", 1999.

A Primary School, *2004 School Charter*, 2004.

Leithwood, K. and Earl, L., "Educational Accountability Effects: An International Perspective", *Peabody Journal of Education*, Volume 75, Number 4, 2000.

Levacic, R., "Case Study 2: Formula Funding of Schools in England and Wales", Ross, K. and Levacic, R. (ed), *Needs-Based Resource Allocation in Education via Formula Funding of Schools*, UNESCO, 1999.

Levacic, R., "Managing for efficiency and effectiveness: developments and progress in the English school system 1988-98", Centre for Applied Educational Research: Research Seminars 1999, Needs-Based Funding, Learning Outcomes and New Patterns in the Governance of Public Education, The University of Melbourne, February 4, 1999.

Macpherson, R. J. S, *Educative Accountability*, Pergamon, 1996.

Marsh, C., *Key Concepts for Understanding Curriculum, Third Edition*, RoutledgeFalmer, 2004.

McGaw, B., "Benchmarking for accountability or improvement", *Unicorn*, Vol.21, No.3.

McGuire, L., "Service Delivery Agreements: Experimenting with Casemix Funding and "Schools of the Future"", Alford, J. and O'Neill, D. (ed), *The Contract State: Public Management and the Kennett Government*, Deakin University Press, 1994.

Minister for Education and Training, Victoria, "Attachment: General Information for parents

about the Education Maintenance Allowance 2002", 2002.
Minister of Education, Victoria, *Curriculum Development and Planning in Victoria*, 1984.
Ministerial Council on Education, Employment, Training and Youth Affairs, *National Report on Schooling in Australia 1996*, 1996.
Ministerial Council on Education, Employment, Training and Youth Affairs, *National Report on Schooling in Australia 1998*, 1998.
Ministry of Education, Victoria, *School Council Roles and Responsibilities Finance*, 1987.
Moe, T., "The New Economics of Organization", *American Journal of Political Science*, Vol.28, No.4, 1984.
Neave, G., "Accountability in Education", Husen, T. and Postlethwaite, T. N. (ed), *The International Encyclopedia of Education, Volume 1*, Pergamon, 1985.
Neave, G., "On the cultivation of quality, efficiency and enterprise: an overview of recent trends in higher education in Western Europe, 1968-1988", *European Journal of Education*, 23 (1/2), 1988.
Northern Metropolitan Region, Department of Education, Victoria, *Directory, 1998*, 1998.
Ouston, J., Fidler, B. and Farley, P., "The Educational Accountability of Schools in England and Wales", *Educational Policy*, Vol.12, No.1 and 2, 1998.
Owen, J., *Program Evaluation*, Sage, 1999.
O'Day, J., "Complexity, Accountability, and School Improvement", Fuhrman, S. and Elmore, R. (ed), *Redesigning Accountability Systems for Education*, Teachers College Press, 2004.
Pascoe, S. and Pascoe, R., *Education Reform in Victoria, Australia: 1992-1997*, A Case Study, The World Bank, 1998.
Rae, K., "The plucking still of the flaxbush", Restructuring and Quality, Routledge, 1997.
Scriven, M., "Evaluation: Formaive, Summative, and Goal-free", Husen, T. and Postlethwaite, T. N. (ed), *The International Encyclopedia of Education, Second Edition, Volume 9*, Pergamon, 1994.
State of Victoria, *Education Act 1958, Reprinted 2 March 1995 incorporating amendments up to Act No. 82 / 1994*, Law Press, 1995.
Steering Committee for the Review of Commonwealth/State Service Provision, "Survey of Decision Making in Government Schools", Steering Committee for the Review of Commonwealth/State Service Provision, *Implementing Reforms in Government Services 1998*, AusInfo, 1998.
Tardif, R., *The Penguin Macquarie Dictionary of Australian Education*, Penguin Books, 1989.
Teacher Supply and Demand Reference Group, Department of Education and Training, Victoria, *Teacher Supply and Demand Report*, 2002.
The Age, January 16, 1999.
The Age, December 8, 2000.
The Age, *Good Schools Guide, 2002, Victoria*, Hobsons Australia Pty Ltd, 2001.

Townsend, T., "Schools of the Future: a case study in systemic educational development" . Townsend, T. (ed) , *Restructuring and Quality*, Routledge, 1997.

Townsend, T., "The self-managing school: Miracle or myth?" , *Leading and Managing*, Volume 2, Number 3, 1996.

Victorian Primary Principals Association, Victorian Association of State Secondary Principals, Directorate of School Education, The University of Melbourne, *A Cooperative Research Project, Leading Victoria's Schools of the Future, The First Report, Base-Line Survey of Principals in 1993*, 1993.

Victorian Primary Principals Association, Victorian Association of State Secondary Principals, Directorate of School Education, The University of Melbourne, *One Year Later, Cooperative Research Project, Leading Victoria's Schools of the Future, 1993*, 1994.

Victorian Primary Principals Association, Victorian Association of State Secondary Principals, Directorate of School Education, The University of Melbourne, *Taking Stock, Cooperative Research Project, Leading Victoria's Schools of the Future*, 1995.

Victorian Primary Principals Association, Victorian Association of State Secondary Principals, Directorate of School Education, The University of Melbourne, *A Three-Year Report Card, Cooperative Research Project, Leading Victoria's Schools of the Future*, 1996.

Victorian Primary Principals Association, Victorian Association of State Secondary Principals, Department of Education, The University of Melbourne, *Still More Work to be done but --- No Turning Back, Cooperative Research Project, Leading Victoria's Schools of the Future*, 1996.

Victorian Primary Principals Association, Victorian Association of State Secondary Principals, Department of Education, The University of Melbourne, *Assessing the Impact, The Final Report of the Cooperative Research Project, Leading Victoria's Schools of the Future*, 1998.

Victorian Tertiary Admissions Centre, *ENTER into tertiary courses*, 1998.

Victorian Tertiary Admissions Centre, *VICTER 2001*, 2000.

Walford, G., "Self-Managing Schools, Choice and Equity" , Smyth, J. (ed) , *A Socially Critical View of the Self-Managing School*, Falmer, 1993.

Walker, W. G., "The Governance of Education in Australia: Centralization and Politics" , *The Journal of Educational Administration*, Volume VII, Number 1, 1970.

Warren, L. L. and Browne, R. K., "Developments in Education Policy in Australia: A Perspective on the 1980s" , Beare, H. and Boyd, W. L. (ed.) , *Restructuring Schools*, Falmer, 1993.

Wee, J., *Improved Student Learning and Leadership in Self-Managed Schools*, Doctor of Education Thesis, The University of Melbourne, 1999.

Whitty, G., Power, S. and Halpin, D., *Devolution and Choice in Education*, Open University Press, 1998.

Wong, K. and Anagnostopoulos, D., "Can Integrated Governance Reconstruct Teaching?, Lessons Learned From Two Low-Performing Chicago High Schools", Macpherson, R. (ed), *The Politics of Accountability, Educative and International Perspectives*, Corwin Press, 1998.

■日本語文献

青木薫「アカウンタビリティ」日本教育行政学会編『教育行政総合辞典』教育開発研究所、2001年。

荒木廣「イギリス、学校の組織と運営」小松郁夫・坂本孝徳・篠原清昭共編著『教育の経営、第6巻、諸外国の教育改革と教育経営－公教育の構造転換と新時代の学校像－』玉川大学出版部、2000年。

石井拓児「ニュージーランドにおける新自由主義教育改革の展開とその特徴－新自由主義教育改革の今日的段階－」佐貫浩・世取山洋介編『新自由主義教育改革－その理論・実態と対抗軸』大月書店、2008年。

市川昭午「教育政策研究の課題」日本教育政策学会『日本教育政策学会年報』第1号、1994年。

市川昭午『教育の私事化と公教育の解体－義務教育と私学教育－』教育開発研究所、2006年。

碓氷悟史『アカウンタビリティ入門』中央経済社、2001年。

ウイッティー、ジェフ（堀尾輝久・久富善之監訳）『教育改革の社会学－市場、公教育、シティズンシップ』東京大学出版会、2004年。

大住莊四郎『ニュー・パブリックマネジメント』日本評論社、1999年。

大住莊四郎『NPMによる行政革命』日本評論社、2003年。

大野裕己「学校経営計画」篠原清昭編著『スクールマネジメント』ミネルヴァ書房、2006年。

大脇康弘「教育経営における学校の自律性の理念と現実」永岡順編著『教育経営学』教育開発研究所、1992年。

大脇康弘「スクールリーダー教育のシステム構築に関する争点－認識枠組と制度的基盤を中心に－」『日本教育経営学会紀要』第47号、2005年。

沖清豪「アカウンタビリティ（社会的説明責任）の観点から見た大学評価に関する考察」『国立教育研究所研究集録』第34号、1997年。

沖清豪・高妻紳二郎・窪田眞二「イギリスの学校評価」窪田眞二・木岡一明編著『学校評価のしくみをどう創るか』学陽書房、2004年。

小島弘道「現代の学校問題と教育裁量の課題」日本教育法学会『日本教育法学会年報』第22号、1993年。

小島弘道「学校の自律性・自己責任と地方教育行財政」日本教育行政学会『日本教育行政学会年報』第25号、1999年。

小島弘道「政策提言－校長の資格・養成と大学院の役割－」小島弘道編著『校長の

資格・養成と大学院の役割』東信堂、2004年。
会計検査院「欧米主要先進国の公会計制度改革と決算・財務分析の現状と課題－ニュージーランド／オーストラリアの事例より－」1996年。
木岡一明「日本における学校評価の現状と課題」窪田眞二・木岡一明編著『学校評価のしくみをどう創るか』学陽書房、2004年。
木岡一明『学校評価の「問題」を読み解く』教育出版、2004年。
窪田眞二「イギリス、学校と地域・家庭の連携－学校参加・支援・連携システム」小松郁夫・坂本孝徳・篠原清昭共編著『教育の経営、第6巻、諸外国の教育改革と教育経営－公教育の構造転換と新時代の学校像－』玉川大学出版部、2000年。
窪田眞二「5カ国の学校第三者評価の動向から何が見えてくるのか」窪田眞二・木岡一明編著『学校評価のしくみをどう創るか』学陽書房、2004年。
窪田眞二「評価システムを構築する上で不可避の論点」『日本教育経営学会紀要』第49号、2007年。
久保田匡介「イギリスにおけるNPM教育改革の展開」佐貫浩・世取山洋介編『新自由主義教育改革－その理論・実態と対抗軸』大月書店、2008年。
グレイ、ロブ他（山上達人監訳）『会計とアカウンタビリティ』白桃書房、2003年。
黒崎勲『学校選択と学校参加－アメリカ教育改革の実験に学ぶ－』東京大学出版会、1994年。
黒崎勲『教育の政治経済学』東京都立大学出版会、2000年。
黒崎勲『新しいタイプの公立学校－コミュニティ・スクール立案過程と選択による学校改革－』同時代社、2004年
国立教育政策研究所・文部科学省『21世紀の学校を創る』国立教育政策研究所、2002年。
小松郁夫「英国における学校理事会とその改革」日本教育経営学会『日本教育経営学会紀要』第30号、1988年。
小松郁夫「イギリスにおける学校管理職養成の政策とシステム」小島弘道編著『校長の資格・養成と大学院の役割』東信堂、2004年。
小松郁夫代表『学校組織マネジメントに関する指導（イギリス調査団）調査研究報告書』教員研修センター、2006年。
コールドウェル、ブライアン（武井敦史訳）「学習のグローバライゼーション時代におけるリーダーシップ成功のための青写真－スクールリーダーのための専門大学院のデザインに関する示唆－」日本教育経営学会事務局編『スクールリーダーのための専門大学院を構想する』2001年。
榊原禎宏「学校経営の組織構造」堀内孜編『公教育経営学』学術図書出版社、1996年。
佐藤博志「オーストラリア首都直轄区の学校評価に関する考察－自律的学校経営における学校評価の役割に着目して－」日本教育経営学会『日本教育経営学会紀要』第38号、1996年。
佐藤博志「オーストラリアにおけるナショナル・カリキュラムに関する考察－実施過程を中心に－」日本比較教育学会『比較教育学研究』第22号、1996年。
佐藤博志「豪州ビクトリア州における学校財政制度に関する考察－学校への財政権

限委譲と学校改善の関係構造の解明−」日本教育行政学会『日本教育行政学会年報』第23号、1997年。

佐藤博志「〈研究ノート〉豪州ビクトリア州における管理職・教員人事政策の検討」『オセアニア教育研究』第5号、1998年。

佐藤博志「豪州ビクトリア州における学校包括予算配分方式−公平と効率−」オセアニア教育学会『オセアニア教育研究』第6号、1999年。

佐藤博志「オーストラリアにおける学校評価（1）− Brian Caldwell の学校経営理論に関する考察−」『平成8・9・10年度基盤研究（A）（2）、学校評価に関する実証的研究、研究成果報告書』国立教育研究所、1999年。

佐藤博志「オーストラリアにおける学校評価（2）−ビクトリア州におけるアカウンタビリティ」『平成8・9・10年度基盤研究（A）（2）、学校評価に関する実証的研究、研究成果報告書』国立教育研究所、1999年。

佐藤博志「オーストラリア」小松郁夫・坂本孝徳・篠原清昭共編著『諸外国の教育改革と教育経営−公教育の構造転換と新時代の学校像−』（日本教育経営学会編『シリーズ教育の経営』第6巻）、玉川大学出版部、2000年。

佐藤博志「オーストラリアの自律的学校経営に関する6州2直轄区比較研究」大塚学校経営研究会『学校経営研究』第25巻、2000年。

佐藤博志「多様な各州・直轄区の学校教育制度」笹森健・石附実共編著『オーストラリア・ニュージーランドの教育』東信堂、2001年。

佐藤博志「オーストラリアの教育改革にみる国家−ビクトリア州労働党政権の教育政策の分析を通して」篠原清昭編著『ポストモダンの教育改革と国家』教育開発研究所、2003年。

佐藤博志「オーストラリアにおける教員の人事評価と職能開発」八尾坂修編著『教員人事評価と職能開発−日本と諸外国の研究−』風間書房、2005年。

佐藤博志「現代学校経営改革におけるガバナンスの展開」（課題研究報告、学校運営協議会の法制化に見る学校ガバナンスの思想と制度）日本教育学会『教育学研究』第72巻、第1号、2005年。

佐藤博志編著『オーストラリア教育改革に学ぶ−学校変革プランの方法と実際−』学文社、2007年。

佐藤博志「オーストラリアにおけるニューパブリックマネジメント教育改革の特質と−学校教育の規制緩和と基本原理の確立−」日本比較教育学会『比較教育学研究』第39号、2009年。

佐藤博志・熊谷真子「オーストラリアにおける学校審議会制度の検討−学校段階への権限委譲の歴史的展開と学校審議会の現状−」オーストラリア教育研究会『オーストラリア教育研究』創刊号、1994年。

佐藤学『教師というアポリア−反省的実践へ』世織書房、1997年。

笹森健「比較教育学と地域研究（2）−オセアニア地域研究の立場から−」日本比較教育学会『比較教育学研究』第25号、1999年。

笹森健「オセアニア教育学会の歩みと課題」オセアニア教育学会『オセアニア教育研究』第13号、2007年。

笹森健・佐藤博志「オーストラリアにおける教育課程行政改革－ナショナルカリキュラムを中心に－」青山学院大学文学部教育学科『教育研究』第38号、1994年。

佐貫浩・世取山洋介編『新自由主義教育改革－その理論・実態と対抗軸』大月書店、2008年。

高橋正司「米国における教育アカウンタビリティに関する基礎的考察－教師の意識に関する調査を中心に－」名和弘彦監修『現代アメリカ教育行政の研究』渓水社、1992年。

髙見茂「アメリカ初等・中等教育におけるアカウンタビリティ（Accountability）の問題」『京都大学教育学部紀要』第28巻、1982年。

瀧川裕英『責任の意味と制度』勁草書房、2003年。

竹下譲「行政組織の改革－イギリスのシティズン・チャーターを事例に－」『季刊行政管理研究』第75号、1996年。

舘林保江・小松郁夫「校長のリーダーシップと資格・研修制度の研究－イギリスのIPHとNCSL－」日本教育経営学会第46回大会発表資料、東北大学、2006年6月4日。

中央教育審議会「今後の学校の管理運営の在り方について（答申）」2004年3月4日。

長崎県教育センター『学校評価ガイドブック』2003年。

中島千恵「アメリカ：チャータースクールが投げかける問い」日本比較教育学会『比較教育学研究』第28号、2002年。

中島直忠「教育行政学の対象と方法」中島直忠編著『教育行政学の課題』教育開発研究所、1992年。

日本教育学会課題研究委員会、最近の学級崩壊現象の原因分析と教育的対応について（汐見稔幸代表）『学級・学校経営の今後のあり方を探るための調査の結果、最終報告－学級崩壊現象の克服に向けて－』2002年。

ネイサン、ジョー（大沼安史訳）『チャータースクール－あなたも公立学校が創れる』一光社、1997年。

根津朋実「カリキュラム評価の役割に関する理論的検討－Scriven, M.による構成的／総括的評価の検討を中心に－」日本カリキュラム学会『カリキュラム研究』第9号、2000年。

バーカン、アラン（笹森健監訳）『オーストラリア教育史』青山社、1995年。

橋本重治『新・教育評価法総説（下）』金子書房、1976年。

浜田博文「アメリカにおける学校の自律性と責任－SBM（School-Based Management）とアカウンタビリティ・システムの動向分析－」大塚学校経営研究会『学校経営研究』第25巻、2000年。

浜田博文『「学校の自律性」と校長の新たな役割－アメリカの学校経営改革に学ぶ』一藝社、2007年。

林伸二『管理者行動論』白桃書房、1987年。

半田吉信『契約法講義、第2版』信山社、2005年。

東信男「プログラム評価の手法と総合評価の実施状況」会計検査院『会計検査研究』第31号、2005年。

福田誠治『競争しても学力行き止まり－イギリス教育の失敗とフィンランドの成功－』朝日新聞社、2007年。
藤田英典「教育の市場性／非市場性」森田尚人他編『教育学年報5、教育と市場』世織書房、1996年。
藤原和博『公教育の未来』ベネッセ、2005年。
藤原和博『校長先生になろう！』日経BP社、2007年
フリック、ウヴェ（小田博志他訳）『質的研究入門』春秋社、2002年。
堀和郎『アメリカ現代教育行政学研究』九州大学出版会、1983年。
堀和郎「アメリカ教育政治学の新しい動向」中島直忠編著『教育行政学の課題』教育開発研究所、1992年。
堀和郎「教育行政研究の政策的有用性を求めて－research utilizationに関する研究成果を基に－」筑波大学『教育学系論集』第25巻第1号、2000年。
毎熊浩一「NPM型行政責任再論－市場式アカウンタビリティとレスポンシビリティの矛盾－」会計検査院『会計検査研究』第25号、2002年。
松本博「アカウンタビリティの和訳の疑問」日本監査役協会『監査役』第379号、1997年。
水本徳明「学校評議員を生かし、学校としての説明責任をどう果たしていくか」『教職研修』2000年5月号、教育開発研究所、2000年。
水本徳明「教師の責任論の現代的課題」大塚学校経営研究会『学校経営研究』第25巻、2000年。
牟田博光「アカウンタビリティ」細谷俊夫他編『新教育学大事典』第1巻、第一法規、1990年。
村松岐夫「行政学における責任論の課題:再論」京都大学法学会『法学論叢』第95巻、第4号、1974年。
望田研吾「現代における公立学校改革の原理と展望」日本比較教育学会『比較教育学研究』第28号、2002年。
森下稔「タイ：基礎教育機関の法人化と公私協働の可能性」日本比較教育学会『比較教育学研究』第34号、2007年。
諸橋由佳「チャータースクールの設立申請過程における授与期間のコントロール－米国ミルウオーキーの事例分析を通じて－」『日本教育行政学会第36回大会発表要旨集録』2001年。
文部科学省「地教行法の一部を改正する法律の施行について」文部科学省事務次官通知、2004年6月26日。
文部科学省『平成17年度コミュニティ・スクール推進フォーラム開催要項（福岡会場）』2006年。
文部科学省『義務教育諸学校における学校評価ガイドライン』2006年。
文部科学省『平成19年度第三者評価試行関係資料』2007年。
山下晃一「アメリカにおける教育アカウンタビリティの今日的課題」関西教育行政学会『教育行財政研究』第25号、1998年。
山下晃一「現代アメリカにおける教育委員会－学校間関係の変容－シカゴの「学校

＝エージェンシー化」政策に関する予備的考察－」京都大学教育行政学研究室『教育行財政論叢』第6号、2000年。
山下晃一「アメリカの校長リーダーシップをめぐる制度改革に関する一考察－シカゴ学校改革を事例として－」関西行政学会『教育行財政研究』第28号、2001年。
山谷清志「行政責任論における統制と倫理－学説史的考察として－」広島修道大学法学会『修道法学』第13巻、第1号、1991年。
山村滋「イギリスにおける学校選択の自由化政策の効果－三つの大都市地方教育当局における中等学校への調査の分析－」日本教育行政学会『日本教育行政学会年報』第22号、1996年。
山本馨「分限処分・懲戒処分」日本教育行政学会編『教育行政総合辞典』教育開発研究所、2001年。
渡邉美樹『教育崩壊』ビジネス社、2006年。

資料：インタビュー記録

インタビュー記録（1）オーストラリアの教育改革の背景と現状（1996年8月16日）

ブライアン・コールドウェル博士（**Dr Brian Caldwell**）、メルボルン大学教育学部教授
（Professor, Faculty of Education, The University of Melbourne）

※インタビュー対象者の所属は当時のもの（以下同じ）
※Iはインタビュアー（筆者、以下同じ）

〈オーストラリアの教育経営の独自性〉

I．オーストラリアの教育経営の独自な点ですが、私は2つあると考えています。1つはプロファイルというアプローチ、もう1つは自律的学校経営です。他にも独自な点はありますか。

C．私は多文化教育の実践がとくに成功した点であると思います。あなたのいうプロファイルとはナショナル・レベルと州レベルのどちらのことですか。

I．両方です。

C．そうですか。プロファイルはかなり進歩しましたが、まだ完全なものに至っていません。プロファイルが完全に効果を発揮するためには、これからもたくさんすべきことが多いでしょう。自律的学校経営は、オーストラリア、ニュージーランド、イングランドで似ています。しかし確かなことは、ビクトリア州のアプローチがその実施において成功していることです。そしておそらく今後5～8年の間に、他の州でもビクトリア州のアプローチが採用されるでしょう。

I．ビクトリア州のアプローチは、チャーター、3年毎の学校評価と校長のリーダーシップから構成されていますね。

C．私はビクトリア州の学校経営政策は4つの要素から構成されていると考えています。それは教育課程政策、人事政策、財務政策、アカウンタビリティ政策です。この4つはよく計画され、一貫性を持ち、統合されています。このアプローチがビクトリア州全域で効果的に実施されるには後2年かかりますが、今後5年ぐらいでオーストラリアの他の州でも採用されるでしょう。

〈学校包括予算〉

I．学校包括予算の原則の1つである補助の意味を教えてほしいのですが。

C．補助とは、まずできる限りのすべてのお金を学校に与えるべきだとした上で、学校が責任を持てない費目あるいは学校が管理できない費目については、教育省が管理を維持することです。学校が管理できない支出、予想できない支出は教育省に委ねられます。例えば、校舎の維持費、暖房費、校舎に関する諸経費があります。つまり補助の原則は、このような経費を除いて、学校に資金が直接配分され、学校で使途が決定されることを意味します。校舎の維持費や建設費は教育省が管理します。

I．1980年代には学校は、学校予算全体の5%の財務裁量を持つにすぎませんでしたが、その費目は何ですか。

C．それは遠足費、紙購入費、コピー費、備品費だけです。教員給与は含みません。

〈ビクトリア州の学校経営政策〉

I．「未来の学校」は今後さらなる改革が必要ですか。

C．まずは、学力調査プロジェクトの実施が必要です。中等教育での学力調査プロジェクトは現在のところ提案段階で、1997年に実施されるでしょう。これは大きな変化です。将来の改革としては2つ考えられます。1つは前期中等教育の改革です。今、ビクトリア州では小学校と中学校の2つに分かれていますが、準備学年あるいは1学年から9学年までの教育を1つの学校で行うことができると予想します。すでにいくつかの小学校は空き教室があるので可能です。もう1つは議論の余地がありますが、公立学校がイングランド・ウェールズの国庫補助学校のようになることです。これはビクトリア州でもありうることです。その場合、すでに成功している学校が国庫補助学校として離脱できるのでしょう。財務省から直接予算を配分され、教育省に対する直接の責任を持たずに、学校を経営することになります。これらはあくまで私の予想ですが。

I．ビクトリア州は通学区域がないけれど市場モデルではありません。つまり通学区域の廃止は市場モデルの十分条件ではないことになります。では市場モデル成立要件は何でしょうか。

C．良い質問です。バウチャー制度として保護者に直接お金を与える要素があります。今、オーストラリアではバウチャー制度はなく、在学生徒数によって予算が分配されます。しかし今後5年間で可能性があることは、連邦政府が保護者にバウチャーを配布することです。連邦政府の予算が直接に保護者に与えられるのです。今、連邦政府が州政府に補助金を与えているので、官僚によって浪費されているお金があります。つまり市場モデルの将来展望としてはバウチャー制度が考えられるのです。もちろんこのようなバウチャー制度を構想している政府はありませんが、可能性はあるでしょう。というのも連邦議会では自由党・国民党が政権をとりましたから。

I．ホジキンソン（Hodgkinson）やグリーンフィールド（Greenfield）は教育経営における価値を重視しました。コールドウェル先生は文化的リーダーシップの重要性を指摘しました。両者の考えは似ていますか。

C．私はとても似ていると思います。ところで「未来の学校」を批判している研究者は価値や文化が重要だと言っていますが、「未来の学校」における価値、文化はまちがっていると主張しています。「未来の学校」を批判している研究者と私の間で、学校経営における価値と文化を重視する点では同じですが、自律的学校経営における価値と文化に対する考えは異なっています。

I．学校包括予算には6つの原則がありますが、これは教育大臣諮問機関の教育委員会（Education Committee）のメンバーで議論して作ったのですか。

C．そうです。「ビクトリア州の学校包括予算、最終報告書」では、効率と効果という原則を加えて8つの原則になるでしょう。

〈協働による学校経営サイクル〉

I．コールドウェル先生はスピンクス先生と協働による学校経営サイクルを作りま

した。
C．協働による学校経営サイクルはスピンクスが作ったものです。1970年代後半から1980年代前半に、タスマニア州のロズベリー地区ハイスクールにおける学校経営実践を通して、スピンクスが発案したのです。私は共著者にすぎません。私は1983年に当時の研究プロジェクトにおいてロズベリー地区ハイスクールにおける協働による学校経営サイクルを発見したのです。
I．当時、ロズベリー地区ハイスクールに学校審議会はありましたか。
C．はい。
I．それは驚きました。1970年代後半のタスマニア州では学校審議会の存在は例外ですね。
C．そうです。本当に当時のタスマニア州では珍しいことでした。
I．スピンクス先生は学校審議会を設置する裁量を持っていたわけですね。
C．はい。でもタスマニア州の教育省が学校審議会を良いと考えていたかはわかりません。スピンクス以外の人達は、彼の学校の意思決定に対して、地域社会が参加する機会を得ることを懸念していました。1973年に学校審議会を設置した首都直轄区を除くと、スピンクスがオーストラリアにおける学校審議会の先駆者といえます。

〈コールドウェル博士の研究の経緯〉

I．タスマニア州での研究を経て、コールドウェル先生は今も学校に基礎をおいた予算編成に関心を持たれています。もともとはカナダ・アルバータ州における学位論文の作成の頃から学校に基礎をおいた予算編成に関心を持っていたのだと思います。アルバータ州のエドモントン（Edomonton）では長く教育長（superintendent）を勤めたマイケル・ストリムビッツキー（Michael Strembitsky）が、学校に基礎をおいた予算編成の先駆者といわれています。カナダ時代からのコールドウェル先生の研究の軌跡を教えていただきたいです。
C．私が1975年に学位論文作成の研究を開始した時、「集権化と分権化」の問題に関心を持っていました。なぜならこれは当時、オーストラリアで重要な争点でしたから。私は新聞記事を読んで、エドモントンにおける学校に基礎をおいた予算編成の試行を知り、エドモントンの教育財政分権化の研究を開始しました。当時、私は学校に基礎をおいた予算編成は不可能だと思いました。どうやって集権制の教育行政が財政分権化を行うのか、分からなかったのです。
I．それは今の私に似ていますね。どうやって財政分権化を行うのか分かりませんから。
C．そうですね。その新聞記事は小さな記事でしたが、それを読んですぐに私は学校への財務権限委譲の先導的試行について研究することを決意しました。そして私はアメリカにおける文書のレビューを行い、学校への財務権限委譲がアメリカで本格的に行われていなかったことを知りました。いくつかのアメリカの学校では財務権限委譲の例がありました。1970年代前半当時、カリフォルニア州でそのような取り組みがありましたが、それはごくわずかにすぎませんでした。
I．当時は、教育課程ではなく、教育財政の分権化に関心を持っていたのですね。

Ｃ．はい。しかし1981年に私がオーストラリアにもどってから、1980年代にオーストラリアでは学校審議会が設置され始めました。エドモントンでは学校審議会は設置されていませんでした。校長が学校経営の責任を持っています。私はオーストラリアの学校審議会に興味を持ち始めました。さらに、当時のオーストラリアでは、学校に基礎をおいたカリキュラム開発が大変盛んでした。私は学校における財務と教育課程を関係づけて研究を開始しました。当時のオーストラリア、とりわけビクトリア州では、学校は教育課程編成の権限を持っていたけれど財務の権限を持っていませんでした。学校は、財務権限を持たないと、本当の意味で、教育課程を編成・実施することができないと考えました。それで財務と教育課程の関係を強調するようになりました。1983年に連邦政府から研究助成費をもらい、タスマニア州と南オーストラリア州の効果的学校を調査しました。そして特に、効果的学校がいかに予算を編成しているかに関心を持って研究しました。つまり1980年代中葉まで、私は、学校に基礎をおいた予算編成、学校に基礎をおいた教育課程開発、そして学校の効果・成果に関心を持っていたのです。1980年代後半から1990年代にかけて私の関心は広がりました。なぜなら当時、今まで自分が行ってきた研究が、イングランドとニュージーランドで、現実の公立学校経営改革として政策が策定・実施されたからです。それで私は今日まで研究を続けています。

Ｉ．ちょっと確認したいのですが、今エドモントンに学校審議会はありますか。

Ｃ．おそらく今はあると思います。1995年頃設置されたのではないでしょうか。アルバータの地方政府がすべての学校に学校審議会を設置させたと思います。

Ｉ．あとエドモントンの教育長であるストリムビッツキーですが……。

Ｃ．彼は2年前に引退しました。彼は23年間も教育長の地位にありました。彼は北米で最も長い間、教育長を勤めた人物です。今はワシントンで学校改革の仕事をしています。

〈新・協働による学校経営サイクル〉

Ｉ．協働による学校経営サイクルは、『自律的学校経営をリードする』(Leading the Self-Managing School, Falmer, 1992)で、新・協働による学校経営サイクルとして新しくなりました。オリジナル・モデルを越えて、新しくリファインド・モデルを作った理由を聞かせて下さい。ニュージーランドの改革が背景にあると思われますが、説明をお願いします。

Ｃ．オリジナルの協働による学校経営サイクルは毎年の学校経営計画を策定し、展開しようとする1年単位のサイクルです。これは1980年中葉には大切なことでした。当時学校はそのようなサイクルを用いていなかったからです。オリジナル・モデルは、年間の学校経営といえます。しかし1980年代末に、学校に長期の計画が必要なことを気づきました。なぜなら、社会、教育課程において多くの変化が発生し、学校はそれに対応する必要が出てきたからです。学校への期待が増加し、学校はするべきことが増えました。それで長期的視野に立った学校経営が求められたのです。また1980年代後半には政府が学校にアカウンタビリティを求めました。こうした状況の下、学校は3年から5年の学校経営計画を持つことが期待されます。

Ｉ．チャーターのことですか。

C．もともと私達は学校経営計画と呼んでいました。しかし私達は当時ニュージーランドの改革を知りました。そして、私とスピンクスはニュージーランドの改革のコンサルタントになるように依頼を受けました。スピンクスは今もニュージーランドから依頼を受けています。ニュージーランドではチャーターが導入されましたが、それは良いアイデアだと考えました。なぜならチャーターは、計画だけでなく、アカウンタビリティの側面もカバーし、簡潔にまとまっているからです。その結果、私達は自律的学校経営は毎年の学校経営サイクルに加えて、チャーターを持つべきだと考えました。しかし私達はニュージーランドのチャーターを改善することにしました。ニュージーランドのチャーターには2つ問題点があります。1つは頁が長すぎるという点です。2つめは学校がチャーターをうまく使っていない点です。ニュージーランドのチャーターはもっと短くして、成果と関係づけた方が良いのです。

〈オーストラリアとニュージーランドの教育改革〉

C．ところで、『自律的学校経営をリードする』は1992年に出版されましたが、その3か月後にビクトリア州議会選挙が行われました。ケネット政権が発足し、ヘイウォード教育大臣は、「未来の学校」の実施を支援するよう私に依頼しました。そこで私はヘイウォードに『自律的学校経営をリードする』を一冊進呈しました。彼は『自律的学校経営をリードする』をとても入念に読み込みました。これが、『自律的学校経営をリードする』に書かれた内容の多くがビクトリア州で実施された理由です。さらに重要な人物は教育省事務次官のジェフ・スプリング（Geoff Spring）です。彼は行政のトップとして大変経験を積んでいます。彼は強い意思を持った人物で、「未来の学校」を効果的に実施しました。

I．彼はビクトリア州で働いていたのですか。

C．いいえ。北部準州の教育省事務次官でした。北部準州では学校への権限委譲政策をすでに実施していました。

I．ニュージーランドで誰がチャーターを最初に作ったのでしょうか。研究者ですか。

C．ニュージーランドでは、研究者はさほど影響を与えていません。1988年にピコット報告が出ましたが、ブライアン・ピコット（Brian Picot）がチャーターを提案しました。でもピコットがどうやってチャーターというアイデアを得たのかは知りません。その頃、イングランドでもチャーターという言葉が注目されました。でもチャーターはイングランドでは導入されていません。アメリカでもチャータースクールが開校しました。

I．チャーターという言葉は同じでも、その意味は各国で異なりますね。

C．そうですね。オーストラリアにとっては、とくにニュージーランドのチャーターが参考になったと言えるでしょう。つまり私達はチャーターという概念をニュージーランドから学んで使用したわけです。そしてビクトリア州でチャーターを実施する時、私とスピンクスは、校長と学校審議会メンバーの研修に招かれて、チャーターの認可等について、たくさんのことを知りました。

I．ニュージーランドにおける学校への権限委譲の歴史は、オーストラリアのように長くありません。

C．どうでしょうか。20世紀の初頭、ニュージーランドの中等学校にはきわめて強力な学校委員会がありました。そこには保護者も関与しました。しかし今世紀半ば、1950年、1960年、1970年代に学校委員会は影響力を失いました。1970年代に、ニュージーランド政府は学校委員会の権限を昔のようにしようとしました。同時に、オーストラリア首都直轄区では学校審議会が設置されました。当時、ニュージーランド政府は学校委員会の権限を強くしようとしましたが、官僚と教員組合が反対したので、実施されませんでした。以後10〜12年間、デビド・ロンギ（David Lange）政権ができるまで何も改革されませんでした。ロンギは教育大臣を兼任していましたが、影響力のある弁護士でもありました。とくに1970年代に地域社会の力の拡大に関与しました。彼が首相兼教育大臣になった時、かつて失敗した学校委員会を再生するべきだと考えていたようです。

〈自律的学校経営と地方教育行政〉

I．最後の質問は自律的学校経営の理論と政策についてです。私が8月7日に地方教育事務所の職員にお会いした時、彼は「理論的に考えれば、自律的学校経営が完全に実施された時、地方教育事務所は消滅する」と言っていました。これはビクトリア州では可能かも知れませんが、クイーンズランド州や西オーストラリア州ではどうでしょうか。私は7月末日に笹森先生に会いました。笹森先生はちょうどクイーンズランド州での調査を終えたところでした。そしてクイーンズランド州ではたくさんの先住民が住んでおり、多様な教育要求を行政が無視できないことを強調していました。そしてクイーンズランド州も西オーストラリア州も地理的にきわめて広大です。それでも地方教育事務所は消滅すべきでしょうか、それとも存続すべきでしょうか。つまり自律的学校経営と地方教育事務所の関係を聞きたいのです。

C．たしかにビクトリア州の計画では地方教育事務所は消滅することになっていました。しかし今は、地方教育事務所の必要性を認識しています。地方教育事務所は今後も存在するでしょう。今、ビクトリア州の地方教育事務所はかつてのような組織と権限は持たず、中央の教育省の一部局扱いになっています。その意味で、かつてのような地方教育事務所は消滅しました。現在のような地方教育事務所はこれからも残るでしょう。クイーンズランド州と西オーストラリア州については、自律的学校経営と地方教育事務所の並存という構造になると予測できます。例えば、ブリスベーンとパースで自律的学校経営を導入することはきわめて容易です。大きな都市ではおそらく自律的学校経営と地方教育事務所の並存が適切でしょう。しかし遠隔地の学校等では地方教育事務所による運営が必要でしょう。この話題はとても興味深いですね。というのはクイーンズランド州では、かつての労働党政権の教育大臣は自律的学校経営に強く反対していましたが、今の国民党政権は自律的学校経営に関心を持っているからです。それゆえ今後はクイーンズランド州でも教育改革が展開すると思われます。

インタビュー記録（2）　外部評価者の役割（1998年10月27日）

D氏、外部評価者（School Reviewer）
元ビクトリア州教育省学校教育局長（Former Director of Schools, Ministry of Education, Victoria）

〈外部評価者の採用〉
I．まず、外部評価者の採用、契約についてお聞きします。どのような手順で、外部評価者になりましたか。
D．最初、3年毎の学校評価が試行された時、政治的な理由で経営がうまく行っていない学校がありました。私は以前、教育省の管理職であったため、その学校で外部評価をするように頼まれました。そして成功しました。政治的な理由とは校長と組合の関係のことです。そして私はメルボルン大学の外部評価契約者から依頼を受けて、外部評価者になったのです。
I．メルボルン大学の外部評価契約者はあなたに依頼の手紙を送りましたか。
D．はい。
I．それで外部評価者になることを受け入れた。
D．はい。
I．3年毎の学校評価の試行の時、学校評価局が外部評価に関与していましたか。
D．学校評価局は外部評価を運営していました。
I．試行の時も、外部評価者がいたのですね。
D．はい。
I．つまり、あなたが今回外部評価者になったのは2回目ですね。
D．はい。

〈外部評価者から見た外部評価契約者の力量〉
I．外部評価者から見て、10人の外部評価契約者の能力はどうですか。
D．メルボルン大学外部評価実施組織の話しかできません。外部評価契約者は、外部評価実施組織を編制して仕事をします。外部評価実施組織のメンバーは学校に長い間、密接に関わった経験を持つ人たちです。大事なことは外部評価者の専門性です。専門性があると学校は外部評価を信頼します。
I．外部評価契約者の力量について詳しく知りたいです。
D．外部評価契約者は、外部評価実施組織を運営し、学校を理解し、外部評価者を選考し、外部評価者を適切に配置する必要があります。メルボルン大学の外部評価契約者は、外部評価実施組織の運営、学校に対する理解、学校への適切な配置について力量があります。
I．メルボルン大学の外部評価実施組織のメンバーは何人ですか。
D．良く知りませんが、現在は多分12人だと思います。少なくとも10人だと思います。
I．つまり、メルボルン大学の外部評価実施組織構成員の力量は優れている。
D．とても良いと思います。メルボルン大学の外部評価実施組織は教育のことをとても分かっている強力なチームです。

〈外部評価者の労働条件〉
Ⅰ．あなたは、いくつの学校の外部評価を行いますか。
D．去年、1997年には5、6校の学校を評価しました。今年はもっと多くて、年末までに10の学校を評価します。増えた理由は他の外部評価者の健康状態のためですが、ともかく10校です。
Ⅰ．5校から10校という学校数は他の外部評価者にも共通しますか。
D．他の外部評価者のことは知りません。各外部評価者は依頼を受けた数の学校を評価するのです。
Ⅰ．5校から6校、ないし10校と言いましたが、これはそれほど多くないですよね。
D．はい。対応できる数です。
Ⅰ．もし20校あるいは30校の学校を依頼されたら多すぎますか。
D．多すぎます。10校から12校が丁度いいです。1つの学期に2校から3校が適当です。
Ⅰ．1つの学校に2人の外部評価者が担当する場合がありますが、普通は1人と2人どちらですか。
D．1つの学校につき1人です。ただし例外は準備学年から12学年まで、つまり小学校と中等学校が一緒になっている学校です。その場合、1人が小学校の組織、もう1人が中等学校の組織を担当します。実際には、私が中等学校、もう1人が小学校を担当しましたが、両者の協力が大事です。
Ⅰ．Kハイスクールを2人の外部評価者が担当したのはなぜですか。
D．外部評価者は2人も必要ないと思います。私はEカレッジを評価しました。その学校には1600人の生徒がいて、3つのキャンパスがありますが、評価するのには1人で十分でした。学校も評価結果に喜んでいました。
Ⅰ．Kハイスクールの場合は、外部評価契約者が2人の外部評価者が担当すると決定したのですね。
D．はい。
Ⅰ．あなたは2人で外部評価した時、もう1人の外部評価者とそれほど議論しなかったのですか。
D．学校の環境、経営、教育課程については協力しました。
Ⅰ．もし、2人の外部評価者の間で意見が分かれた場合は、もっと議論しなければなりませんか。
D．はい。それは重要な点です。外部評価者だけでなく、2人の校長、学校審議会会長の間での議論が重要です。小学校と中等学校が一緒になっている場合、校長が2人いますから。
Ⅰ．外部評価者の給与を教えてほしいのですが。給与が外部評価者の地位と結びついていると考えたので。
D．いいですよ。メルボルン大学外部評価実施組織の場合、学校段階、学校規模に関わらず、一校につき約2,100ドルです。1つの学校における1回の外部評価につき約2,100ドルです。
Ⅰ．外部評価者の地位についてどう思いますか。校長の地位は高いし、教育省の学

校教育局長は重要な役職です。では外部評価者の職務は良い職業と見なされているのでしょうか。
D．外部評価者の地位はとても重要です。外部評価者が尊敬されていて、教育について経験を持っていて、校長が外部評価者の分析力を信用している時のみに、外部評価は機能します。校長だって尊敬されていないといけません。
Ｉ．現在のところ外部評価者は良い仕事をしているとみなされているのですか。
D．メルボルン大学外部評価実施組織での私の経験では、教育経営について十分な経験を持った人が外部評価者です。
Ｉ．おそらく力量ある外部評価者の確保は、外部評価契約者が外部評価者をどう選考するかにかかっているのでしょう。
D．その通りです。適切な選考が大事です。
Ｉ．さもないと、誰も外部評価者を信用しなくなります。
D．そうですね。

〈外部評価者の住所と学校の距離〉

Ｉ．外部評価者は学校の近隣の地域の居住者ですか。それとも遠方の居住者ですか。
D．メルボルン大学外部評価実施組織はメルボルンの北と北東の街のみを担当します。私は自宅から3キロから25キロ離れた学校の評価を担当します。車で簡単に行ける距離です。
Ｉ．車で1時間以内の距離ですか。
D．最も遠い学校が車で40分の距離です。すべての学校は家に近いです。
Ｉ．家から学校まで近い方が学校の環境を簡単に理解できると思います。
D．そうですね。でも私は、家から遠い学校、州内のどこの学校でも外部評価を行う自信があります。これは財政上の問題でしょう。外部評価者の住居から学校が近い方が交通費、旅費がかかりませんから。それに家から近い方が学校まで行く時間もかからないですね。
Ｉ．日本では都市の人口が多くて、もし外部評価者が学校の近くに住んでいたら、外部評価者はたくさんの情報を集めるので、保護者のプライバシーが破られる等の問題が起こると思うのです。ここではそういう問題はありますか。
D．ありません。
Ｉ．それは人口密度が低いとか街の規模が大きいからですか。
D．そういう理由の他に、外部評価者ではなく、学校が外部評価のためのすべてのデータを収集することがあげられます。私は特定の地域住民から情報を得たりしません。

〈外部評価の観点・基準〉

Ｉ．教育省学校評価局の「学校評価－学校自己評価に対する外部評価のためのガイドライン－」（以下、「外部評価ガイドライン」と略）には、外部評価者の学校自己評価分析の観点・基準として「①学校自己評価がデータに基づいているか。②見過ごされている点はないか。③十分な今後の経営計画指針が示されているか」があげられています。さらに、「①生徒の学力到達度が英語と数学の教育課程政策が期待する水準を越えているか。②生徒の学力到達度が中等教育修了資格試験

の州全体・学校環境別のベンチマークに匹敵しているか。③特定の生徒集団が高い学力達成度を示している領域は何か。④生徒の中等教育修了資格試験の結果はどうか。⑤教員の教材資料と生徒の時間割はどうなっているか。⑥保護者は学校の教育課程の質をどのように捉えているか。⑦保護者は成績評価報告の質についてどのように捉えているか。⑧学校の学習環境は安全で、魅力的か。⑨学校の組織は健康か。⑩チャーターの重点領域は達成されたか。⑪学校の期待に適う経営成果が得られたか。⑫重点領域は次のチャーターに継続される必要があるか」という視点が示されています。あなたが行った外部評価の実際はこの通りと考えてよいですか。

D．いいと思います。もし、この観点にそって評価すれば、重要な評価領域をカバーして、それが外部評価報告書つながるでしょう。私は「①生徒の学力到達度が英語と数学の教育課程政策が期待する水準を越えているか」という観点からの分析に2～3時間かかります。これは私が学校に行く前の分析です。学校におけるこの点の議論が9時から11時までかかります。つまり1つの評価の観点は大きな広がり、含蓄を持っているのです。州のベンチマークとの比較、学校群ベンチマーク、学力調査の結果、チャーターの目標、ある生徒集団の学力が例えば1学年の時と2学年の時でどう変化したかを分析します。学校周辺の人口動態の変化も考慮に入れます。

〈外部評価会議までの過程〉

I．学校での外部評価会議に参加する前に、あなたは学校経営の文書、教育課程政策等を集めて、自宅で分析しますね。

D．はい。

I．そして外部評価会議で発表するためのレジュメを作りますか。

D．はい。私は、まずチャーターを分析します。2つの学校年次報告および学校自己評価を分析します。そして会議で私自身が学校の人に聞きたい質問を明確にします。学校に行く前には外部評価報告書の原稿を作りません。

I．外部評価会議は校長と議論をする最初の機会ですか。

D．2回目といっていいでしょう。ある中等学校では、学校経営の文書を入手した後に、外部評価会議の前に、ある日の午前中、学校に行きました。

I．その時何をしましたか。

D．学校の組織、土地、建物、生徒の構成を知るために行きました。予備的な訪問です。学校の雰囲気、組織、設備をまず知った方が仕事を進めるのに良いからです。

I．校長に会いましたか。

D．校長、学校審議会会長、教務主任に会いました。教務主任は教頭が兼任していました。

I．そして議論をしましたね。短い議論ですか。

D．午前中ずっと行いました。これは重要です。なぜなら校長等学校の人々に初めて会う機会ですし、この予備的な訪問をしておいたおかげで、外部評価会議を1日で終えることができました。

I．つまり、最初の訪問では、事前に学校に対する質問を準備しないで議論した

D．はい。
I．その後、一度目の学校訪問の時の経験を生かして学校経営の文書を分析し、質問を作成した。そして二度目の訪問では外部評価会議に参加した。
D．その通りです。ただし小規模校の場合は予備訪問の必要はありません。一度しか学校を訪問しません。
I．その一度とは、外部評価会議ですか。
D．そうです。もし300人の生徒が在学している小学校の場合、予備訪問がなくても外部評価会議を1日で終えられます。小規模校では特別な事態はありません。だから学校経営の文書が十分なデータとなります。
I．それに、その小学校のことを全く知らなかったわけではないでしょう。
D．そうですね。

〈授業視察の有無〉
I．2回学校訪問した場合、1回目の訪問の時に教室に立ち寄って授業を見ましたか。
D．校長と学校の中を歩いて、いくつかの教室に立ち寄って教員や生徒と話したことはあります。しかし私は一度も授業に介入したことはありません。これは重要な点です。私は生徒や教員と会う機会を持っただけです。
I．あなたは授業を視察しなかったのですね。
D．一度も視察しませんでした。
I．これは論点だと思います。授業を見ることは大事だという考えもあります。しかし一方、もし外部評価者が授業を視察したら、教員は外部評価を恐れるかもしれません。オーストラリアが1960年代に行っていた視学制度（inspectoral system）のように。
D．本当にそうですね。一度の授業視察では全体を見られません。一度の授業視察で結論は出せません。外部評価の目的は授業視察制度の導入ではありません。授業を外部評価のデータの一部としたことは一度もありません。
I．もし外部評価者が授業を視察したら、教育省学校評価局が学校を過度に管理していると考えますか。
D．それは管理しすぎです。これは役割の妥当性の問題です。つまり、はっきり言えば、授業の改善は校長の役割です。特定の教員の授業を視察して判定を下すことは、外部評価者の役割ではありません。外部評価者は学校全体の達成度について具体的なコメントをしますが、授業の評価は別のことです。そして、外部評価では、州の政策を考慮して、学校を評価します。これは責任の配分の問題です。校長の責任、学校審議会の責任は異なります。もし学校審議会会長が授業を視察したら、教員は嫌がります。授業効果の問題は、学校審議会会長の責任ではありません。校長、教頭、学年主任の責任です。さらに外部評価のデータが学校によって提供されたものだけであることも重要です。外部評価者は自分でデータを付け加えないのです。
I．つまり外部評価者は学校経営を尊重しているのですね。
D．とても尊重しています。外部評価の手順では、学校審議会、校長の役割を重視しているのです。ビクトリア州の学校経営の歴史を125年前まで振り返れば、最

初は学校が方針を決定できると考えられていました。今、学校には学校審議会があって、方針を本当に決定できます。そして外部評価は経営の資源と成果の妥当性を確認するのです。

〈外部評価会議の実際〉

I．「外部評価ガイドライン」に「外部評価会議を開催する。会議は学校のパネル（校長、教頭、学校審議会会長、教務主任）と外部評価者が、9時から3時30分まで継続して開かれる」とありますが、これと似たような時間に会議をしましたか。

D．はい。とても似ています。

I．そして「ここで、両者は学校自己評価を評価する。助言の原案の言葉づかいも含めて議論する」と書いてあります。実際は、外部評価者と学校のパネル、つまり校長、教頭、学校審議会会長、教務主任はどんなトピックの議論をしたのですか。校長、教員、保護者との意見の違いをどのように議論して同意を得たのか、実例をあげて教えてほしいのですが。

D．外部評価会議では、生徒の学習達成度、教育課程、環境、経営、財務について議論し、次の3年間での重点領域を決めます。すべての学校でこれらの点は議論の対象になります。各学校で、あるトピックの議論が展開します。例えば、ある学校では経営の議論が展開しました。教員のモラール調査の結果が悪かったからです。州全体のベンチマークよりずっと低かったのです。午後にたくさんの時間を使って、この問題に対処するかを議論しました。学校パネルも教員のモラールが低いことを認識していて、どうにかしたいと考えていました。

I．学校の教員のモラール向上のために、どんな勧告をしましたか。

D．全体的にモラールが低くかったとしても、その原因を特定することはできます。学校外部の研修の専門家に依頼して、校内研修を実施するように勧告しました。他の学校の例では、数学の学力達成がとても高かったけど、英語の学力が州全体のベンチマークに比べてとても低かったのです。そこで英語についてたくさんの時間を使って議論して、新しいチャーターにおける対応策を決めました。つまり、議論の内容は学校によって異なります。

I．会議での議論で意見の相違があった時、どういうふうに同意を取りましたか。

D．会議ですべての参加者は発言できます。チャーターの重点領域について同意をとります。学校経営計画についても議論します。

I．外部評価会議で同意をとるのに困難を感じたことはありますか。

D．ありません。

I．新しいチャーター、外部評価報告書に向けての建設的な議論だったのですか。

D．どの学校でも同意を取るのに困難を感じたことはありません。協力、議論、交渉が行われました。

I．おそらく、外部評価者の態度が重要だと思いますが。

D．はい。それから学校が問題点を真摯に認識するというレディネスが必要です。外部評価とは、学校が自己評価で認識していることに価値を加えることです。「自己評価のこれらの点は良いですね、さらに、これを付け加えたらどうですか」と

提案します。
〈教育課程政策とベンチマーク〉
I．外部評価で教育課程政策とベンチマークのどちらを使うのですか。英語と数学では、教育課程政策とベンチマークの両方が、行政の期待する水準を示しています。学力水準に関する2つの政策文書があって、どのように両者を使っているのかを知りたいのです。
D．いい質問です。私はいつも両者を使います。私は生徒の学力到達度を、ベンチマークおよび学校群ベンチマークと比較します。そして到達度がどうなっているかを学校に教えます。教育課程政策も使用します。教育課程政策で期待される学力水準に対して、生徒の学力がどうなっているかを伝えます。両方大事です。
I．つまり、教育課程政策を使って、州の政策が期待する水準との関係を分析する。ベンチマークと学校群ベンチマークを使って、実態にもとづく学力水準との関係を分析する。
D．学校群ベンチマークはとても重要です。
I．独自の制度です。
D．学校は学校群ベンチマークをとても気に入っています。ある学校が社会経済的に不利な状況でなかった場合、そういう学校のグループの到達度がどうなっているのか、これを認識してから議論が可能になります。
I．学校経営ベンチマークに学校群ベンチマークがありますか。
D．ないと思います。学校経営ベンチマークは教員と学校組織のためのものです。学校群ベンチマークは生徒の学力についてのみです。学校経営ベンチマークに学校群ベンチマークは必要ありません。
I．なぜでしょうか。
D．教員は専門職なので、学校の地域、規模、生徒数に関わらず専門性を遂行する必要があるからです。
〈外部評価報告書原案の作成〉
I．外部評価会議では、あなたは質問を準備しただけで、外部評価報告書の原案は作成していませんでしたよね。
D．はい。外部評価会議が終わった後で、私は自宅で翌日に外部評価報告書の原案を作成しました。
I．「外部評価ガイドライン」によると、外部評価会議が終わった後できるだけ早く、外部評価者は原案を作成するとあります。
D．そう。できるだけ早くです。外部評価会議の終わったその日の夜に作成を始めることもしばしばで、翌日にはすべての作成を終えます。会議の実際を良く覚えているうちに作成するのです。そして学校に原案を送ります。
I．郵送で。
D．はい。郵送します。私は外部評価会議の最後にいつも、2〜3日以内に学校に原案を郵送することを約束します。そしてすべての学校パネルのメンバーに、原案を読む機会を与えます。そして原案に対する修正意見を受け付けます。
I．つまりあなたは、電子メールや手紙で、パネルの各メンバーから意見を受け取る。

D．はい。しかし普通、原案に対する修正意見は、ほとんどありません。

〈外部評価報告書原案の学校審議会への提出〉

Ｉ．外部評価会議が終わった後で、あなたは原案を作成して、学校に郵送し、そして学校からの意見を受け付ける。その後、外部評価報告書原案を学校審議会に提出しますね。

D．はい。

Ｉ．学校審議会に原案を提出する時、外部評価会議のように長い議論をしますか。

D．いいえ。学校審議会では原案の修正意見は出ません。

Ｉ．それは学校審議会会長が外部評価会議に参加しているからですか。

D．私が評価した学校では、原案の質を高めるための意見が出ました。しかし原案の修正意見は出ません。

Ｉ．原案に関してどのくらいの長さの議論を学校審議会でしましたか。

D．平均すると１時間です。

〈外部評価報告書への署名〉

Ｉ．学校審議会への訪問の後、「外部評価者は外部評価報告書の原稿を、校長と協議の上、作成する」と「外部評価ガイドライン」にあります。

D．その必要はありません。なぜなら学校審議会でトータルな同意を得られるからです。

Ｉ．「外部評価ガイドライン」で言っていることと、ここは違いますね。

D．「外部評価ガイドライン」で言っているのは、もし、学校審議会の会議で問題が発生すれば、その後、外部評価報告書の原稿について、校長と協議するという意味です。学校審議会で同意を得ればそれは必要ないわけで、問題が起きたときのための対応策です。

Ｉ．外部評価報告書の完成版には、外部評価者、校長、学校審議会会長が署名するのですか。

D．そうです。学校審議会での原案に関する議論が終わった後に署名します。

〈外部評価者に対する研修〉

Ｉ．外部評価者に対する研修は、1997年１月に学校評価局が実施した３日間の研修だけですか。

D．私は１日しか参加しませんでした。研修は３日間の開催でしょうが、各外部評価者は１日の参加だと思います。

Ｉ．研修の内容は、セミナー、事例研究、アカウンタビリティ政策の説明、教育課程政策の説明と言われています。

D．そうです。学力調査における読解について最近の政策の変化があったので、その説明もありました。

Ｉ．１日の研修でも十分でしたか。

D．はい。外部評価者は教育経営に関する経験を持っていますから。最新の教育政策を知ることに研修の意義がありました。

〈外部評価者の力量〉

Ｉ．外部評価者の力量は十分でしょうか。ビクトリア州会計検査院の報告書による

と、90％の校長が外部評価者の評価に満足しています。ただし全体の 4 分の 1 の校長は、外部評価者に改善の余地があるとしています。すなわち、自己の役割を自覚してほしい、評価技能を獲得してほしい、人間関係形成・意思疎通能力をもってほしい、もっと学校自己評価に対して厳格に評価してほしい。また 3％の校長は、外部評価者に、建設的なコメントを述べる能力をもってほしい、統計分析能力が欠如しているという不満を持っています。一方、教頭、学校審議会会長、教務主任は、76％が外部評価者の評価に対して肯定的です。ただしそのうち 12％は、外部評価者に発表能力、意思疎通能力の欠如があると不満を持っています。そして 24％は、教育方法・実践にたいして注意が払われていない、学校現場を経験していない、学校環境を理解していないとの不満を持っています。これは外部評価契約者に聞くべき質問でしょうが、校長よりも、教頭、学校審議会会長、教務主任の方が不満を持っているのはなぜでしょうか。

D．これは興味深いですね。おそらく校長の方が学校パネルの構成員よりも、外部評価の過程に密接に関わっているからだと思います。

〈外部評価の本質〉

I．会計検査院の報告書によると、少数の校長ですが、自己評価によってどうすべきかもうわかっているから外部評価は必要ないとの意見もあります。

D．それに対して意見を述べたいと思います。第一に、たとえ外部評価によって学校自己評価の内容に変化がなかったとしても、学校が外部の人の意見を聞いて確認する機会を持つことは重要です。

I．それが、3 年毎の学校評価における外部評価を verification と呼ぶ理由なのですね。

D．まさにそうです。教育省は学校評価において学校の独立性を尊重します。学校が良い経営している場合でも、教育省がそれをチェックすることが大事です。一方、学校経営が良くない時、外部評価は、学校自己評価を十分改善し、評価の結果を妥当なものにします。このように学校評価は展開していくのです。

I．そして外部評価会議に、その会議が外部評価会議という名称であるにもかかわらず、外部評価者だけでなく、学校パネル、つまり校長、教頭、学校審議会会長、教務主任が参加していることが興味深いですね。外部評価者と学校パネルが、協力する体制になっています。

D．外部評価が必要ないと考える人が出てくるのは、あり得ることです。学校は自己評価をすでに行っていますから。しかし、外部評価は自己評価結果に自信を与えるという意義があります。

I．1991 年に首都直轄区で学校評価が導入されました。首都直轄区では、校長、教員代表、保護者代表、学校支援センター所長が学校評価を運営し、教育省の教育課程課長も関与しました。とても手間がかかり、中等学校では教員が疲れました。行政と学校の協力を目指した首都直轄区の学校評価は複雑でした。これと比べてビクトリア州の今の制度は興味深いです。

D．ビクトリア州でも、学校評価のために資料、文書をそろえることは学校にとって時間のかかることです。これは見過ごされない点です。

I．大きく見れば、現在のオーストラリアの学校評価は、1990 年頃の首都直轄区、

南オーストラリア州、ビクトリア州の学校評価と比較して、成長していると考えてもいいでしょうか。
D．進化していると言えます。
I．それで、外部評価者と学校の関係の性質を表現するとしたら、control、colleague、assistance、support のどれでしょうか。
D．verification が最も良い言葉です。学校が責任を持ちデータを集める。学校が中心です。
I．外部評価者の役割は verify なのですね。
D．その通りです。外部評価者は外部の人ですが、文書を読んで確認し、説明を要請します。議論、交渉の過程で確認、援助します。
I．つまり control は妥当ではない表現ですね。colleague は校長、教員、学校審議会会長の間の関係だから不適切です。
D．そうですね。外部評価者は colleague ではありません。
I．support はどうでしょうか。
D．support は適切な言葉です。分析と外部評価の過程を通して support する。assistance も support です。外部評価による support です。

〈外部評価報告書の運用〉

I．外部評価報告書は新しいチャーター作成に活用します。他の使い方がありますか。
D．外部評価報告書はとても有用な公的文書です。学校は保護者と地域社会に対して外部評価報告書を使って説明できます。次のチャーターに使うだけでなく、前のチャーターについて説明する時にも有効です。
I．教育省にとっては有用ですか。
D．教育省、教育政策にも有用です。学校自己評価および学校群ベンチマークにおいて、男子の学力が女子より低いことは興味深いです。このようなことは今後の教育政策に参考になるでしょう。
I．外部評価について、他に私が知っておくべき点がありますか。
D．学校年次報告とベンチマークが重要な点です。ベンチマークはもっと多くの教科で必要です。

資料：インタビュー記録　281

インタビュー記録（3）アカウンタビリティに関する地方教育事務所の役割（1998年10月29日）

K氏、ビクトリア州教育省北部地方教育事務所アカウンタビリティ主事
　　　　（Accountability Officer, Northern Metropolitan Region, Department of Education, Victoria）
J氏、ビクトリア州教育省北部地方教育事務所地方校長コンサルタント
　　　　　　　　　　　　　　　　　　　　　　　　（Regional Principal Consultant）
V氏、ビクトリア州教育省北部地方教育事務所地方校長コンサルタント

〈地方教育事務所の組織〉

K．まず、この地方教育事務所の組織を説明します。所長、副所長、そして4人の地方校長コンサルタントがいます。

I．地区連絡主事から地方校長コンサルタントに名称が変わったのですか。

K．名称が変わって役割も変わりました。校長と関係を持ち、支援する役割、そしてこの地方教育事務所におけるチームリーダーの役割です。

I．教育行政は誰が担当していますか。

K．教育行政という呼び方ではなく、次のような重要な領域があります。計画、アカウンタビリティ、ここではアカウンタビリティと改善と呼び広い意味を持たせています。そしてリソース、運営です。校長の支援について4つのチームがあり、地方校長コンサルタントがそれぞれのチームリーダーです。

I．後で住所録をいただけますか。

K．はい。メルボルンの旧北西地方はメルボルン北部地方と西部地方に分かれました。

I．リソースは学校包括予算のことですか。

J．これは設備、建築のことです。

K．あと運動場。

I．administrative staff は。

J．事務官です。電話、タイピング等の仕事をします。

〈地方教育行政の再編〉

I．最初に、地方の規模の再編について質問します。メルボルンの旧北西地方は北部地方に変わりました。いつ、なぜ、変えたのか、変えたことによるメリットは何かを聞きたいのです。

J．再編は1997年に実施されました。その理由は2〜3あります。まず厚生省（Department of Human Services）の行政単位に合わせたことです。その理由は、教育省と厚生省は生徒と家庭に対する援助について密接に関係しているからです。これらの省は全く同じ地方行政単位を設けています。厚生省は州の保健・福祉行政に携わる省です。2つめの理由は、自律的学校経営を援助するにあたって前の地方教育行政単位が広すぎて、管轄する学校が多すぎたことです。一方、旧制度における地区は狭すぎました。前の地区連絡主事は約30の学校を担当していました。しかし、それでは学校が少なすぎて地区の機能を果たせませんでした。

V．メルボルン北部地方には228の学校があり、西部地方には132の学校がありま

す。1つの地方の学校が300校以上だと所長がすべての学校を把握できません。
J．3つめの理由は中央教育行政との関係です。1996年には地方教育事務所の所長はこの事務所の仕事だけをしていました。しかし、再編の後、メルボルンの4つの地方の所長は、中央教育行政の仕事もするようになりました。この事務所の所長は中央教育省の部局長扱いです。つまり厚生省の行政単位に合わせただけではなく、教育行政運営上の都合があったのです。
I．地方校長コンサルタントは何人ですか。
J．地方校長コンサルタントは最初8人で、後に4人になりました。
I．1人の地方校長コンサルタントはいくつの学校を担当していますか。
J．50の学校を担当しています。

〈通学区域〉
I．ビクトリア州では通学区域は存在していなくて、保護者が学校を選択できます。ですが、いくつかの学校は人気が高くてたくさんの生徒が入学を希望するので、通学区域を設けていると聞きました。例えばUハイスクールがそうです。
J．実際にはそれらの学校も、道路に線を引いて通学区域を設定しているわけではありません。学校は教室と設備に見合う収容可能な生徒数を決めて、生徒を受け入れます。どのように生徒を受け入れるかは学校の入学規定しだいです。
V．行政が定めた入学の指針はあります。これは学校がどのように生徒を選ぶかの指針です。「未来の学校」のリファレンス・ガイドに指針が示してあります。
I．Uハイスクールでは通学区域ではなくて、入学規定を設けているのですね。
J．はい。その学校は、7学年の収容人数が156人です。そのため300人の入学申し込みが合ったとしても、156人しか受け入れられません。

〈自律的学校経営と生徒の学力向上〉
I．「未来の学校」の自律的学校経営と生徒の学力向上、学校財政運営の効率の関係について質問します。メルボルン大学の博士課程の学生の中には自律的学校経営が生徒の学力向上に結びついているかどうか確かめようとした人もいます。自律的学校経営が生徒の学力向上に本当に貢献したかどうかについて意見を聞きたいのですか。それは学校次第と考えたほうがよいのですか。
K．「未来の学校」では学校はチャーターを持たねばなりません。チャーターは3年間の学校経営計画を示します。その計画では、目標、重点を設定し、生徒の学力に焦点づけることが期待されています。学校包括予算も生徒の学力を向上するために編成されます。目標と重点の設定は、予算に裏づけられ、生徒の学力と関係づけられています。
I．その仕組みは知っています。
K．証拠があるかどうか聞いているのですか。
I．はい。もしくはあなたの意見を伺いたいのです。「未来の学校」は生徒の学力向上に大きな効果があるのでしょうか。
K．アカウンタビリティ政策ができたことがメリットです。
I．そこに効果があった。
K．政策的には大きな改善です。学力調査の手法を開発するには時間がかかります。

まだ時間がたってないので、学力向上に関する適切なデータは得られません。教育行政による学力調査の実施は道半ばです。

〈アカウンタビリティ主事と他の職員との連携〉
Ｉ．アカウンタビリティ主事と他の職員との連携についてです。教育省や他の地方教育事務所の職員との会議に参加しますか。
Ｋ．教育省学校評価局、教育省の人事担当者、他の地方教育事務所の職員と会議を定期的に開催します。

〈教育行政による支援体制〉
Ｉ．ビクトリア州会計検査院の報告書によると50％の校長が3年毎の学校評価の実施にあたって、教育省学校評価局からの支援が少ないと考えています。これについてどう思いますか。あるいは、どのように解決したら良いと考えますか。
Ｋ．支援と言う時に、教育行政のどの組織による支援を意味しているのでしょうか。それぞれの部署で支援の中身が異なるでしょう。教育省学校評価局は政策を策定しますが、学校に対する支援に直接携わっていません。支援は地方教育事務所の仕事です。そしてどの分野の支援が必要とされているのか、それを明確にする必要があるでしょう。教育省学校評価局は学校評価の実施を支援しようとしています。例えば、経営情報システムというコンピューター・ソフトウエアは、最初に学校がチャーターを作成した時には開発されていませんでした。でも今は開発されており、学校は活用できます。このように学校に対する支援は改善されています。そして、どんな支援がなぜ必要かが問われます。これは学校によって異なると思います。自律的学校経営を実現している学校、そうとは言い難い学校があります。学校内の経営資源を活用しようとしないで、外部の支援を求める学校もあります。だから、この質問に答えるのは難しいです。

〈チャーターの作成〉
Ｉ．教育省学校評価局のホームページには「学校はチャーターの原案を作る際、地方教育事務所と連携する。これによって、新しいチャーターに3年毎の学校評価の結果が組み込まれること、そして学校と教育省が同意できることを担保する」と書かれています。具体的に、原案作成の段階で、どんなやり取りを学校とするのですか。
Ｋ．この地方教育事務所は、学校にチャーターの原案を提出するように求めます。学校はチャーターを地方教育事務所に郵送します。私たちは「チャーターの作成」（Developing a School Charter）というガイドラインを参照して、ガイドラインとチャーターの原案が整合しているかどうかを確かめます。さらに、外部評価報告書に記載されている勧告を読み、その勧告がチャーターに組み込まれているかを確かめます。
Ｉ．それは、この事務所で行うのですか。
Ｋ．はい。それがこの事務所の機能です。チームを編制して実施します。学校の外部環境も考えて、ガイドラインとチャーターの原案が整合していない時、あるいは外部評価報告書の勧告がチャーターに組み込まれていない時、校長と話し合います。

I．あなたは学校を訪問しますか。それとも電子メールや電話で校長と連絡するのですか。

K．大抵は電話やファクスです。学校が大きな間違いをしている時は、学校を訪問しますが、そのようなケースは多くはないです。小さな問題は電話ですませようとします。例えば、学校目標の設定についてガイドラインの趣旨を理解していなかったとしたら、あるいはガイドラインとチャーターの整合性がとれていなかったら、実際に学校に行って、校長、教頭、主任教員、チャーター作成に関わった他の教員に会って、誤解を解きます。チャーターにおける言葉使いや文章表現上の問題なら電話かファクスで済ませます。

I．チャーターの作成を支援するために何回、学校に行きましたか。

K．100校のチャーターを見るとして、約20の学校を訪問しました。それは去年の1月から通算した数です。

I．チャーターが原案の段階で十分でないと判断する場合、チャーターのどの点に問題があるのでしょうか。教育課程目標ですか。

K．学校訪問が必要になる問題は主に2つです。1つは目標の設定、もう1つは外部評価報告書の活用です。外部評価報告書の勧告がチャーターに組み込まれていない学校があります。目標については、目標、重点領域、目標達成・評価方法の意味をきちんと理解しているかが問われます。実施目標と領域を示していても、それを実現する手段を示していないことがあるのです。そういう場合は、チャーターの目標に一度もどってから、どうやって実現するのかを考えることになります。

I．学校財務の評価は会計検査官の役割ですか。

J．はい。

〈チャーターの署名〉

I．チャーターの教育行政代表の署名は、実際には事務次官ではなくて地方教育事務所長が行うのですか。アカウンタビリティ主事が署名を代行することはありますか。

K．アカウンタビリティ主事は署名をしません。学校教育局長の代わりに地方教育事務所長が署名をします。ただし学校教育局長は少数の学校を訪問して、チャーターに署名します。このことを通して、学校教育局長は学校の状況を把握します。訪問するのは4つか5つの学校だと思います。

J．こうして彼は学校の状況を知るのです。

K．でも事務次官は学校に行きません。事務次官の役割は教育行政全般の運営ですから。

J．学校教育局長は事例校を訪問します。

I．問題のある特定の学校ではなくて、事例校を訪問するのですね。

J．はい。

I．地方教育事務所長は学校を訪問してチャーターに署名するのですか。それとも地方教育事務所で署名しますか。

J．大抵は、地方教育事務所で署名します。

Ｉ．学校はチャーターを地方教育事務所に郵送するのですか。
Ｋ．はい。公式に集まってチャーターに署名することもあります。でも、そのようなことは稀です。
Ｉ．アカウンタビリティ主事は、地方教育事務所長に情報や助言を与えますか。
Ｋ．アカウンタビリティ主事は、地方校長コンサルタントに助言を与えます。地方校長コンサルタントが地方教育事務所長と話します。
Ｉ．そこで、署名する前に情報交換や議論を行うのですね。
Ｊ．Ｋ．はい。
Ｉ．アカウンタビリティ主事がアカウンタビリティ政策を地方で実施し、地方校長コンサルタントが実際に学校と協議するのですね。
Ｋ．ただし、チャーターに問題がある時、アカウンタビリティ主事は、地方校長コンサルタントと協議し、その後、学校を訪問する場合もあります。

〈学校評価結果の活用〉
Ｉ．学校はチャーターと学校年次報告を地方教育事務所に郵送します。また、学校は外部評価報告書を教育省経由で地方教育事務所に提出します。提出された文書を、どのように活用しているのですか。保管するだけですか。
Ｋ．学校年次報告は教育省経由で地方教育事務所に提出されます。地方教育事務所は、学校年次報告を読んで、その内容がガイドラインに沿っているかを確かめます。地方校長コンサルタントも学校年次報告を読んで、学校で何が起こっているかを知るのです。外部評価報告書も同じように使用されます。とくに地方校長コンサルタントの実務に役立ちます。そして校長の経営業績評価の資料にもなります。なぜなら、これらの文書は各校長の経営業績を示していますから。かつて、以前の学校年次報告は読み返されませんでした。今は、以前の学校年次報告は重要な文書です。

〈3年毎の学校評価〉
Ｉ．3年毎の学校評価における地方教育事務所の役割は、学校自己評価の実施を支援すること等です。実際には地方校長コンサルタントが学校を支援すると思います。具体的に例をあげてどのように支援するのか教えてください。
Ｖ．それは学校がどんな成果を得ようとするかによって異なります。学校が学校自己評価を実施する前に、地方校長コンサルタントは研修を開催します。その後、学校は外部評価を受けます。地方校長コンサルタントは、外部評価報告書を読んで課題を分析します。校長と課題について話し合い、新しいチャーターにもとづいて、どのように学校を経営するのか議論する場合もあります。外部評価報告書が学校経営に懸念を示していれば、学校に電話して、学校を訪問します。そして校長と議論して、学校経営の計画とアイデアを示し、学校を改善できるように支援します。
Ｊ．この18ヶ月の間に、3年毎の学校評価において、学校を支援する私たちの取り組みは良くなりました。学校は自分の学校の範囲で考えているので、私たちは学校の外側から支援するのです。
Ｉ．校長はどういう場合に困難を感じて、地方校長コンサルタントの支援を求める

のか、例を教えてください。
J．教育課程の場合、校長は、地方校長コンサルタントではなく、教育課程コンサルタントに支援を依頼します。でも教育課程、研修等、全体的なことについては、地方校長コンサルタントが関与します。
I．小学校と中等学校で地方校長コンサルタントの役割に違いはありますか。
J．それぞれ学校規模、教員の数は違うけれど、地方校長コンサルタントの役割に大きな違いはありません。
I．「外部評価ガイドライン」には「外部評価で同意された勧告は、新しいチャーターに組み込まれなければならない」とあります。「ただしそれは最小要件である」と教育省学校評価局のホームページに書かれています。ここで、最小限とはどういう意味ですか。
J．勧告のすべてはチャーターに組み込まれる必要があります。ただし、その勧告は最小要件であって、学校はそれを越えて経営計画を策定できます。例えば外部評価の勧告が準備学年と1学年の識字の改善を指示していたとしても、学校は、その指示を越えて準備学年から6学年の識字改善計画を立てられます。

〈地方校長コンサルタントからの支援〉

I．会計検査院の報告書によると、82％の校長は地方校長コンサルタントからの支援が十分ではないと考えています。この意見について、どのように考えますか。
J．会計検査院の報告書は1997年までの調査にもとづいています。その時は地方校長コンサルタントが仕事を始めたばかりで、学校と学校評価について連絡を取り合っていませんでした。タイミングが悪かったので、会計検査院の報告書はそういう分析をしたのでしょう。
K．地区連絡主事と地方校長コンサルタントの役割も違います
I．地区連絡主事は地方校長コンサルタントに……。
J．1997年の最初に変わりました。
K．それぞれ役割が違います。地区連絡主事は地区を基盤として、地区に事務所を持っていました。地方校長コンサルタントは群（cluster）を持っています。
J．地方校長コンサルタントは群に事務所を持たずに、ここに机を持っています。地区連絡主事は学校と密接に関わりました。なぜなら学校が最初のチャーターを作成しましたから。すべての学校にとってチャーターは新しいことだったので、地区連絡主事はその作成を支援しました。しかし、2回目のチャーター作成の時は、学校はチャーターが何なのかを理解しているはずなので、密接な支援は必要ありません。
I．地区と群の違いは何ですか。
J．1つの地区は20から40の学校がありました。1つの群には50校が配置されています。群は地理的な規模によって分けています。

〈達成度が低い学校〉

I．メルボルン大学のピーター・ヒル（Peter Hill）教授の論文と会計検査院の報告書が同じことを指摘していて興味深かったのです。半数あるいは一部の学校が、政策の期待する学力レベルに達していない。それゆえ教育課程政策、ベンチマー

クを基準として、達成度が低い学校に対して、計画的に支援を行う必要があるという指摘です。むろん学校の地域特性も生徒の学力に関係しています。しかしながら、達成度が低い学校に対して計画的に支援する新しい仕組みが必要だと考えているようです。

K．それは私たちの間でも課題になっていることです。教育省学校評価局は学校の外部評価報告書を集めてから、地方教育事務所に送ります。学校評価局は、いくつかの学校において、ある領域の成果が良くないことを懸念し、指摘しています。地方教育事務所は、このような学校をどのように支援すればよいか考えています。現在のところ、学校ごとに対応するべきだという結論に達しました。この問題についてすべての学校を包括して取り組むことはできません。今後は、学校を支援する計画を開発し、地方校長コンサルタントが校長を支援するでしょう。これは学校の事情によって異なります。新しいチャーターを作成し、そのチャーターをもとに生徒の学力を測定すること、教育課程コンサルタント等に支援を促すこと、校長や主任教員に「リーダーシップと経営」の研修に参加させること等、様々な方法があります。授業過程よりも経営に問題がある時は、このような研修が有効です。つまり、画一的な学校支援計画ではなく、各学校の状況に応じた支援計画を策定しようとしています。例えば、ある中等学校の残留率（retention rate）の問題は小学校の問題と異なります。それで異なるアプローチをとるのです。

I．これについて他の意見がありますか。

J．V．ありません。同じ意見です。

〈経営業績評価〉

I．経営業績評価についてですが、まず、経営業績評価の他に、地方教育事務所が関与している人事の職務があるか知りたいのですが。

J．ありません。たしかに教員人事、生徒、保護者、メディア、学校経営計画について、私たちは学校を支援します。しかし、私たちが学校経営に直接関与するのは校長が病気になった時だけです。地方教育事務所が関与する人事の職務は、校長に対する経営業績評価だけです。

I．地方教育事務所は、校長の経営業績評価の自己評価結果を分析します。では、誰が経営業績評価の最終決定を下すのですか。地方教育事務所長ですか。

J．地方教育事務所長が最終的な決定をします。経営業績評価は3つの段階があります。第一に、地方校長コンサルタントが学校に行って、校長と業績計画の内容について交渉します。今年から地方教育事務所長に代わって地方校長コンサルタントがその職務を担います。年度の中間に校長と会って、経営業績計画がどのように進んでいるか聞きます。年度末には校長が自己評価をします。自己評価が終わったら、地方校長コンサルタントが校長に会って自己評価結果を聞きます。もし問題点があれば、この事務所で他の地方校長コンサルタントと議論します。基本的には地方校長コンサルタントが、地方教育事務所長の最終決定に対する勧告をします。そして署名をします。

I．校長が経営業績評価の結果に不満な時は、メリット保護委員会（Merit Protection Board）に提訴できますが、そういう事例はありますか。

J．ありません。1997年はそういう事例はありません。教育省に対する提訴はいくつかあっても地方教育事務所長に対する提訴はありません。1996年は6件ありました。
I．小学校校長会、中等学校校長会、教育省、メルボルン大学が共同で行った校長の意識調査によると経営業績評価に不満を持っている校長が多いです。その理由は、評価プロセスに時間がかかりすぎることです。経営業績評価に関する校長の評判がよくないのはなぜですか。地方教育事務所の立場から、校長の意識についてどのように考えますか。
J．校長の意識調査は、1996年までの経営業績評価を扱っています。以前は、校長が自己評価する時、自己評価に対するすべての証拠をそろえなければなりませんでした。そして、2人の他の校長が証拠を確認して、その後、地方教育事務所に提出するという手順でした。今、それは廃止されました。
I．どのように変わりましたか。
J．地方校長コンサルタントが学校を訪問して、校長に会って自己評価の証拠を確かめます。でも中間評価で証拠を確認していれば、その部分の確認はしません。ただし校長が追加評価に申し込む時は、すべての証拠が必要です。
I．手順がシンプルになったのですね。
J．私たちはそう思います。1999年の4月までに経営業績評価の仕組みが改善されたことを知ってほしいと思います。

インタビュー記録（4）　自律的学校経営（1999年2月23日）

H氏、A小学校校長（Principal, A Primary School）

〈生徒の背景〉

I．この学校では、英語以外の言語を話す生徒は、全校生徒に高い割合を占めていますか。

H．本校の生徒数は約515名です。Non English Speaking Background と呼ばれる家庭で英語以外の言語を話す生徒は、全生徒のうち約40％から45％です。そして、生徒は経済的に貧しいです。全生徒の約60％が政府から EMA と呼ばれる教育助成金を受け取っています。教育助成金について知っていますか。つまり、英語以外の言語を話す生徒の割合が高く、経済的には低層の生徒が多いのです。

I．この学校は学校群9に所属しますか。

H．はい。

I．どこの国から移民してきた生徒が多いですか。

H．多様です。マケドニアからたくさん来ています。トルコ系も高い割合です。これら2つのグループが現在のところ中心的です。アジア系の生徒も増えています。例えばベトナム系の生徒がいます。ロイヤルメルボルン工科大学客員研究員の親を持つ子どもも数人います。太平洋諸島、サモア、ニュージーランドから来た子どもも急速に増えています。

I．アングロサクソンの生徒はどのくらいいますか。

H．アングロサクソンはとても少ないです。全生徒のわずか2％です。

I．英語以外の言語を話すこと、教育助成金を受け取っていること、移民が多いこと、これらの他に生徒の特徴はありますか。

H．他の特徴ですか。おそらく、転入ないし転校する生徒が多いことがあげられます。ある生徒は他の学校に行き、他の生徒が入ってくる。本校の3学年に転入する前に、3つから4つの学校に通学した経験を持つ子どももいます。そのような子どもを教育するのは難しいです。

I．それは、このあたりの学校に通学していたのですか。

H．いろいろなところの学校です。他の州の学校、この近辺の学校、メルボルン以外の学校です。つまり、生徒の転校・転入が多いといえます。しかも、このことは、生徒の学力に重要な影響を及ぼすのです。この学校で準備学年から学んでいる生徒の場合、学力はとても良いです。州の標準的な学力水準に届いています。2学年か3学年の時に転入してきた生徒は、学力が低くなります。

I．その原因は、学習の系統性がそこなわれているからでしょうか。

H．そうです。それから家庭背景の問題もあります。転校が多い家庭の保護者は、子どもが何をしているかについて、把握していない傾向にあります。安定した家庭環境が提供されていないのです。つまり2つのことが関係しています。学習の系統性がそこなわれていること、家庭環境上の問題があることです。

I．そのような生徒の割合はどれくらいですか。

H．私の推測ですが、約10%だと思います。
〈チャーター〉
I．チャーターにおける計画では、どの領域で生徒の学力を向上しようとしましたか。チャーターを読めば分かりますか。
H．ええ。チャーターを差し上げますよ。
I．それで、どの領域で生徒の学力を向上しようとしましたか。
H．どこに重点をおいたかですか。情報技術に重点をおいています。保健体育も重要な領域です。識字教育を重視しています。私たちは、低学年識字プログラムの先導的試行の学校です。先導的試行の学校は、メルボルン北部地方において3校だけです。
I．保健体育を重視するのはなぜですか。
H．ここの子どもたちは、体育の活動に参加しない傾向があるからです。運動をしないのです。彼らは健康的ではないし、体重も重すぎます。もし、健康的になれば勉強もできるようになる、そして、より良い生活ができると考えています。それから、基礎計算力、識字力、情報技術にも重点をおいています。子どもの生活も大事にしたいと思っています。
I．その他にどのような学習領域を設けていますか。
H．全領域を学んでいます。教育課程政策が要求する内容をすべて扱おうとしています。私の専門は理科教育です。ですから、理科教育を少し重視しています。この学校では特に学校教育の最初の3年間の間に、基礎計算力と識字力を重視していますから、社会と環境の学習や芸術等の学習分野に時間をとるのはとても難しいです。
I．社会正義の育成はどうですか。
H．学校全体で社会正義に取り組んでいます。もちろん、社会と環境の学習において社会正義を扱っています。機会均等に関する単元等も学んでいます。
I．生活指導はどうですか。
H．生活指導の指針を設定しています。本校では、生活指導に対する一貫したアプローチをとっています。各学級は、学級の決まりを作ります。それは、教員と生徒の間で同意されたものなので、子どもたちは学級の決まりの作成に関わったという気持ちになっています。私たちの生活指導の方針は家庭に送られ、説明されています。それで、すべての保護者は学校が期待することを十分に分かるのです。生活指導に私は力を入れており、教頭も同様です。
I．教育助成金を受け取っている保護者が多いですが、良い家庭を築いているのですか。
H．そうです。2つの側面が一緒になっています。なぜなら彼らは移民だからです。努力するけれども、たくさんのお金を稼げない。でもたいていは良い家庭で、しっかりしていて、子どもの最善の教育を求めます。自分たちよりも良い教育を受けてほしいと考えています。
I．この学校の保護者は教育を尊重していますね。
H．とても尊重しています。良い点です。教育を尊重し、教員を尊重する。おそら

く、この学校の一部の保護者も問題を抱えています。経済的に貧しい地域に住むアングロサクソンの家庭のことです。この学校は学校群9ですが、校内を歩けば、子どもたちの行儀が良いことが分かるでしょう。校庭に行けば、かわいらしく遊んでいることが分かります。そんなに悪くないといえます。

Ｉ．チャーターの重点領域をどのように決めましたか。どんな議論を行いましたか。

Ｈ．チャーターにおける学力向上についてですか。チャーターの作成過程は、教員・保護者と共に行う協働的なプロセスです。この点は、ご存知だと思います。この保護者は、参加させるのがとても難しいです。チャーターの原案を作成するにあたって、校長と教員代表が主要な役割を担います。できるだけ保護者の代表にも参加してもらいます。でも保護者は参加したがらない。英語が分からないという場合もあるし、このようなことに関与したくないという気持ちもあるのでしょう。

Ｉ．チャーターの作成過程で同意をとることは難しかったですか。

Ｈ．いいえ、難しくありません。保護者がチャーター作成委員会に参加し、会合を持ちます。教員が良い意見を言えば、保護者は「同意します」と言う傾向があります。

Ｉ．この学校の教員はチャーターを支持していますか。

Ｈ．もちろんです。チャーターは、学校審議会の構成員、保護者、教員が同意したものです。

Ｉ．チャーターを実施するために、校長のリーダーシップ発揮の観点から、どのような組織を作りましたか。

Ｈ．チャーターの重点領域ごとに委員会を設置しました。

Ｉ．各領域について委員会を設置したのですか。

Ｈ．各領域についてです。識字、情報技術、保健体育の委員会をつくりました。委員会はチャーターの目標の達成状況を、運営会議に報告します。委員会はチャーターの目標に照らし合わせて、どのような状況かを学校審議会に毎月報告します。

Ｉ．職員会議に対して報告を行いますか。

Ｈ．職員会議は毎週開きます。でも委員会は毎週報告するわけではありません。運営会議は隔週で開催します。2週間ごとに、委員会は報告します。職員会議は月曜日に開きます。運営会議は、校長、教頭、主任教員で構成されます。

〈生徒の学力〉

Ｉ．生徒の学力の評価基準は何ですか。

Ｈ．学力調査プロジェクトを使います。学力調査プロジェクトでは、テストを行って客観的なデータを得て、生徒が教育課程政策のどの水準に位置するのかを明らかにします。そして、データを見て、教員の説明を受けます。さらに低学年識字プログラムにもとづいて、校内テストを行います。その結果から客観的なデータが得られます。

Ｉ．つまり2つの種類のテストを行っているのですか。

Ｈ．はい。学力調査プロジェクトの結果から、弱い分野が明らかになれば、調査を開始します。学力調査プロジェクトの結果が校内テストの結果と一致しているか

が分析されます。もし一致しているならば、問題に対処する必要があります。
I．ベンチマークは使いますか。
H．はい。使います。
I．教育課程政策とベンチマークは有用で効果的ですか。
H．ええ。両方とも活用します。テスト結果を分類して、転入生の学力が分かるようにしています。準備学年から上級学年の転入生の学力は、州のベンチマークに匹敵していたり、高かったりします。移民の子どもも、経済的状況に関わらず、勉強すれば、学力はとても高くなります。
I．わかりました。後で生徒の学力データをいただけますか。データは学校年次報告に書いてあるのでしょうか。
H．去年の学校年次報告を差し上げます。
I．生徒の学力面で何か課題はありませんか。現在のままで十分なのかどうか。
H．学力向上については、低学年識字プログラムと低学年基礎計算プログラムが優れています。とても良いプログラムです。
I．それらのプログラムを継続しますか。
H．はい。継続します。継続することで生徒の学力があがります。今までも成功してきたと思います。
I．教員の協力に関して、コミットメントは重要ですか。
H．とても大事です。
I．個々の教員は良く仕事をしているのですね。
H．私達は、教育プログラムとチャーターにコミットしています。
I．保護者や生徒は、この学校の教育にどのような感想を持っていますか。
H．本校の活動に対する保護者の評価はとても高いです。学校年次報告を見れば分かります。州のベンチマークを越えています。学校の在籍生徒数は増加しています。この学校はかつて生徒1,000名の大規模校でした。6年前に私がこの学校に来た時、生徒数は440名でしたが、今は520名になりました。

〈学校審議会〉
I．学校審議会、それから保護者と市民の会を開催していますか。
H．本校では保護者と市民の会はありません。学校審議会はあります。
I．保護者の総会はありますか。
H．いいえ、ありません。

〈教育課程〉
I．ビクトリア州では、学校は教育課程編成の裁量を持っていました。今、教育課程政策が策定されましたが、それでも学校に裁量がありますか。
H．今なお裁量はあります。
I．教育課程政策の範囲内で、どのような点がこの学校の教育課程の独自性ですか。裁量を活用して作られた教育課程の独自性について、教えてください。
H．識字教育への重点化が独自性です。私達は、識字教育が州内で広まる前から、重点を置いてきました。読解力の向上にも6年間取り組んできます。たいていの学校は最近2～3年間しか取り組んでいません。本校はこの地域の子どもたちの

ニーズを特定して、教育活動を行っています。そして保健体育、生活指導にも力を入れています。

〈人事〉
Ｉ．1995年にこの学校に着任されたのですか。
Ｈ．私は6年目だから、1993年の着任ですね。
Ｉ．1993年、「未来の学校」が策定されたのと同じ年ですね。
Ｈ．ちょうど同じです。
Ｉ．任期制の教員の割合を教えていただけますか。
Ｈ．この名簿でどの教員が任期制なのかを教えます。校長・教頭・教員は30人です。そのうち、任期制の教員は9人です。
Ｉ．任期制の教員は全員1級教員ですか。
Ｈ．全員1級教員です。
Ｉ．そのうち、大学を卒業したばかりの人もいますか。
Ｈ．4人が卒業したばかりです。
Ｉ．2級と3級の教員は、何人いますか。
Ｈ．3級は2人。2級は4人です。
Ｉ．彼らは、任期制ではなくて、終身雇用ですね。
Ｈ．そうです。終身雇用です。でも2級ないし3級のポジションは、終身ではなく、任期制です。彼らの2級ないし3級のポジションは、3年間ないし5年間の任期付きです。もし、私が「彼らは本校で2級ないし3級のポジションに相応しくない」と判断すれば、彼らは1級にもどります。1級教員にもどっても、終身雇用であることには変わりません。
Ｉ．終身雇用ではない完全任期制の2級ないし3級教員は、この学校にいますか。
Ｈ．いいえ、いません。
Ｉ．教員の人事裁量は校長にありますね。
Ｈ．はい。
Ｉ．教員の人事裁量は大きいことは、重要ですか。
Ｈ．とても重要です。なぜなら、この学校に相応しい教員を選べるからです。でも、デメリットもあります。任期制、つまり契約型の教員制度は、若い教員がキャリアを積み上げていく動機を下げているのではないか。もし、1年とか2年の任期を若い教員に与え続けると、教員は安定感が得られません。また、教職の真のアイデンティティを得られません。私は、このままでは、すぐに教員不足が発生すると思います。もし、教員が1年あるいは2年の任期だとすると、若い人は教員になりたがらないのではないか。3年か5年の任期制ならば、教員になってもらえるのではないか。私は、実際に教員を1年間の任期にすることは稀です。普通は2年間の任期制です。
Ｉ．2年間の任期制ですか。
Ｈ．たまに3年間の任期の場合もあるでしょう。大学を卒業したばかりの教員が、1年契約で採用されたとしても、次第に、任期の期間を延ばしていくこととなります。

I．教員の採用と配置は学校のニーズを基盤とするのですか。
H．そうです。学校の必要性にもとづいて教員を選考します。私達は、子どもの特性を理解できる学級担任の教員を望みます。上級教員については識字教育に関する力量をもった人を求めています。今年の場合、4人の教員を公募しています。というのも、現在本校で働いている2級教員と3級教員の内、何人かは臨時の採用だからです。良い教員は過去にいたのだけれども、彼らは転職しました。教育省に勤めたり、コンサルタントになったりしました。
I．教員の職務評価を実施していますね。その基準や過程は、学校によって異なるのですか。
H．教員の職務評価についてコメントしてほしいのですか。
I．はい。
H．本校は標準的なプロセスをとっています。教員の職務は計画に記載されます。教員専門性基準審議会は1級・2級・3級の各教員の基準を設けています。職務評価では、教員は、その基準を達成したことを説明し、記述しなければなりません。その上で、校長と教員は職務評価をめぐって話し合います。これは一般的なプロセスだと思います。教員を支援するものであり、友好的に行われます。
I．職務評価は校内の協力体制向上に役立っていますか。
H．はい、そう思います。職務評価は厳格に行っているのではなく、協調的に行っています。職務評価を教員と共に成し遂げて、改善することができます。
I．そのようにするのは、学校が協力によって成り立っているからですか。
H．その通りです。

〈経営業績評価〉
I．経営業績評価は、校長を動機づけていますか。経営業績評価は批判されています。
H．問題は、個人の業績を取り上げて、個人に賞与を与えることによって、チームという側面から離れてしまう点です。報奨制度には反対しませんが、個人より、チームに賞与を与える方が望ましいと思います。経営業績評価のもう1つの問題は、学校経営の成果を判定する人々が、学校が何を達成し、何を達成しなかったのかについて、十分知らない点です。つまり、評価が学校経営の実態から乖離してしまうので、批判されるのです。
I．どうすれば経営業績評価が良くなるか、アイデアがありますか。
H．個人よりも、むしろチームに賞与を与えれば改善すると思います。
I．各学校のチームですか。
H．各学校のチームです。例えば、学校の運営会議では、目的を共に立案します。もし、目的を達成すれば、報奨は、運営会議のメンバーで共有されるべきです。彼らが望むならば、メンバーの共同資金として使われるべきです。校長と教頭が報奨金を受け取った場合、全教員に配分することも考えられます。

〈研修〉
I．この学校ではどのような校内研修を実施しましたか。
H．今年の場合、教員の職務評価の結果を見て、皆が何を学びたいかを考えました。そして、例えば、情報技術に関する研修や生徒指導の研修が立てられました。

Ｉ．校外研修に参加する教員はいますか。
Ｈ．はい。私自身、リーダーシップ研修に参加しました。主任教員は主任のための研修に参加しました。
Ｉ．それは奨励されているのですか。
Ｈ．強く奨励されていますが、校外研修は自発的に参加するものです。ただし校内研修への参加は義務です。

〈財務〉

Ｉ．学校包括予算についてお聞きしますが、予算編成の裁量についてどう思いますか。
Ｈ．学校包括予算のアイデアはとても良いと思います。なぜなら柔軟性を与えてくれるからです。本校は学校群9で、特別学習費が配分されます。それで2人の教員を雇えます。教員の入れ替え等を通して、学校会計収支の黒字を蓄積して、新しい音楽センターを発注しようとしています。
Ｉ．他に予算を得ましたか。
Ｈ．ESL費の予算を得ました。重点計画費も得ています。この文書を見れば、予算について分かりますよ。
Ｉ．予算配分の決定について教えてください。
Ｈ．はい。教員を雇用するか、貯蓄して設備を整えるかは学校が決定できます。教員を増やせば学級規模が小さくなります。本校の1学級あたりの生徒数は24.5人です。州の平均と同じくらいです。この文書に教員の予算支出が書いてあります。校長、教頭、3級、2級教員がいます。そして識字教育のために教員を雇用しています。
Ｉ．保護者から寄付金を得ていますか。
Ｈ．はい。でも少ないです。この文書の枠組は教育省が作ったもので、学校包括予算の収入がいくらなのかを算出できます。

〈学校評価〉

Ｉ．外部評価を含めて、学校評価を行っていますね。
Ｈ．どのように実施しているかを知りたいのですか。
Ｉ．はい。
Ｈ．本校の3年毎の学校評価は1997年に実施されました。外部評価者は、本校がチャーターをどのように実施したかを評価し、生徒の学力について検討しました。
Ｉ．外部評価会議でどのような議論が行われましたか。
Ｈ．外部評価者は、学校がもっと注意を払うべきところを検討しました。つまり、次のチャーターにおいて、改善や継続的な配慮が必要な点です。それについては3年毎の学校評価で勧告を出しています。その勧告は、1997年から2000年のチャーターに取り入れられています。
Ｉ．チャーター、学校年次報告、3年毎の学校評価。
Ｈ．それらは互いに密接な関係を持っています。
Ｉ．そしてアカウンタビリティに重要な意味を持っている。
Ｈ．その通りです。相互に関連しています。学校年次報告は、チャーターを実施し

て何が進歩したのかを明らかにします。そして3年間のおわりの外部評価では、学校年次報告等に示された学力等のデータを検討して、勧告を出します。
Ｉ．こうした学校評価の手順は、効果的だと思われますか。
Ｈ．はい、そう思います。

〈学校選択〉
Ｉ．ビクトリア州の学校選択はイギリスと異なります。ここでは、イギリスほど生徒獲得競争は激しくないのでしょうか。
Ｈ．ここで、ですか。
Ｉ．ビクトリア州で。
Ｈ．それは私にはわかりません。
Ｉ．ビクトリア州では近隣指定校の制度があると思います。
Ｈ．でも実際には保護者の学校選択に制約はないですよ。保護者が子どもに通わせたい学校を選ぶ。生徒獲得の学校間の競争は増えてきていると私は思います。近隣指定校を選ばずに、本校に入学するケースはあります
Ｉ．学校選択は、学校教育改善のインセンティブになっているのでしょうか。
Ｈ．そう思います。すでに在籍生徒数が上限の学校もあるでしょう。そういう学校は、希望者全員を入学させられません。
Ｉ．この学校の在籍生徒数が上限は何名ですか。
Ｈ．この校舎ですと、私が思うに、550名だと思います。教育省は、教員と生徒の人数比率を1:28と考えて、本校の上限を560名ではないかと言うかもしれません。でも1:28では、私は生徒の比率が大きすぎると思います。教員1人当たりの生徒数が25あるいは26名を越えるべきではないと思います。

〈学校経営政策の影響〉
Ｉ．最後に学校経営政策について質問します。政策のどの点が学校経営に大きな影響を与えたと考えますか。
Ｈ．学校経営政策の中で、財務・予算の裁量拡大が大きな影響を学校経営に与えました。そして教員人事の権限拡大も大きな影響を与えました。これら2つが大きな点だと思います。この学校は未だ完全な人事権限を持っているわけではないけれど、以前に比べればずっと良くなっています。
Ｉ．本校に着任する前、別の学校で教頭だったのですか。
Ｈ．いいえ。上級教員でした。教頭の経験はないです。いろいろなことをしてきました。教育課程コンサルタントだったこともあります。これまでのキャリアで、半分は学校に勤務し、半分は教育行政に勤務しました。

インタビュー記録（5）　学校審議会・校長任期制（1999年4月27日）

H氏、A小学校校長
S氏、A小学校学校審議会会長（保護者）(President (Parent), School Council)

〈学校審議会〉

I．学校審議会では、まず議論を行い、意思決定の際、保護者代表も投票するのでしょうか。
H．はい。本校では、学校審議会構成員以外の保護者の意見も調査します。
I．それは大事ですね。
H．はい。保護者の意見の調査結果にもとづいて、意思決定します。
I．調査するから、多数の保護者との会議を開催しなくとも、意思決定できるのですね。
H．いろいろな論点について保護者の考えを調べます。多くの保護者は回答をくれます。調査に回答しない保護者もいます。
I．この学校の学校審議会において、混乱や対立はないのでしょうか。
H．ありません。
I．つまり、建設的な学校経営が行われている。それがこの学校で可能な理由を教えていただきたいです。学校審議会における保護者の態度が重要だと思うのですが。
H．保護者の態度はとても重要です。学校審議会には保護者の支持が必要です。
I．もし保護者が自分勝手になると。
H．もし保護者が自分勝手になると、学校審議会は成り立ちません。自分勝手な保護者のために時間を費やしたくないでしょう。本校の保護者の多くは学校審議会に対して無関心です。それは保護者に時間がないからです。学校審議会に活発に参加する保護者を見つけるのは難しいです。学校審議会のメンバーにふさわしい方を選ぶ余地はありません。でも積極的な態度でない人を、学校審議会のメンバーにすることはありません。どの保護者でも学校審議会の保護者代表に立候補できます。他の誰かに推薦されて、立候補する保護者もいます。立候補すると、選挙があります。保護者が投票して代表を選びます。この地域では、学校審議会保護者代表になる自信がない保護者もいます。だから、私が学校審議会保護者代表に立候補するように誘うことがしばしばあります。
I．日本の教育政策は、学校評議員を導入しようとしています。しかし、校長、教員、教員組合は、保護者・地域住民が自分勝手になることを懸念しています。このように、日本では学校評議員に対する懸念があります。
H．同じことはビクトリア州でも20年前でも起こりました。20年前に学校審議会が導入された時、教員と教員組合は支持しませんでした。でも、学校審議会はとても良く運営され、現在、教員は学校審議会に対する懸念を持っていません。教員は、他の誰もがそうであるように、変化を恐れただけなのです。人は誰でも変化を恐れます。学校審議会はビクトリア州では以前からあります。しかし政府は、保護者が学校審議会で多数派となるように、法制上の変化をもたらしたのです。

Ｉ．1980 年代初頭ないし 1970 年代に、学校審議会に関する変更点はありましたか。
Ｈ．学校審議会は 1970 年代と 1980 年代は、今ほど権限がありませんでした。いつ変化が起こったのか、思い出せません。
Ｉ．1984 年の大臣書簡（Ministerial Papers）でしょうか。
Ｈ．1984 年。1984 年以前、教員組合と教員は、保護者が権限を持つべきではないと論じました。今、保護者代表は権限を持っています。保護者代表は学校審議会の多数派であり、投票できますが、問題はありません。
Ｉ．1980 年代以来、学校審議会における保護者代表の態度は問題がなかったのですか。
Ｈ．問題はなかったと思います。

〈校長の任期制〉

Ｉ．聞くのが難しい質問ですが、校長の任期制について伺いたいのです。
Ｈ．今日の学校審議会に参加されて、そのことについて聞いたでしょう。
Ｉ．経営業績評価についてはすでにインタビューしたので、今日は、その質問はありません。校長の任期制について伺いたいと思います。ビクトリア州では校長の任期制に関する詳しい調査は行われていません。しかし私は、自律的学校経営では校長の任期制は重要だろうと思います。5 年間の校長任期制は、良い学校経営を行うインセンティブになっていると考えますか。
Ｈ．はい、そう思います。5 年間の校長任期制は。
Ｉ．「未来の学校」によって導入されました。
Ｈ．「未来の学校」以降、若い校長が採用されるようになりました。校長になろうという動機づけを若い教員に与えました。以前は、年齢が求められました。校長になるために、時間を待たなければなりませんでした。私は、教頭の経験を持たずに本校の校長に採用されました。私は 3 級教員でした。本校の校長になったとき、最初は校長代行でした。以前は、こうしたことは起こりませんでした。昔だったら、年功序列等によって校長にならねばならなかったのです。
Ｉ．いつ校長になられたのですか。
Ｈ．1993 年だと思います。
Ｉ．1998 年に任期を更新するのですか。
Ｈ．今年の終わりに任期を更新しなければなりません。正式に校長になって 5 年間が過ぎたので。
Ｉ．1999 年の終わりですか。
Ｈ．1999 年の終わりです。そうだと思います。
Ｉ．校長の任期が終了する場合、後任を選考するために、選考会議が設けられるのですか。
Ｈ．もし、校長の職階が上がったら、校長は一旦辞職し、そのポジションが公募される必要があります。
Ｉ．校長の職階は、学校の生徒数が増えた場合に上がるのですか。
Ｈ．そうです。生徒数が増えると、その学校の校長は高い職階になります。もし本校の職階が変わらず、私が継続して勤めたいと考えたならば、つまり校長の職階

インタビュー記録（5）　学校審議会・校長任期制（1999年4月27日）

H氏、A小学校校長
S氏、A小学校学校審議会会長（保護者）(President (Parent), School Council)

〈学校審議会〉
I．学校審議会では、まず議論を行い、意思決定の際、保護者代表も投票するのでしょうか。
H．はい。本校では、学校審議会構成員以外の保護者の意見も調査します。
I．それは大事ですね。
H．はい。保護者の意見の調査結果にもとづいて、意思決定します。
I．調査するから、多数の保護者との会議を開催しなくとも、意思決定できるのですね。
H．いろいろな論点について保護者の考えを調べます。多くの保護者は回答をくれます。調査に回答しない保護者もいます。
I．この学校の学校審議会において、混乱や対立はないのでしょうか。
H．ありません。
I．つまり、建設的な学校経営が行われている。それがこの学校で可能な理由を教えていただきたいです。学校審議会における保護者の態度が重要だと思うのですが。
H．保護者の態度はとても重要です。学校審議会には保護者の支持が必要です。
I．もし保護者が自分勝手になると。
H．もし保護者が自分勝手になると、学校審議会は成り立ちません。自分勝手な保護者のために時間を費やしたくないでしょう。本校の保護者の多くは学校審議会に対して無関心です。それは保護者に時間がないからです。学校審議会に活発に参加する保護者を見つけるのは難しいです。学校審議会のメンバーにふさわしい方を選ぶ余地はありません。でも積極的な態度でない人を、学校審議会のメンバーにすることはありません。どの保護者でも学校審議会の保護者代表に立候補できます。他の誰かに推薦されて、立候補する保護者もいます。立候補すると、選挙があります。保護者が投票して代表を選びます。この地域では、学校審議会保護者代表になる自信がない保護者もいます。だから、私が学校審議会保護者代表に立候補するように誘うことがしばしばあります。
I．日本の教育政策は、学校評議員を導入しようとしています。しかし、校長、教員、教員組合は、保護者・地域住民が自分勝手になることを懸念しています。このように、日本では学校評議員に対する懸念があります。
H．同じことはビクトリア州でも20年前でも起こりました。20年前に学校審議会が導入された時、教員と教員組合は支持しませんでした。でも、学校審議会はとても良く運営され、現在、教員は学校審議会に対する懸念を持っていません。教員は、他の誰もがそうであるように、変化を恐れただけなのです。人は誰でも変化を恐れます。学校審議会はビクトリア州では以前からあります。しかし政府は、保護者が学校審議会で多数派となるように、法制上の変化をもたらしたのです。

Ⅰ．1980年代初頭ないし1970年代に、学校審議会に関する変更点はありましたか。
Ｈ．学校審議会は1970年代と1980年代は、今ほど権限がありませんでした。いつ変化が起こったのか、思い出せません。
Ⅰ．1984年の大臣書簡（Ministerial Papers）でしょうか。
Ｈ．1984年。1984年以前、教員組合と教員は、保護者が権限を持つべきではないと論じました。今、保護者代表は権限を持っています。保護者代表は学校審議会の多数派であり、投票できますが、問題はありません。
Ⅰ．1980年代以来、学校審議会における保護者代表の態度は問題がなかったのですか。
Ｈ．問題はなかったと思います。

〈校長の任期制〉
Ⅰ．聞くのが難しい質問ですが、校長の任期制について伺いたいのです。
Ｈ．今日の学校審議会に参加されて、そのことについて聞いたでしょう。
Ⅰ．経営業績評価についてはすでにインタビューしたので、今日は、その質問はありません。校長の任期制について伺いたいと思います。ビクトリア州では校長の任期制に関する詳しい調査は行われていません。しかし私は、自律的学校経営では校長の任期制は重要だろうと思います。5年間の校長任期制は、良い学校経営を行うインセンティブになっていると考えますか。
Ｈ．はい、そう思います。5年間の校長任期制は。
Ⅰ．「未来の学校」によって導入されました。
Ｈ．「未来の学校」以降、若い校長が採用されるようになりました。校長になろうという動機づけを若い教員に与えました。以前は、年齢が求められました。校長になるために、時間を待たなければなりませんでした。私は、教頭の経験を持たずに本校の校長に採用されました。私は3級教員でした。本校の校長になったとき、最初は校長代行でした。以前は、こうしたことは起こりませんでした。昔だったら、年功序列等によって校長にならねばならなかったのです。
Ⅰ．いつ校長になられたのですか。
Ｈ．1993年だと思います。
Ⅰ．1998年に任期を更新するのですか。
Ｈ．今年の終わりに任期を更新しなければなりません。正式に校長になって5年間が過ぎたので。
Ⅰ．1999年の終わりですか。
Ｈ．1999年の終わりです。そうだと思います。
Ⅰ．校長の任期が終了する場合、後任を選考するために、選考会議が設けられるのですか。
Ｈ．もし、校長の職階が上がったら、校長は一旦辞職し、そのポジションが公募される必要があります。
Ⅰ．校長の職階は、学校の生徒数が増えた場合に上がるのですか。
Ｈ．そうです。生徒数が増えると、その学校の校長は高い職階になります。もし本校の職階が変わらず、私が継続して勤めたいと考えたならば、つまり校長の職階

がⅢ級に上がらなかったならば……。実際には、本校の校長の職階には変化がありません。このような場合、まず北部地方教育事務所長が学校審議会会長のS氏に電話をします。そして「校長についてどう思いますか。何か問題がありますか」と尋ねるでしょう。このことは、契約更新の6ヶ月前に行われます。S氏は「校長はひどいので、解職してほしい」。あるいは「良い校長だと思う」と答えるでしょう。もしS氏が現在の校長で良いと答えれば、地方教育事務所長は任期更新の手続きを行います。この場合、公募はありません。

Ⅰ．この場合、公募はないのですか。
H．公募はありません。
Ⅰ．それは新しい仕組みですか。
H．いいえ。「未来の学校」で自律的学校経営が導入された時に導入されました。こうした場合は任期更新の手続きがすぐに行われます。公募となるのは、校長が他のどこかで別の仕事を得て転職し校長のポジションが空いた時です。あるいは、学校の生徒数が増加して校長の職階が高くなった時も、公募される決まりになっています。だから、5年の任期を終えようとする校長のすべてのポジションが公募の対象となるわけではありません。
Ⅰ．職階が高くならないならば、公募されない。
S．でも、私が学校審議会で「校長に満足していない」と言えば、地方教育事務所長は問題点を考慮して、校長を公募するでしょう。
Ⅰ．公募された後、校長の選考会議が学校に設置されますか。
H．はい。公募するかどうかは、地方教育事務所長が判断します。もし地方教育事務所長がS氏と協議して、校長が良くないと判断すれば、公募されます。
Ⅰ．あなたは、コンピューター技術の会社に勤務しているのですか。
S．はい。
Ⅰ．校長の5年契約制について、どのように考えますか。意見を教えてください。
S．とても良い制度だと思います。なぜなら古い制度では、もし校長が良くない場合、仕事が行き詰るでしょう。しかし現在の制度では、校長が役割を発揮して必要とされ、良い校長になって契約が更新されるかは、校長次第なのです。もう分かったでしょう。任期制があるので、校長は学校審議会と共に働かねばならないことを強く意識するのです。もし校長が学校審議会とうまくやっていけないならば、解職されるでしょう。
H．学校審議会会長と学校審議会に対するアカウンタビリティは確実に高まっています。なぜなら昔の制度では、ひとたび仕事を得れば、それを失うことはないからです。
Ⅰ．終身在職権ですね。
H．はい。昔の制度では、最初の3年から4年は良い仕事をするだろうけれど、少し怠けて、のんびりやるか、となるかもしれません。
Ⅰ．つまり、校長の任期制は2つの効果がある。第一は、学校、とりわけ学校審議会に対して、校長のアカウンタビリティが担保される。第二は、学校が新しい校長を必要とする時、学校審議会が新しい校長を選べる。

H．学校審議会は新しい校長を選べます。いや、実際には、発言権があるのです。学校審議会が設置した校長の選考会議には、学校審議会保護者代表だけでなく、教育行政代表もメンバーです。選考会議における保護者代表と教育行政代表の発言権は、実際には半分ずつでしょう。ちょうど、校長の公募に関する回覧を電子メールで受け取ったところです。教育省は校長の公募制を少し変更しました。これまで、校長の公募対象は、現に教育公務員の職にある者に制限されていました。今は、現に教育公務員の職になくとも、校長に応募できるようになりました。

S．今、本校で公募している教員は能力があれば誰でもよいのですか。

H．教育学士等の資格が必要です。

S．現に教育公務員の職になくとも、過去に教育公務員の職の経験があれば、校長に応募できるのです。例えば、私は4年間の教職経験があります。今は情報技術マネジメントの仕事をしていますが、私は校長に応募できます。

H．今日、校長の任期制に関する文書を差し上げます。あなたにとって興味深い文書だと思います。

I．校長の5年任期制に関する文書を持っているのですか。

H．はい。そのコピーを入手したいですか。

I．はい。お願いいたします。

あとがき

　本書は、学位論文「自律的学校経営におけるアカウンタビリティに関する研究―オーストラリア・ビクトリア州の学校経営政策の分析を通して―」（博士（教育学）学位取得、筑波大学、2008年10月31日）に若干の修正を加えて、日本学術振興会平成21年度科学研究費補助金（研究成果公開促進費）の助成を受けて刊行したものです。1996年8月に研究テーマを設定してから、調査・分析・執筆を続けてきたのですが、全体をまとめるまでに長い時間がかかってしまいました。しかし、この度、図書として研究成果を公表できることを心から喜びたいと思います。

　本研究を進めるにあたり、多くの方のお世話になりました。学部・博士前期課程の6年間、笹森健先生（青山学院大学名誉教授）から、教育行政学、比較教育学、オーストラリア教育研究について、ご指導いただきました。笹森先生には学術研究の初歩から丁寧に教えていただき、そのおかげで今日の研究の基盤を築くことができました。博士課程3年次編入学以降、小島弘道先生（筑波大学名誉教授）から、学校経営学の基礎から応用まで学ぶことができました。小島先生には多くの学問的機会をいただくとともに、学校経営学の思想・原理・広がりについて教えていただきました。オーストラリア滞在中は、ブライアン・コールドウェル先生（Professor Brian Caldwell）（メルボルン大学名誉教授・前教育学部長）からご指導・ご支援をいただきました。コールドウェル先生には最新の教育改革の動向、教育経営研究の国際的展開について教えていただきました。

　学位論文審査においては、主査の窪田眞二先生（筑波大学教授）、副査の堀和郎先生（同教授・当時）、米澤茂先生（同教授）、吉田武男先生（同教授）、浜田博文先生（同教授）に大変お世話になりました。特に、主査の窪田先生には感謝の気持ちで一杯です。この場を借りて、先生方に厚く御礼申し上げ

ます。
　両親の博重、仁子は、私の長い学生生活を常に応援してくれました。私の家族の由香、湧希は、研究の完成を願い、励ましてくれました。心より御礼申し上げます。
　本書の出版に当たっては、東信堂代表取締役下田勝司氏に大変お世話になりました。ここに感謝の意を表したいと思います。ありがとうございました。

　　　　　　　　　　　　　　　　　　　　　　　　　　佐藤　博志

事項索引

ア行

アカウンタビリティ　3, 4, 8, 9, 18,
　　30, 34, 40, 68, 159, 192, 211, 216, 218,
　　237, 239
　　――の在り方　219, 238
　　――の水準　229
　　――政策の概要　131
　　――のメカニズム　192, 210, 220, 224,
　　　　225, 229, 239, 240
「アルバータ州における学校への財務
　　権限委譲」　62
インタビュー　35, 173
「オーストラリアの学校」　17, 62
オーストラリア教育審議会　39

カ行

会計検査プログラム　113
外部試験　94
外部評価　68, 145, 148, 169, 186, 236
　　――会議　153
　　――契約者　149, 150
　　――実施組織　150
　　――者　148
　　――の勧告　189
　　――報告書　148
学習と授業　68
学校アカウンタビリティ改善・
　　フレームワーク　241

学校運営協議会　20, 231
学校開発計画　14
学校間競争　12, 13, 155, 219, 222, 224,
　　　　240
学校群ベンチマーク　134, 172
学校経営計画　233
学校経営政策　5
　　――の影響　169, 171
　　――の基本枠組　74
　　――の効果と問題点　221
　　――の要点　73
学校経営の条件　198
学校自己評価　145, 186
　　――報告書　147
学校審議会　5, 18, 63, 70, 84, 86, 87, 175
　　――の構成員　85
学校戦略プラン　241
学校年次報告　141
「学校における効果的な資源配分
　　プロジェクト」　64
学校に基礎をおいたカリキュラム開発
　　　　17, 63
学校に基礎をおいた経営　6
「学校の自律性と財務」　227
学校のローカルマネジメント　6, 12
学校の権力化　224
学校の自主性・自律性　19, 231
『学校の未来』　33
学校の予算編成裁量　182

学校評価	214	近隣指定校	154, 155, 223
——局	13, 131	経営業績評価	104, 229
——ガイドライン	235	契約	213, 234
学校への権限委譲	11, 18, 62, 169, 183	「公教育-次の世代へ-」	117
学校包括予算	108, 179	公共的使命	229
学校ランキング	97, 155	校長・教頭選考基準	101
学校理事会	12	校長・教頭の基礎資格	97
学力調査プロジェクト	95, 96	校長・教頭の任期制	98
カナダ・アルバータ州	62	校長支援体制	114
カリキュラム開発センター	17, 63	校長資格	231
寄付金	113	校長人事の構造	237
基本予算	109	校長の結果責任	216
急進的進歩主義	71	校長の任期更新	209
『教育アカウンタビリティ』	29	校長のパフォーマンス	211, 216, 217
教育課程	176	校長の任期更新	100, 215
——政策	91	校長の任期制	192
教育課程・評価委員会	91	校長のリーダーシップ	70
教育活動の複雑性と不確実性	214	校長評価システム	230
教育行政の地方分権化	62	校内評価	94
教育行政組織の縮小	74	「公立学校のための青写真」	241
教育水準局	12, 13	国立スクールリーダーシップカレッジ	230
教育政策	5		
教育専門家	205	コミュニティ・スクール	20, 231
教育変革のための国際ネットワーク	227	「今後の学校の管理運営の在り方について」	19
教育法	75	「今後の地方教育行政の在り方について」	19, 231
教員給与	107		
教員人事	178		
教員の職階	105	**サ行**	
教員の選考・採用	106	3年毎の学校評価	145, 186, 209
教員評価	107	事後の評価	161
教職法	75	自己評価	236
共通評価	94	自己評価と外部評価の関係	214
協働による学校経営サイクル	65	市場原理	156, 222, 224, 225, 240
協力研究プロジェクト	31, 32	実際給与	112

州全体ベンチマーク	133	ニュージーランドの──	68
授業時数配分	176	チャータースクール	15, 16, 240
準契約	27, 160, 213, 224, 234, 235	中等教育修了資格試験	93
自律的学校経営	3, 6, 7, 9, 117, 218, 220	統一試験	94
『自律的学校経営』	21, 22, 65, 227	特別予算	109
『自律的学校経営をリードする』	21, 22, 72, 225, 227		

ナ行

事例研究	32, 35, 171, 221, 240, 241	ナショナル・カリキュラム	39
新・協働による学校経営サイクル	68, 70	ニューパブリックマネジメント	26, 240
数量的調査	171, 221	任期制教員	105
スクールリーダー	229, 231		
──教育	232		

ハ行

スペシャリストスクール・アカデミートラスト	227	バランス・オブ・パワー	224
政策効果	198, 240	ビクトリア州会計検査院	33, 34, 19
1988年教育改革法	12	ビクトリア州高等教育入学センター	94
選考会議	101	評価の専門性・中立性	217
全国教育雇用訓練青年問題審議会	39	評価の妥当性	217
全国校長職専門資格	230	標準教育職員	111
全国的教育政策	39	付加価値	223
		──測定	157
		プリンシパル─エイジェント理論	24, 25, 26, 210, 212

タ行

第三者評価	235, 236	平均給与	111
「大臣書簡」	195	ベンチマーク	19, 132, 133, 172
多文化教育	38	『法人としての学校』	227
知識基盤社会	228, 229		
地方教育行政	115, 173, 220		

マ行

地方教育行政の組織及び運営に関する法律	20, 231	「未来の学校」	5, 72, 195, 225
地方教育事務所	115	「未来の学校」特別委員会	72
チャーター	10, 13, 26, 27, 68, 135, 174, 184, 209, 212, 224, 226, 233, 234	『未来の学校、アカウンタビリティの評価』	33
──作成委員会	139	「未来の学校：予備的報告」	72
──の契約概念	213	メカニズム	9, 11, 34
		メリット保護委員会	41

索引 305

ラ行

リーグ・テーブル　　12, 13, 156, 219,
　　　　　　　　　220, 223, 226, 228
臨時教育審議会　　　　　231
連邦教育政策　　　　　　39
ロズベリー地区ハイスクール　　64

人名索引

ア行

アダムス、J.	24, 26, 31
市川昭午	5
ウイッティー、G.	22, 31, 224, 227
ウイットラム、G.	17
ウォルフォード、G.	22
オーエン、J.	28, 216
大住荘四郎	8, 26
小島弘道	27

カ行

ガー、D.	169
カースト、M.	24, 26, 31
黒崎勲	8
ケネット、J.	71, 72
コーガン、M.	29, 218
コールドウェル、B. J.	7, 21, 22, 33, 34, 61, 62, 206, 223, 225, 227, 228, 239

サ行

笹森健	238
スクリヴァン、M.	29
スピンクス、J. M.	7, 21, 22, 61, 206, 223, 225, 227, 228, 239

タ行

チャブ、J. E.	222

ナ行

ニーヴ、G.	27

ハ行

バークレイ、G.	22
ハーマン、G.	22
ハルピン、D.	22, 31, 227
パワー、S.	22, 31, 227
ブッシュ、T.	7, 205
ベアー、H.	22, 27
ヘイウォード、D. K.	21, 33, 34, 71, 72, 206, 223

ハ行

堀和郎	4, 23

マ行

水本徳明	28, 30
モー、T.	26, 222
望田研吾	224

著者紹介
佐藤　博志（さとう　ひろし）

略　　歴
1993 年 3 月、青山学院大学文学部教育学科卒業
1995 年 3 月、青山学院大学大学院文学研究科教育学専攻博士前期課程修了
1998 年 3 月、筑波大学大学院博士課程教育学研究科教育基礎学専攻単位取得満期退学
　　以後、日本学術振興会特別研究員、メルボルン大学上級客員研究員、筑波大学講師（第Ⅰ種特別教員配置）、長崎大学講師を経て、2004 年 4 月、岡山大学大学院教育学研究科に助教授として着任する。
2007 年 4 月、岡山大学大学院教育学研究科准教授
2008 年 10 月、博士（教育学）の学位を授与される（筑波大学、博乙第 2400 号）
現在、岡山大学大学院教育学研究科准教授
専門分野：学校経営学、教育行政学、比較教育学
所属学会：日本教育学会、日本教育経営学会、日本教育行政学会、日本比較教育学会、日本教育社会学会、オセアニア教育学会、筑波大学教育学会
受　　賞：1998 年 6 月、日本教育経営学会研究奨励賞、2008 年 6 月、日本教育経営学会実践研究賞

主要著書
『諸外国の教育改革と教育経営』玉川大学出版部、2000 年、共著。
『オーストラリア・ニュージーランドの教育』東信堂、2001 年、共著。
『校長の資格・養成と大学院の役割』東信堂、2004 年、共著。
『世界の教員養成Ⅱ』学文社、2005 年、共著。
『教員人事評価と職能開発』風間書房、2005 年、共著。
『時代の転換と学校経営改革』学文社、2007 年、共著。
『オーストラリア教育改革に学ぶ』学文社、2007 年、編著。
『スクールリーダーの原点』金子書房、2009 年、共編著。

A Study of School Management Reform in Australia: Self-Managing Schools and Accountability

オーストラリア学校経営改革の研究―自律的学校経営とアカウンタビリティ

2009 年 7 月 30 日　初　版第 1 刷発行　　　　　　　　　〔検印省略〕

＊定価はカバーに表示してあります

著者©佐藤博志　発行者　下田勝司　　印刷・製本　中央精版印刷

東京都文京区向丘 1-20-6　郵便振替　00110-6-37828
〒 113-0023　TEL 03-3818-5521(代)　FAX 03-3818-5514
E-Mail tk203444@fsinet.or.jp

発行所　株式会社　東信堂

Published by TOSHINDO PUBLISHING CO.,LTD.

1-20-6, Mukougaoka, Bunkyo-ku, Tokyo, 113-0023, Japan

ISBN978-4-88713-929-9　C3037 Copyright©2009 SATO, Hiroshi

東信堂

比較教育学――越境のレッスン	馬越徹	三六〇〇円
比較教育学――伝統・挑戦・新しいパラダイムを求めて	馬越徹・大塚豊監訳　M・ブレイ編	三六〇〇円
世界の外国人学校	末藤美津子・大塚豊監訳	三八〇〇円
ヨーロッパの学校における市民的社会性教育の発展――フランス・ドイツ・イギリス	新井浅浩典久編著	三八〇〇円
世界のシティズンシップ教育――グローバル時代の国民／市民形成	嶺井明子編著	二八〇〇円
市民性教育の研究――日本とタイの比較	平田利文編著	四二〇〇円
多様社会カナダの「国語」教育（カナダの教育３）	関口礼子編著	三八〇〇円
ドイツの教育のすべて	マックス・プランク教育研究所研究者グループ編　天野・木戸・長島監訳　小川啓一　西村幹子　北村友人訳	一〇〇〇〇円
国際教育開発の再検討――途上国の基礎教育普及に向けて	野津隆志編著	二四〇〇円
アメリカの教育支援ネットワーク――ベトナム系ニューカマーと学校・NPO・ボランティア	顧明遠著　大塚豊監訳	二九〇〇円
中国教育の文化的基盤	大塚豊著	三六〇〇円
中国大学入試研究――変貌する国家の人材選抜	呂燁編　成瀬龍夫監訳	三五〇〇円
大学財政――世界の経験と中国の選択	鮑威著	四六〇〇円
中国の民営高等教育機関――社会ニーズとの対応	阿部洋編著	五四〇〇円
「改革・開放」下中国教育の動態	劉文君	五〇四八円
中国の職業教育拡大政策――背景・実現過程・帰結	呉琦来	三八二七円
中国の後期中等教育の拡大と経済発展パターン――江蘇省と広東省の比較	王傑	三九〇〇円
中国高等教育の拡大と教育機会の変容――江蘇省の場合を中心に	日下部達哉	三六〇〇円
バングラデシュ農村の初等教育制度受容	青木麻衣子	三八〇〇円
オーストラリアの言語教育政策――多文化主義における「多様性と」「統一性」の揺らぎと共存	鴨川明子	四七〇〇円
マレーシア青年期女性の進路形成	林初梅	四六〇〇円
「郷土」としての台湾――郷土教育の展開にみるアイデンティティの変容	山﨑直也	四〇〇〇円
戦後台湾教育とナショナル・アイデンティティ		

※定価：表示価格（本体）＋税

東信堂

グローバルな学びへ——協同と刷新の教育	田中智志編著	二〇〇〇円
教育の共生体へ——ボディ・エデュケーショナルの思想圏	田中智志編	三五〇〇円
人格形成概念の誕生——近代アメリカの教育概念史	田中智志	三六〇〇円
教育の自治・分権と学校法制	結城忠	四六〇〇円
ミッション・スクールと戦争——立教学院のディレンマ	前田一男編	五八〇〇円
教育の平等と正義	大桃敏行・中村雅子・後藤武俊編	三二〇〇円
学校改革抗争の100年——20世紀アメリカ教育史	D・ラヴィッチ著 末藤・宮本・佐藤訳	六四〇〇円
大学の責務	K・ケネディ著 井上比呂子訳	三八〇〇円
フェルディナン・ビュイッソンの教育思想——第三共和政初期教育改革史研究の一環として	尾上雅信	三八〇〇円
ヨーロッパ近代教育の葛藤——地球社会の求める教育システムへ	関啓子編	三二〇〇円
多元的宗教教育の成立過程——アメリカ教育と成瀬仁蔵の「帰一」の教育	太田美幸	三二〇〇円
文化変容のなかの子ども——経験・他者・関係性	大森秀子	三六〇〇円
教育的思考のトレーニング	相馬伸一	二三〇〇円
NPOの公共性と生涯学習のガバナンス	高橋勝	二六〇〇円
進路形成に対する「在り方生き方指導」の功罪——高校進路指導の社会学	高橋満	二八〇〇円
「夢追い」型進路形成の功罪——高校改革の社会学	望月由起	三六〇〇円
教育から職業へのトランジション——若者の就労と進路職業選択の教育社会学	荒川葉	二八〇〇円
「学校協議会」の教育効果——「開かれた学校づくり」のエスノグラフィー	山内乾史編著	二六〇〇円
教育と不平等の社会理論——再生産論をこえて	平田淳	五六〇〇円
オフィシャル・ノレッジ批判——保守復権の時代における民主主義教育	小内透	三二〇〇円
新版 昭和教育史——天皇制と教育の史的展開	野崎・井口・M・W・アップル・小暮・池田監訳著	三八〇〇円
地上の迷宮と心の楽園〔コメニウス・セレクション〕	久保義三	一八〇〇円
	J・コメニウス 藤田輝夫訳	三六〇〇円

〒113-0023　東京都文京区向丘1-20-6
TEL 03-3818-5521　FAX03-3818-5514　振替 00110-6-37828
Email tk203444@fsinet.or.jp　URL:http://www.toshindo-pub.com/
※定価：表示価格（本体）＋税

東信堂

大学の自己変革とオートノミー——点検から創造へ	寺﨑昌男	二五〇〇円
大学教育の創造——歴史・システム・カリキュラム	寺﨑昌男	二八〇〇円
大学教育の可能性——教養教育・評価・実践	寺﨑昌男	二五〇〇円
大学は歴史の思想で変わる——FD・評価・私学	寺﨑昌男	二八〇〇円
大学改革 その先を読む	寺﨑昌男	一三〇〇円
大学教育の思想——学士課程教育のデザイン	絹川正吉	二八〇〇円
あたらしい教養教育をめざして——大学教育学会25年の歩み:未来への提言	大学教育学会25年史編纂委員会編	二九〇〇円
現代大学教育論——学生・授業・実施組織	山内乾史	二八〇〇円
大学における書く力考える力——認知心理学の知見をもとに	井下千以子	三二〇〇円
ティーチング・ポートフォリオ——授業改善の秘訣	土持ゲーリー法一	二〇〇〇円
ラーニング・ポートフォリオ——学習改善の秘訣	土持ゲーリー法一	二五〇〇円
津軽学——歴史と文化	土持ゲーリー法一編	二〇〇〇円
IT時代の教育プロ養成戦略——日本初のeラーニング専門家養成大学院の挑戦	大森不二雄編	二六〇〇円
資料で読み解く南原繁と戦後教育改革	山口周三	二八〇〇円
大学教育を科学する——学生の教育評価の国際比較	山田礼子編著	三六〇〇円
一年次（導入）教育の日米比較	山田礼子	二八〇〇円
作文の論理——〈わかる文章〉の仕組み	宇佐美寛	一九〇〇円
大学授業入門	宇佐美寛	一六〇〇円
授業研究の病理	宇佐美寛	二五〇〇円
大学授業の病理——FD批判	宇佐美寛	二五〇〇円
大学の授業	宇佐美寛	二五〇〇円
学生の学びを支援する大学教育	溝上慎一編	二四〇〇円
大学教授職とFD——アメリカと日本	有本章	三三〇〇円

〒113-0023 東京都文京区向丘1-20-6　TEL 03-3818-5521　FAX03-3818-5514　振替 00110-6-37828
Email tk203444@fsinet.or.jp　URL:http://www.toshindo-pub.com/
※定価：表示価格（本体）＋税

東信堂

大学再生への具体像――フンボルト理念の終焉？――現代大学の新次元 いくさの響きを聞きながら――横須賀そしてベルリン	潮木守一	二五〇〇円
	潮木守一	二五〇〇円
国立大学・法人化の行方――自立と格差のはざまで	天野郁夫	三六〇〇円
私立大学マネジメント （社）私立大学連盟編		四七〇〇円
大学のイノベーション――経営学と企業改革から学んだこと	坂本和一	二六〇〇円
30年後を展望する中規模大学――マネジメント・学習支援・連携	市川太一	二五〇〇円
大学行政論Ⅰ	伊藤昇編	三二〇〇円
大学行政論Ⅱ	川森八郎編	三二〇〇円
もうひとつの教養教育――職員による教育プログラムの開発	近森節子編著	二三〇〇円
政策立案の「技法」――職員による大学行政政策論集	伊藤昇編著	二五〇〇円
大学の管理運営改革――日本の行方と諸外国の動向	杉本均編著	三八〇〇円
戦後日本産業界の人学教育要求――経済団体の教育言説と現代の教養論	福島裕敏編著 遠藤孝夫	三五〇〇円
教員養成学の誕生――弘前大学教育学部の挑戦	舘昭	一〇〇〇円
改めて「大学制度とは何か」を問う――原点に立ち返っての大学改革	舘昭	五四〇〇円
現代アメリカのコミュニティ・カレッジ――その実像と変革の軌跡	飯吉弘子著	二二八一円
戦後オーストラリアの高等教育改革研究	宇佐見忠雄	三八〇〇円
戦後オーストラリアの高等教育改革研究	杉本和弘	五八〇〇円
大学教育とジェンダー――ジェンダーはアメリカの大学をどう変革したか	ホーン川嶋瑤子	三六〇〇円
アメリカの女性大学：危機の構造	坂本辰朗	二四〇〇円
〔講座「21世紀の大学・高等教育を考える」〕		
大学改革の現在〔第1巻〕	山本眞一編著	三二〇〇円
大学評価の展開〔第2巻〕	山野井敦徳 清水一彦編著	三二〇〇円
学士課程教育の改革〔第3巻〕	絹川正吉編著	三二〇〇円
大学院の改革〔第4巻〕	有本章 江原武一 舘昭 馬越徹編著	三二〇〇円

〒113-0023　東京都文京区向丘1-20-6
TEL 03-3818-5521　FAX03-3818-5514　振替 00110-6-37828
Email tk203444@fsinet.or.jp　URL:http://www.toshindo-pub.com/

※定価：表示価格（本体）＋税

東信堂

責任という原理—科学技術文明のための倫理学の試み	H・ヨナス／加藤尚武監訳	四八〇〇円
主観性の復権—『責任という原理』から「心・身」問題か	H・ヨナス／宇佐美・滝口・レンク・盛永訳	二〇〇〇円
テクノシステム時代の人間の責任と良心—新しい哲学への出発	H・ヨナス／山本・盛永訳	三五〇〇円
空間と身体	桑子敏雄	二五〇〇円
環境と国土の価値構造	桑子敏雄編	三五〇〇円
森と建築の空間史—南方熊楠と近代日本	千田智子	四三八一円
感性哲学1～8	日本感性工学会感性哲学部会編	一六〇〇円～二〇〇〇円
メルロ=ポンティとレヴィナス—他者への覚醒	屋良朝彦	三八〇〇円
堕天使の倫理—スピノザとサド	佐藤拓司	二八〇〇円
〈現われ〉とその秩序—メーヌ・ド・ビラン研究	村松正隆	三八〇〇円
省みることの哲学—ジャン・ナベール研究	越門勝彦	三二〇〇円
バイオエシックス入門（第三版）	今井道夫編	二三八一円
バイオエシックスの展望	坂井昭宏・松岡悦子編著	三二〇〇円
動物実験の生命倫理	香川知晶編	三二〇〇円
生命の神聖性説批判—個体倫理から分子倫理へ	H・クーゼ／飯田亘之代表訳	四六〇〇円
カンデライオ（ジョルダーノ・ブルーノ著作集1巻）	大上泰弘	四〇〇〇円
原因・原理・一者について（ジョルダーノ・ブルーノ著作集3巻）	加藤守通訳	三二〇〇円
英雄的狂気（ジョルダーノ・ブルーノ著作集7巻）	加藤守通訳	三六〇〇円
ロバのカバラ—ジョルダーノ・ブルーノにおける文学と哲学	N・オルディネ／加藤守通訳	三六〇〇円
哲学史を読むⅠ・Ⅱ	松永澄夫編	各三八〇〇円
言葉の働く場所	松永澄夫編	三二〇〇円
食を料理する—哲学的考察	松永澄夫	二〇〇〇円
言葉の力（音の経験・言葉の力第Ⅰ部）	松永澄夫	二五〇〇円
音の経験（音の経験・言葉の力第Ⅱ部）—言葉はどのようにして可能となるのか	松永澄夫	二八〇〇円
環境 安全という価値は…	松永澄夫編	二〇〇〇円
環境 設計の思想	松永澄夫編	三二〇〇円
環境 文化と政策	松永澄夫編	三二〇〇円

〒113-0023 東京都文京区向丘1-20-6　TEL 03-3818-5521　FAX 03-3818-5514　振替 00110-6-37828
Email tk203444@fsinet.or.jp　URL http://www.toshindo-pub.com/
※定価：表示価格（本体）＋税

東信堂

《未来を拓く人文・社会科学シリーズ《全17冊・別巻2》》

科学技術ガバナンス	城山英明 編	一八〇〇円
ボトムアップな人間関係——心理・教育・福祉・環境・社会の12の現場から	サトウタツヤ 編	一六〇〇円
高齢社会を生きる——老いる人／看取るシステム	清水哲郎 編	一八〇〇円
家族のデザイン	小長谷有紀 編	一八〇〇円
水をめぐるガバナンス——日本、アジア、中東、ヨーロッパの現場から	蔵治光一郎 編	一八〇〇円
生活者がつくる市場社会	久米郁夫 編	一八〇〇円
グローバル・ガバナンスの最前線——現在と過去のあいだ	遠藤乾 編	二二〇〇円
資源を見る眼——現場からの分配論	佐藤仁 編	二〇〇〇円
これからの教養教育——「カタ」の効用	鈴木佳秀 編	二〇〇〇円
「対テロ戦争」の時代の平和構築——過去からの視点、未来への展望	黒木英充 編	一八〇〇円
企業の錯誤／教育の迷走——人材育成の「失われた一〇年」	青島矢一 編	一八〇〇円
日本文化の空間学	桑子敏雄 編	二三〇〇円
千年持続学の構築	木村武史 編	一八〇〇円
多元的共生を求めて——〈市民の社会〉をつくる	宇田川妙子 編	一八〇〇円
芸術は何を超えていくのか？	沼野充義 編	一八〇〇円
芸術の生まれる場	木下直之 編	二〇〇〇円
文学・芸術は何のためにあるのか？	吉岡暁生 編	二〇〇〇円
紛争現場からの平和構築——国際刑事司法の役割と課題	石田勇治・藤田乾明 編	二八〇〇円
〈境界〉の今を生きる	荒川歩・川喜田敦子・谷川竜一・内藤順子・柴田晃芳 編	一八〇〇円

〒113-0023 東京都文京区向丘1-20-6
TEL 03-3818-5521 FAX 03-3818-5514 振替 00110-6-37828
Email tk203444@fsinet.jp URL http://www.toshindo-pub.com/

※定価：表示価格（本体）＋税

東信堂

グローバル化と知的様式―社会科学方法論についての七つのエッセー	J・ガルトゥング 大矢 光太郎訳 澤 修次郎訳	二八〇〇円
社会学の射程―ポストコロニアルな地球市民の社会学へ	庄司興吉	三二〇〇円
地球市民学を創る―変革のなかで地球の社会の危機	庄司興吉編著	三二〇〇円
社会階層と集団形成の変容―集合行為と「物象化」のメカニズム	丹辺宣彦	六五〇〇円
世界システムの新世紀―グローバル化階級・ジェンダー・再生産―現代資本主義社会の存続メカニズムとマレーシア	山田信行	三六〇〇円
	山田信行	三二〇〇円
現代日本の階級構造―理論・方法・計量・分析	橋本健二	四五〇〇円
人間諸科学の形成と制度化―社会諸科学との比較研究	橋本健二	三二〇〇円
現代社会と権威主義―フランクフルト学派権威論の再構成	長谷川幸一	三八〇〇円
現代社会学における歴史と批判（上巻）―グローバル化の社会学	保坂 稔	三六〇〇円
現代社会学における歴史と批判（下巻）―近代資本制と主体性	山田信吾編	二八〇〇円
近代化のフィールドワーク―断片化する世界で等身大に生きる	丹辺宣彦編 片桐新自	二八〇〇円
	作道信介編	二〇〇〇円
自立支援の実践知―阪神・淡路大震災と共同・市民社会	似田貝香門編	三八〇〇円
〔改訂版〕ボランティア活動の論理―ボランタリズムとサブシステンス	西山志保	三六〇〇円
NPO実践マネジメント入門	パブリックリソースセンター編	二三八一円
貨幣の社会学―経済社会学への招待	森 元孝	一八〇〇円
市民力による知の創造と発展―身近な環境に関する市民研究の持続的展開	萩原なつ子	三三〇〇円
個人化する社会と行政の変容―情報、コミュニケーションによるガバナンスの展開	藤谷忠昭	三八〇〇円
日常という審級―アルフレッド・シュッツにおける他者・リアリティ・超越	李 晟台	三六〇〇円
日本の社会参加仏教―法音寺と立正佼成会の社会活動と社会倫理	ランジャナ・ムコパディヤヤ	四七六二円
現代タイにおける仏教運動―タンマガーイ式瞑想とタイ社会の変容	矢野秀武	五六〇〇円

〒113-0023 東京都文京区向丘1-20-6　TEL 03-3818-5521　FAX03-3818-5514　振替 00110-6-37828
Email tk203444@fsinet.or.jp　URL:http://www.toshindo-pub.com/
※定価：表示価格（本体）＋税